蟻さんの熊野紀行Ⅲ

高野・小辺路を行く

（堺・高野街道～高野山・本宮編）

壇上伽藍への蛇腹道（高野山）

ホテル昴からの果無山脈の朝（上）　高野山町石道「鏡石」付近（下）

まえがき

「蟻さんの熊野紀行」シリーズも三回目を迎えた。三回目の予定とすれば、熊野古道の「小辺路《こへち》」と「伊勢路」を歩くつもりでいたが、東・西高野街道を歩き、さらに紀ノ川から高野山へと上って行くことを繰り返すうちに、なんとなく高野山にこだわりを覚え始めた。当初の計画では、堺より高野街道を経て高野山に到達し、そこからは「小辺路」で計四回の歩行の後に熊野本宮大社に至るつもりであった。したがって高野山は単なる通過地点に過ぎなかったのであるが、文献・資料などに当たっているうちに、高野山の参詣道が次から次へと〝出現〟してきて、この道も上ってみよう、あの道はどのようかなどと次第に紀ノ川周辺を歩き回るようになった。そして、高野山内でも町石の確認歩きや女人道・高野三山歩きをやっていくうちに、高野山を訪れる回数が多くなっていった。乗用車で出かけ、歩行の際に確かめられなかった石碑・道標などを探索し、帰りにはカキやミカンそれに高野槇を持ち帰ることも多くなった。

熊野三山は、本宮・新宮・那智というように、それらを結べば一つの大きな「三角形」を成している。高野山は八葉蓮華というように高野三山などに囲まれた山上の「円」であるといえる。また、熊野三山の場合は、本宮・新宮・那智の三社だけでなく三社を含む熊野の自然そのものがいわばご神体といえる。それに比して高野山は壇上伽藍・奥の院御廟を中心とした構造物に、昔からの人間の営みを感じることができる。この熊野と高野山が今度世界遺産に登録されたので、私の「熊野紀行」は、世界遺産をめぐる旅となった。今回も堺から歩いたが、堺から橋本そして高野山を経て熊野本宮大社。これで、今まで歩いた道、すなわち「蟻さんの熊野紀行」Ⅰの「紀伊路・中辺路」・Ⅱの「大辺路」がつながったことになる。それにしてもこれほど紀伊半島を歩くとは全く思いもかけなかったことである。熊野の神々や弘法大師のお導きによるものかもしれない。ともかくも無事に歩いていることへの感謝を忘れず、謙虚な心でこれからも歩いて行こうと思う。

目次

〔表紙写真　野迫川村の紅葉〕

金剛峯寺の山門

上西家跡（伯母子峠越え）

丹生都比売神社

平辻の地蔵

根本大塔と不動堂

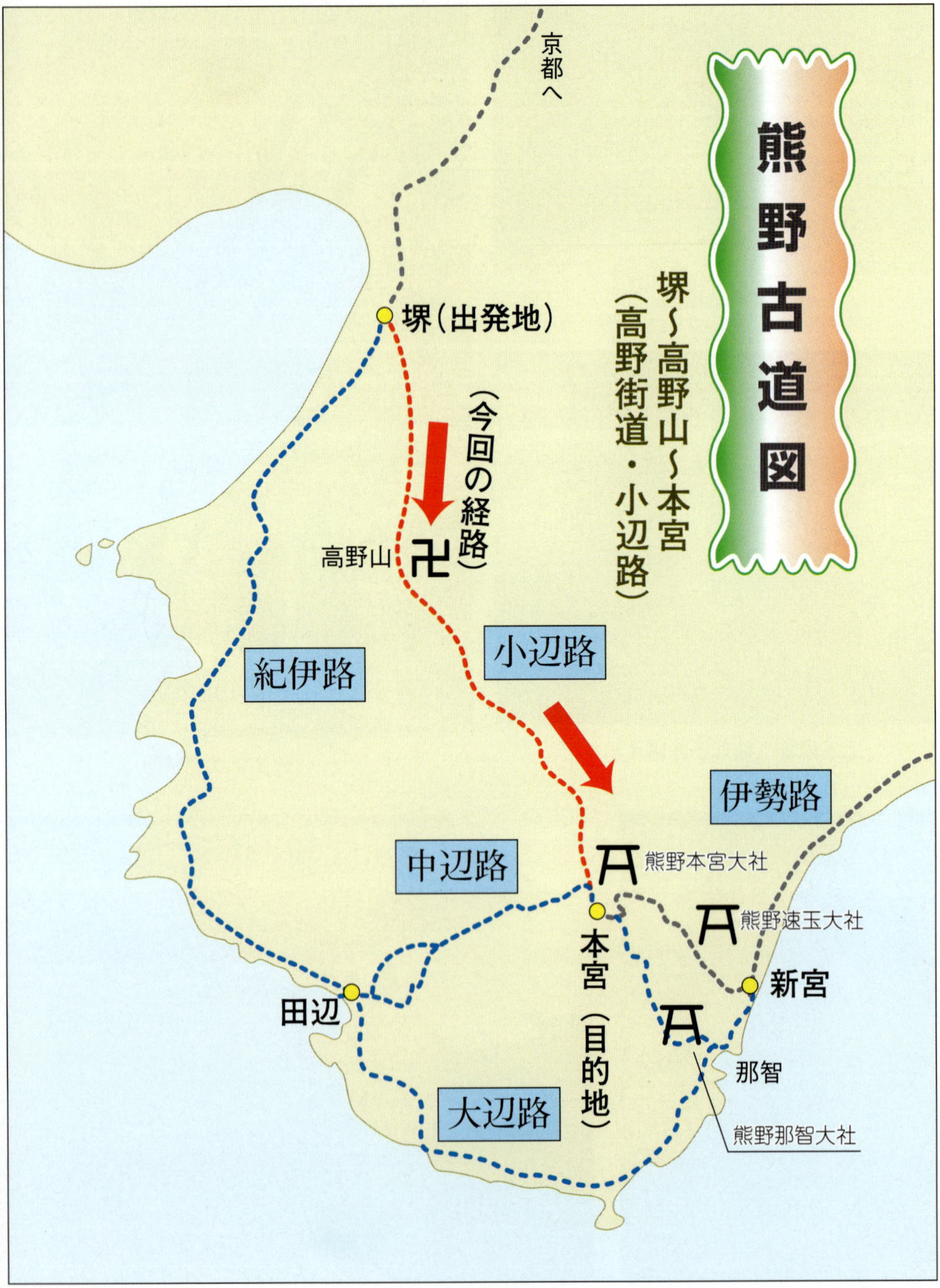
熊野古道図
堺～高野山～本宮
（高野街道・小辺路）
京都へ
堺（出発地）
（今回の経路）
高野山
小辺路
紀伊路
伊勢路
中辺路
熊野本宮大社
熊野速玉大社
本宮
（目的地）
新宮
田辺
那智
大辺路
熊野那智大社

高野街道・小辺路 全体図

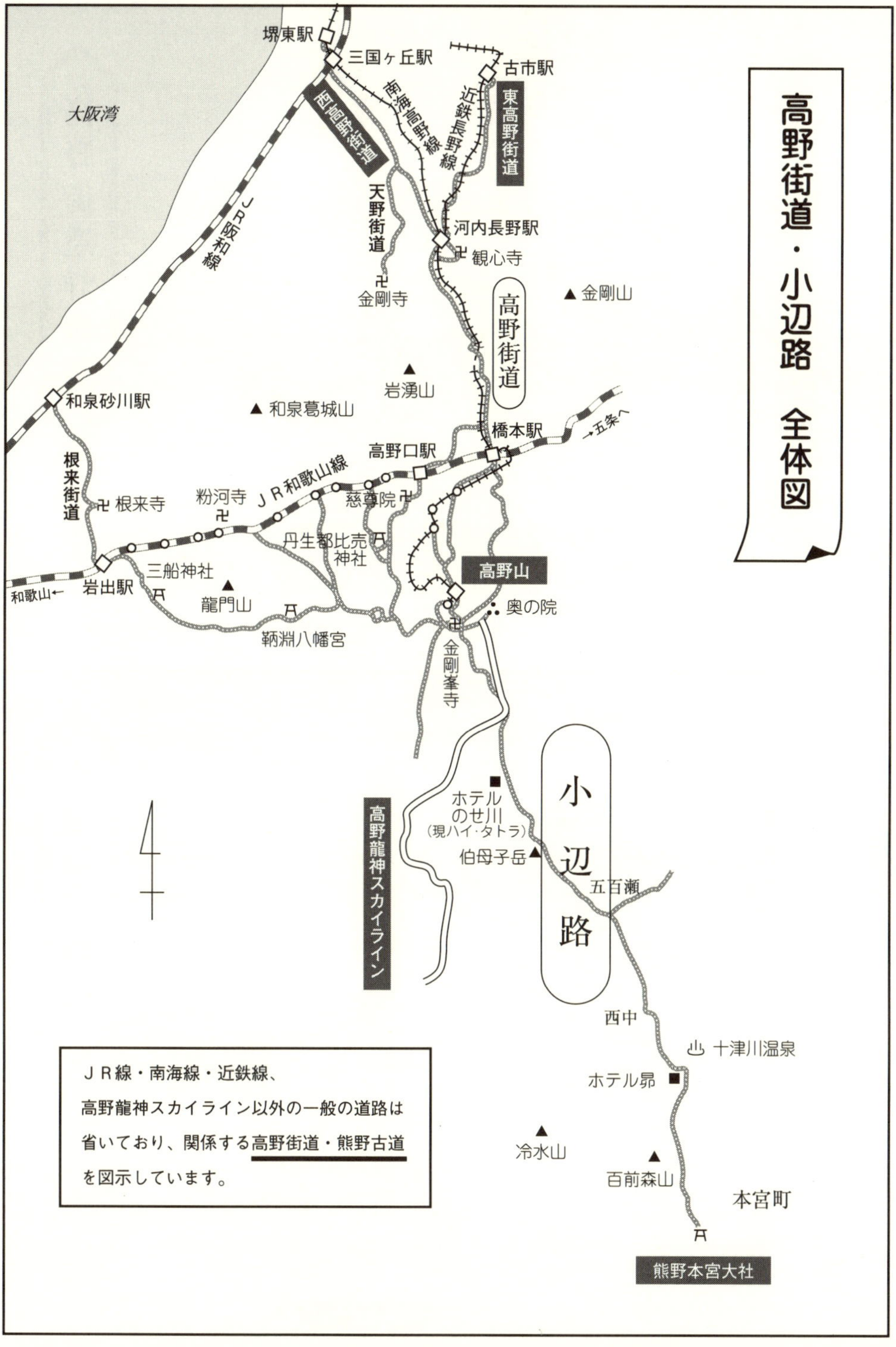

JR線・南海線・近鉄線、
高野龍神スカイライン以外の一般の道路は
省いており、関係する高野街道・熊野古道
を図示しています。

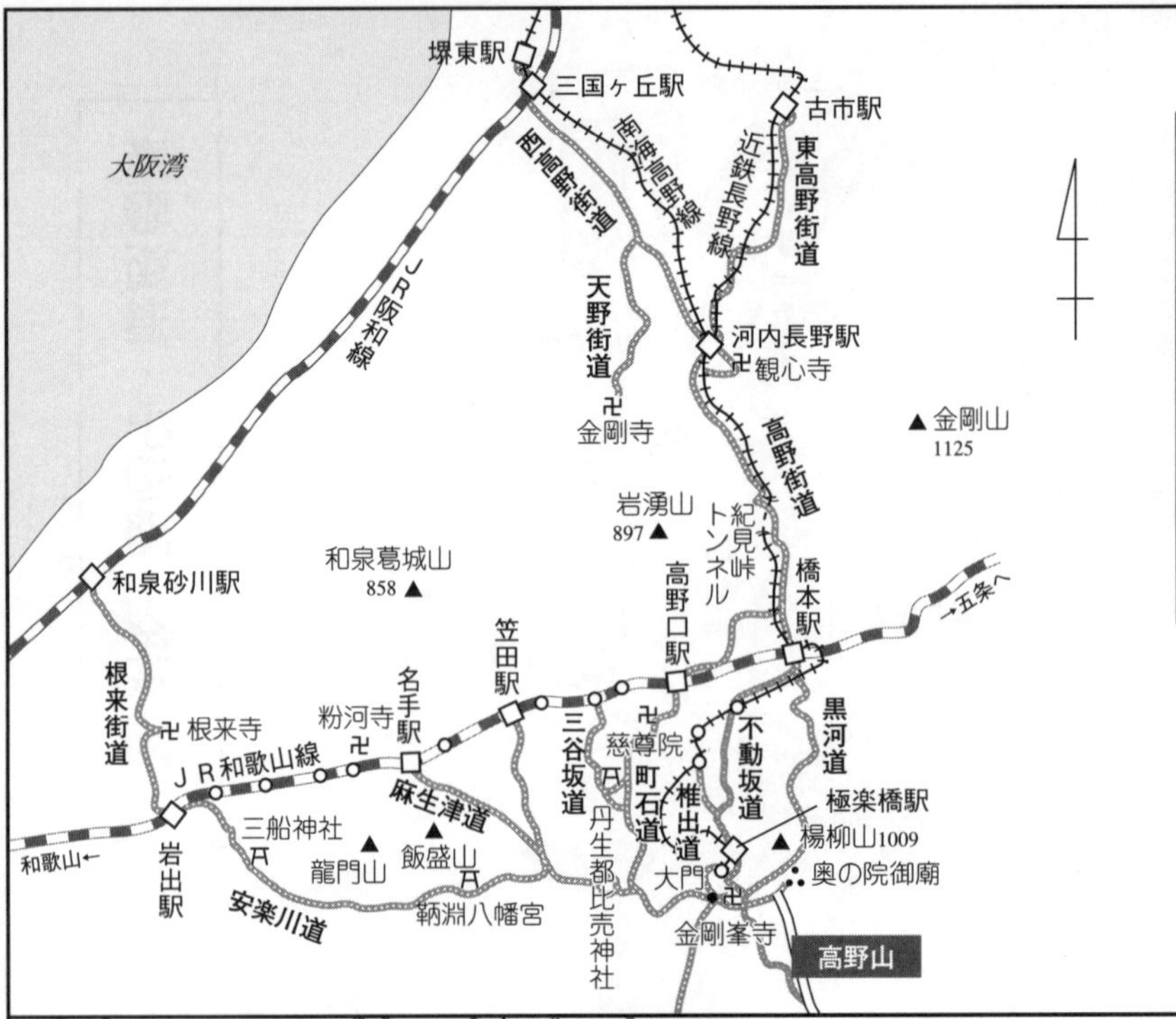

高野街道詳細図

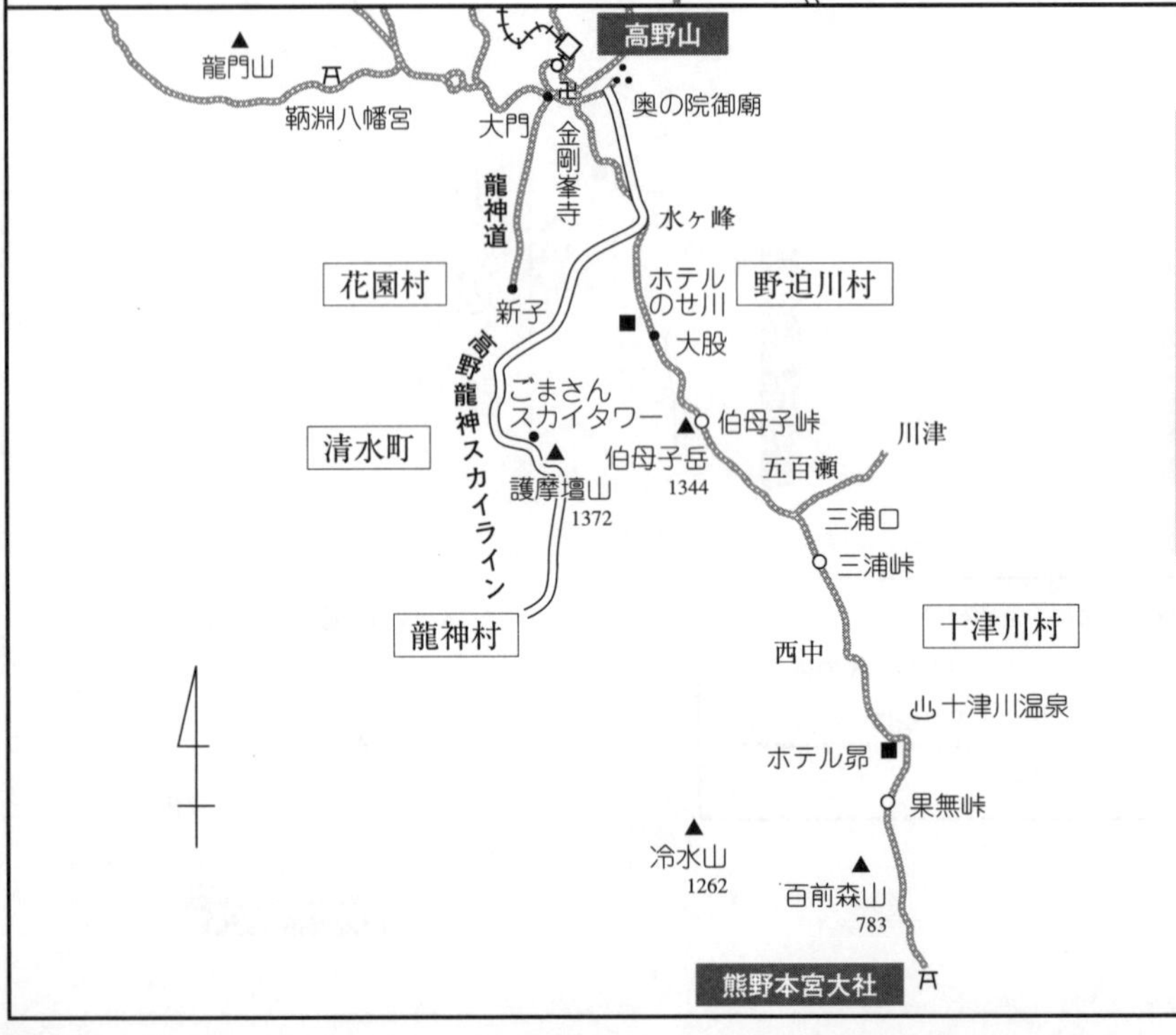

小辺路詳細図

一　まずはふるさとを歩いた私
―平坦で歩きやすい道―

堺〜河内長野（西高野街道）

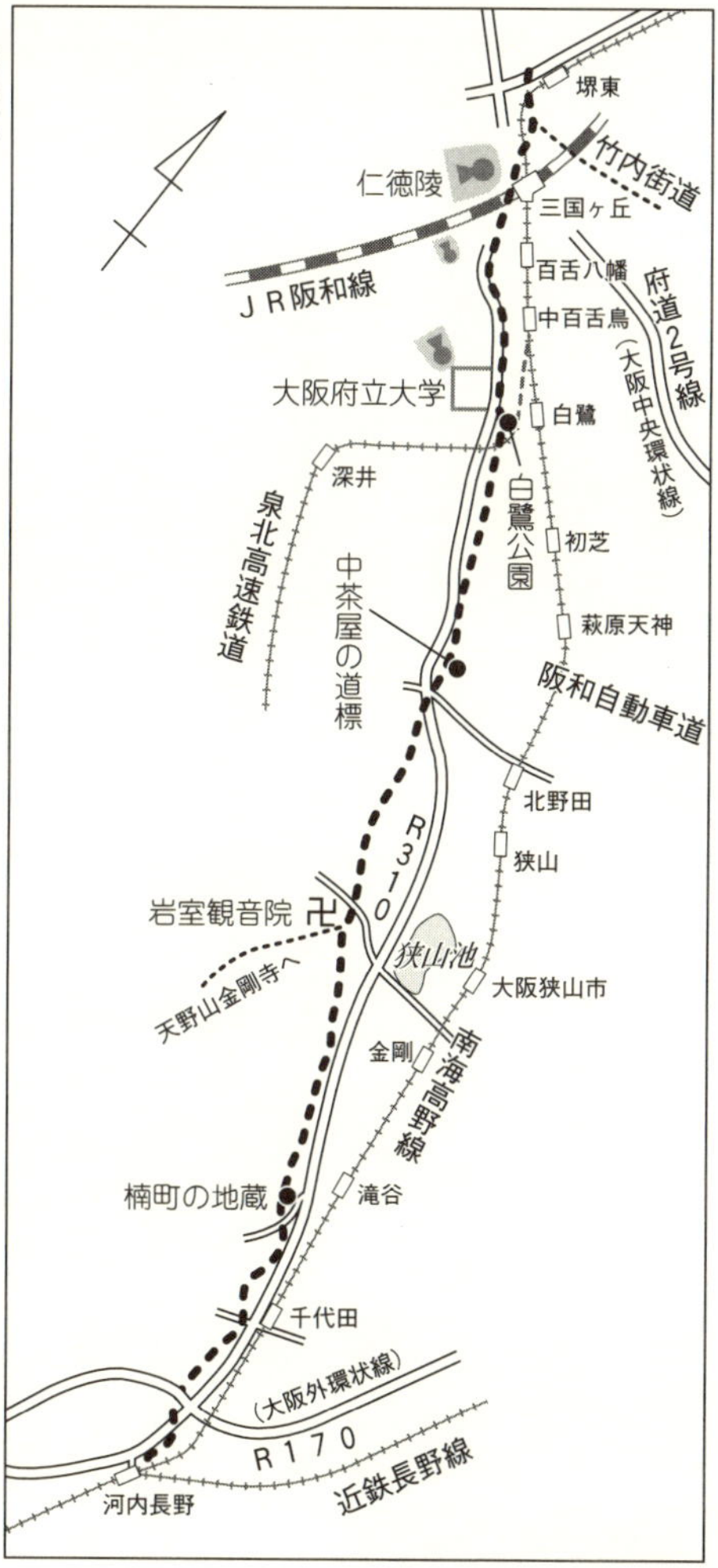

コースタイム

南海堺東駅（30分）仁徳陵（30分）御廟表塚古墳（30分）白鷺公園（45分）中茶屋の道標（50分）岩室観音院（5分）天野街道分岐（25分）弘法大師堂（40分）松林寺（5分）楠町の地蔵（40分）南海河内長野駅

竹内《たけのうち》街道という日本最古の官道といわれる道がある。『日本書紀』の推古天皇二十一年（六一三）に「難波より京に至る大道を置く」と記録された道とほぼルートが重なっている（ここでの「京」とは「飛鳥の京」を指す）。現堺市の大小路を出発点とし、河内平野を東に向かい、松原市・羽曳野市を経て太子町から二上山《にじょうさん》の南の竹内峠を越えて奈良県に入る道である。

さて、西高野街道は竹内街道と現堺市榎元町で分岐し、堺市・大阪狭山市を経て、河内長野市に至り東高野街道と合流し、以後は高野街道（京街道・京大坂道とも）として紀見峠を越えて高野山を目指す信仰の道である。

私が今回歩こうと計画をしているは、高野街道から小辺路《こへち》を経て熊野本宮に至るルートである。まずは、堺市より高野山を目指そうと思う。

少しは秋を思わすようなうろこ雲を仰ぎながら、南海堺東駅に降り立ったのは八時三十分であった。早速に駅前を通る府道三〇号線を南に下る。右に高層ビルの堺市役所を見て、新町交差点を左に折れる。すぐに南海高野線の踏切を渡りゆるやかな上り坂を行く。堺東駅から約二〇分で竹内街道と高野街道の分岐点の榎元町の道標を確認した。左は竹内街道、右に行けば高野街道となる。この三叉路には「是より高野山女人堂江十三里」と刻《こく》された赤みがかった里程石が建っている（安政四年の建立）。この里程石を「**十三里石**」と略して呼ぶことにするが、ここより高野山手前の神谷《かみや》が「一里石」に当たるということで、私はこれから十三基の里程石を数えつつ高野山を目指すことになる。「熊野古道」の王子（跡）を想起させる里程石でもある。

私は、右方向への道を進んで行った。道は南海高野線に近づき、やがて高野線の上に架かる耳原橋を渡った。府道二号線（大阪中央環状線）も大きく迫ってくる。それと同時に「仁徳《にんとく》天皇陵」の木々の緑も鮮やかだ。榎橋歩道橋を渡ると、よりいっそう「仁徳陵」が展望できる。歩道橋の下には「仁徳陵ウォーキングロード」の案内板があり、ちょうどこの地点が、右回り・左回りともに陵の正面までほぼ等距離の一四〇〇メートルくらいで、前方後円墳の後円の頂点に当たっている。一周約四五分との表示もあり、休日にはこの陵の周りを歩く人が多いことだろう。

国道三一〇号線の歩道を南下する。まもなくJR阪和線を下に

地蔵尊の隣の里程石（十三里石）

見て橋を通過する。左手に「三国ヶ丘駅」(南海・JR)が見えている。いつもの古道歩きなら、JR阪和線に乗車して和歌山に向かうのであるが、今回は今までとは全く違うルートとなっているのを改めて知る。

様々な店が両側に立ち並ぶ国道を行くと、はるか前方に和泉山脈の岩湧山《いわわきさん》が望める。あの山並みを越えると和歌山県である。西高野街道を歩いた昔の人々にとっては紀州との境目をはっきりと知ることができる道であったと思われる。現在のように建物によってその眺望が遮られることのなかった人々は、岩湧山の東側尾根で最も低くなった紀見峠を視界に入れて歩く励みとしたことであろう。今日は霞んでいて山は青白く見えている。

梅北の交差点を左に入り、しばらく国道と分かれることになる。車が二台ぎりぎりですれ違えるかというような道を行くと、左に本通寺がある。この頃から神社の杜《もり》らしきものが家々の屋根越しに見えてくる。それは「御廟《ごびょう》表塚古墳《おもてづか》」であった。この古墳のそばには藁葺《わらぶ》き屋根の旧家筒井家があって、その門前には、府指定の天然記念物の「百舌鳥《もず》のくす」と呼ばれる樹齢八百〜千年の大楠がある。古墳といい旧家といい、この土地の古さが感じられる。古墳の案内板の前で写真を撮っているとき、ぽとっと枯れ葉の上に何やら落ちてきた。そばには大きなクヌギがあったので、音のしたあたりを目を凝らして見ると、大きな色つやのいいドングリがあった。私は拾い上げると胸ポケットにしまった。田辺市の報恩寺のソテツの実を思い出した。またあの実のように持ち帰って土に埋めてやろうと考えたからであった。ドングリの落ちたちょうどその瞬間に、私はそのそばに立っていたのだ。これも因縁というものであろう。

「百舌鳥のくす」にはベンチもあり、しばらく休憩した後、再び歩き出した。道は南海中百舌鳥駅に向かっている。「中もず5丁公園」でも堺市設置の「歴史の道　西高野街道」が建てられていたが、この西高野街道を歩く際において非常に役立つ石標である。等距離に置かれているわけではないが、堺市内で一キロも二キロも歩いてこの石標が見当たらなければ道を間違えたと考えればよいだろう。

中百舌鳥駅近くを通過し、続いて街道は大阪府立大学方面に向かう。約一〇分で府立大学前交差点で再び国道三一〇号線に合流する。ほんの少しばかり南下し、今度は白鷺駅口交差点を左に入ったかと思うと、すぐに右折し、「白鷺公園」を目指す。この公園には「歴史のみち」と表示した街道の案内板が設置してあった。トイレもあり休憩するには最適の所だろう。目の前では草野球に興じている人々がいて、公園内ウォーキングを楽しんでいる人は、ひと休みしている私の前を過ぎて行く。

一〇分ほど休憩をとった後、公園の南隅を走る泉北高速鉄道の高架をくぐってまっすぐに進む。国道三一〇号線と並行した道である。幅約四、五メートルで集落の中の道を行く。旧家らしきお宅や土塀もあったりと、旧街道の雰囲気を残す道だ。半分以上埋め立てられたと思われる星谷池の畔をめぐって関茶屋に入ると、左手の地蔵堂前に**「十二里石」**があり、「十三里石」のあった榎元町より、ここで一里を歩いたことになる。

続いてしばらく行くと、右手に南堺病院があるあたりから前方に阪和自動車道が見えてくる。その高架下をくぐったのが十時四十四分。国道がかなり接近している。雲の切れ目から太陽が顔を出すとさすがに暑いが、それも短時間であり、ほぼ空全体に雲が覆っているので汗は軽く出るくらいである。

中茶屋自治会館を左手に見て数分行くと、正面に小さな地蔵堂が見え、そこが分岐点となっているのがよくわかる。地蔵堂の横には「右　かうや　大みね　左　たきたに　金剛山」の石標が建っている。右の道を行くと、興源寺の山門が右手に見え、続いて府道三六号線に出て、そのまま渡ってまっすぐに進む。すぐに国道三一〇号線の福田南交差点となって、そこも突っ切って直進する。

こうして府道や国道といういわば新道を渡ったわけだが、国道三一〇号線が旧街道より少し離れて建設されたことで、ここ堺市南部では街道筋が昔のままに残ったといえる。西を走っている旧街道の小栗《おぐり》街道（熊野古道）より

地蔵堂の前の「十二里石」

も案外とその風情が残されているように私には思われた。

国道と旧街道が交差したことから、今度は国道の右側（西側）のなだらかな丘陵地の尾根筋を行くことになる。やがて民家が途切れるとタマネギ畑も見えてくる。その昔は周囲の風景、つまり、東方には金剛・葛城の峰々、西方には淡路島などがよく展望できたと思われる。高野山参詣の人々は南河内に入っていることを実感したことであろう。

そのうちに気づいたことがあった。道の両側に並ぶ家々の表札の市表記が違うことだ。右手の家は堺市、左手のそれは大阪狭山市となっている。ちょうどこの旧街道が市境界となっているようだ。昔の国名でいうと、右手側（西側）が和泉、左手側が河内ということになる。なお、この西高野街道は岩室《いわむろ》観音院付近の天野《あまの》街道分岐までこの国境《くにざかい》を行くが、天野街道はその分岐からもそのまま市境界を進むことになる。

やがて府道三四号線にあと数一〇〇メートルという地点で安政四年の「**十一里石**」があり、そしてほんの少し行くと、今度はあの新しい堺市設置の「西高野街道　この先一〇〇M　右へ天野山　左へ高野山」の新しい石標があった（石標はこれ以外に、「岩室郵便局跡」「家塾跡」も建てられている）。道は下りとなり府道三四号線に出た。この府道は泉北ニュータウン、大阪狭山市、金剛団地、富田林市を結ぶ主要幹線道路なので、車の往来も激しく、様々な業種の営業所や商店などが立ち並んでいる。私はここで飲食店に入った。

昼食兼休憩を終えて十二時二十二分再び歩き始めた。岩室交差点の歩道橋を渡り終えた。この下の府道は、私もよく車で走る道であり、ここより自宅まで車で数分である。今私は我がふるさとを歩いているのである。ひょんなことから古道歩きを始め、いつの間にやら、自分が生まれ育った土地に足跡を印したとは不思議なことである。鮭《さけ》のふるさと回帰のようなものなのか。ふるさと歩きには、ある種「照れ」のようなものを伴っているのような気がする。これまた不思議な感覚である。

正面に地蔵堂と左隣に道分け石
右は天野街道、左は西高野街道

さて、旧街道は岩室天野道分岐へ上り坂となっているが、その上り坂の右側の「岩室観音院」への道をとる。すぐに観音院への石段があって上り切ると山門の向こうに観音堂が見えてくる。静かで清浄な境内である。私はお堂への参拝をすませ踵《きびす》を巡らしたところ、鐘楼の右手に鳥居が見え、そばに「熊野権現」の石柱も建てられていたのでお参りすることにした。狛犬《こまいぬ》と素朴な社殿の「熊野権現社」であったが、ここで熊野関係の神社を発見できたことは嬉しいことであった。正直に言えば、この観音院の近くに住んでおりながらも、今回が生まれて初めての観音院のお参りであった。私の居住する地では、この観音院の除夜の鐘の音を聞いて新年を迎えるのである。「ああ、観音さんの鐘や」ということで、知ってはいても訪ねることすらなかったのであり、こうして一番身近にある熊野権現社へのお参りが今になってしまったのも不徳の致すところかもしれない。反省反省。

「岩室観音院」から旧街道に戻り、岩室の集落内を行くと正面に地蔵堂が現れた。そのそばに道分けの石碑がある。「右あまの山　左かうや山」としっかりと読める。旧街道は左にとるが、右に行くと、河内長野市の「天野山金剛寺」に至る天野街道となる。この道は、ここより堺市と大阪狭山市の境界線の尾根道を経て、さらに堺市と河内長野市のほぼ境目を行くのであるが、現在ハイキングコースとして西高野街道よりも歩く人が多いようだ。「金剛寺」は、真言宗御室派の寺院で本尊は大日如来である。寺伝によると、奈良時代の僧行基《ぎょうき》が草創し、弘法大師が密教の修行をした地と伝えられている。南北朝時代の正平九年（一三五四）には後村上天皇の行在所《あんざい》となったことがあり、観心寺と並んで南朝方の拠点であった。「天野街道分岐」からこの「金剛寺」までの天野街道もいずれ歩いてみたいと思う（この天野街道については特別編Ⅰに記載する）。

さて、分岐の石碑からほんの少し行った所で「おわり坂」と呼ばれる下り坂となる。坂の途中からの眺めはよくて、近くは帝塚山学院大学の丘、続いてその向こうに近畿大学付属病院、そのまたずーっとかなたに和泉山脈が連なっている。この「おわり坂」は本日一番の急勾配の下りであったが、それほど長くはなく、ほどなくおわり坂交差点に出て、歩道橋を向こう側に渡る。「牛瀧地蔵」が祀られていて、その背後を三津屋《みつや》川が流れている。川に架かる上三津屋橋を渡り、そのまま道なりに田園地帯を行く。数分で「三津屋地蔵」の前に出る。

この地蔵を右にとり、西に向かって行くと今熊《いまくま》集落があり、そこには「三都《さんと》神社」が祀られている。この今熊・三都という名称は実は熊野と関わりがある。『狭山の地名五十話』（上田宏博・豊田兼典著大阪狭山市役所刊）によると次のようである。

「〈今熊〉の西の尾根には、河内長野市の天野山金剛寺に至る天野街道が通っています。当時この道は、金剛寺を経て南紀州の熊野に至る幹線道路だったのです。それで、昔は熊野詣の人々で大変賑わったのです。

今熊の三都神社は、この熊野三山の神を勧請《かんじょう》したものといわれており、明治維新時の廃仏毀釈《はいぶつきしゃく》による神仏分離までは繁栄していたようです。今熊とは今熊野、すなわち新しく勧請した熊野社という意味なのです。京都市東山区の今熊野神社は新熊野とも書き、後白河法皇が御所近くに勧請されたのが起こりと伝えています。狭山の〈今熊〉という地名も、熊野三所権現を勧請した今の三都神社を今熊野と呼んだのが、そのまま地名になったものと思われるのです。」

［注］熊野三山——熊野本宮大社・熊野速玉大社・熊野那智大社を指す。

さて、「三津屋地蔵」横の道を横切り、ちょうど帝塚山学院大学の丘の裾を巡るように進む。そのまま道なりに行くと、突き当たりとなって左に折れる。すぐに高札《こうさつ》場跡の弘法大師堂（下乃町公民館）が目につく。ここは狭いが四つ辻となっていて、さらに南に道をとる。旧街道を思わせる茱萸木《くみのき》集落内の道を行く。やがて狭山ニュータウンからの下り道（大阪狭山市では陶器山通りと名付けている）に出て、その道を渡り、さらに一直線に南下を続ける。

左に「**十里石**」を見てゆるやかな下り坂になる。府道三八号線がカーブしている所に合流し、続いて天野川に架かる天野橋を渡ったのが十三時十六分。ここから河内長野市に入る。坂道をずんずん上って行き、上り切った所で「松林寺」が左手に見える。

「松林寺」の山門をくぐる。正面には本堂、その右には観音堂・不動堂と並んでいる。こじんまりとした静かないいお寺である。ベンチも設置してあり休憩にも適している。私はここで一〇分ほど休んでまた歩き出した。その間もなく「楠町の地蔵」で左からの道と合流する。その道が「中高野街道」(別に平野道とも)である。

「中高野街道」は、守口市の文禄堤を起点とし、平野・狭山を経てここまでの約三四・七キロの道である。東・西高野街道の中間的な機能をもった道である。実はこの道、私の家の前を通っている道であり、大阪狭山市駅への私の通勤路にもなる。自宅からここ楠町まで機会があれば歩いてみたいものだ。

「楠町の地蔵」から道は分岐するが、左の方に下って行く。ほんの一〇〇メートルも歩くと、左下には楠小学校、右上には千代田学園が見えてくる。左斜め前方は南

「楠町の地蔵」左が西高野街道、右が中高野街道

海千代田駅付近だ。西友ストアーの前を通る道に出て向こう側に渡る。道はそのまま続いており、さらに南下する。しばらく行くと、国道一七〇号線（外環状線）の高架下となり、くぐるといよいよ河内長野市の中心に近づいていく。旧家らしき豪壮な家も見えるが、国道三一〇号線に数分で出る（原交差点）。北、つまり狭山方面に少し戻り、寺元記念病院の北側で国道を渡り切る。そのまま細い道は河内長野駅に向かっている。やがて線路を見下ろす場所に出て、急坂を一気に下り終えると旧国道一七〇号線にぶつかる。右にとると南海河内長野駅で、本日はここで終了とした（先ほどの原交差点を道なりに横切ると旧道と並行して河内長野駅や商店街に向かっている道があり、原交差点と駅の中間地点くらいに行者堂が左道脇にある。そこに旧道から移動している**「九里石」**が建っている）。

南海電車に乗車し、私は考えていた。次回はどこをどう歩くのがよいのかと。このまま河内長野駅から紀見峠を目指すのが先決か。東高野街道を歩いて、やはり河内長野駅にまずは達するのがよいのか。さらにはまた天野街道を歩くのも面白いかもしれない。東高野街道を歩くのだったら、中高野街道も放ってはおけないか。ウーンこれは面白い悩みである。

今回はかなりスローペースの歩行であったが、久し振りの歩きで、私のヒザもちょっと痛みが出たようだ。高野街道歩き、徐々に徐々にエンジン回転数を高めていこう。焦りは禁物。自戒。

【歩いた日】二〇〇二年九月十四日㈯　晴れ

二　富田林寺内町に異空間を感じた私　―二上・葛城・金剛の山並みを眺め石川に沿う道―

羽曳野（古市）～河内長野（東高野街道）

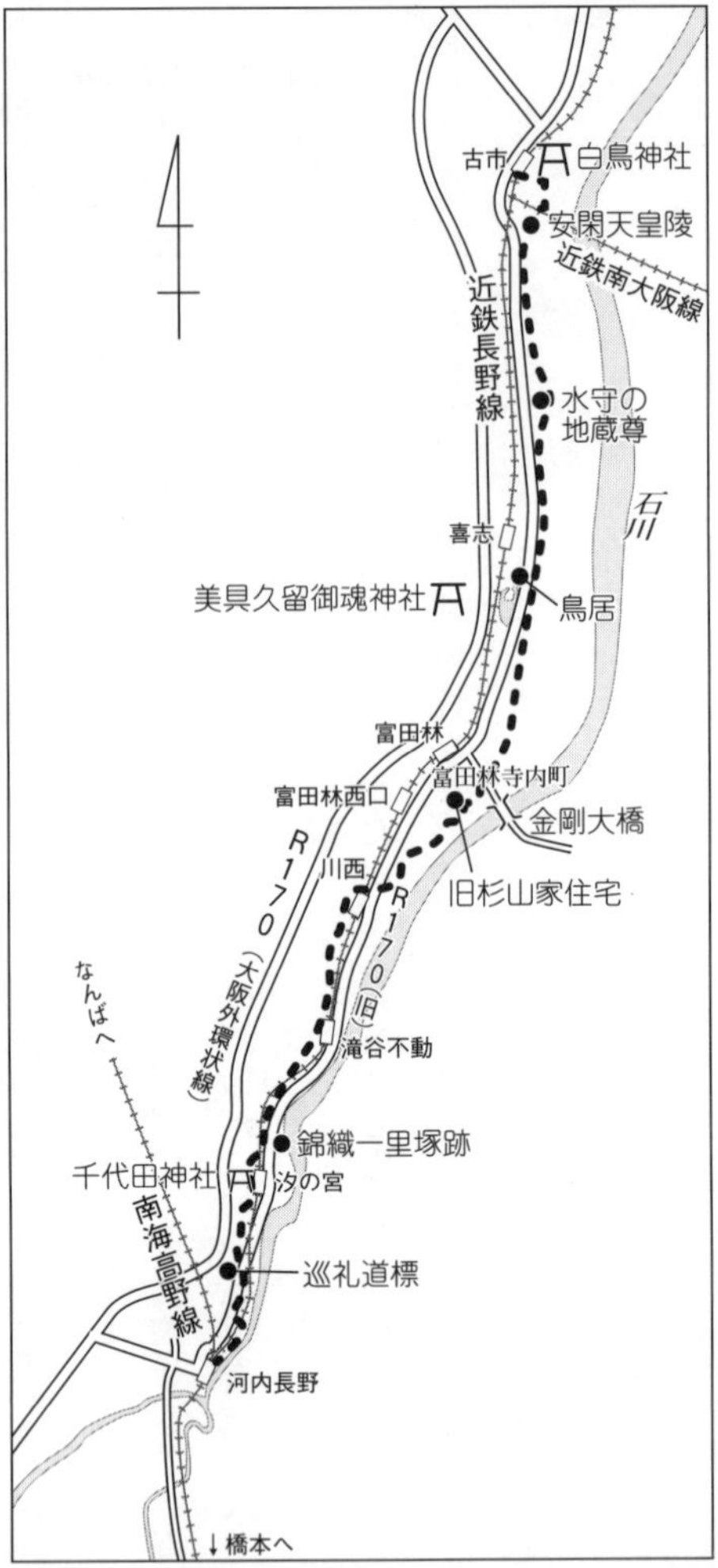

コースタイム

近鉄古市駅（20分）安閑天皇陵（30分）水守の地蔵道標（30分）美具久留御魂神社参道口（40分）興正寺別院（5分）寺内町センター・旧杉山家（25分）近鉄川西駅（40分）近鉄滝谷不動駅付近の道標（20分）孝子地蔵（20分）南海河内長野駅

いつもの古道歩きなら、堺・難波方面に向かう電車に乗るのであるが、今回は初めて河内長野・高野山方面行きに乗車した。今後何回かはこうして南海高野線で南に向かうことになるだろう。

南海河内長野駅で近鉄線に乗り換える。阿部野橋行き準急は十数分後には古市駅に着いた。羽曳野市のいわば玄関口に当たる駅だ。古市駅の東出口を出発。目の前を道が通っていて、右に行くと踏切を渡って羽曳野市の中心部となる。反対に左に道をとる。この道が日本最古の官道といわれる竹内街道だ。

太子町立竹内街道歴史資料館発行の『絵図でみる竹内街道』には「竹内街道は、堺の大小路から河内平野を東に向かい、松原市南部・羽曳野市を経て太子町を通り、二上山の南・竹内峠を越えて奈良当麻町の長尾神社へ至る全長約30キロメートルの街道です。」とある。飛鳥時代には大陸からの文化が、この道を通じて大和にもたらされ、また大陸に向け難波より旅立って行った遣隋使《けんずいし》などの使者たちもこの道を利用したことだろう。

私は今、千数百年前から存続しているこの竹内街道を東に向かった。時刻は八時三十六分だ。すぐ左手に「白鳥《しらとり》神社」があったので、本日の旅の安全を祈願した。この神社、もとは軽里地区の伊岐谷に創建されて「伊岐宮」といわれていた。江戸時代寛永末期に現在地に移され、古市の氏神となっている。

八時四十七分、高さ一メートル余りの立派な道標を見つけた。「左大和路右大坂」と大きく彫られており、大峰の字も見える。ここが東高野街道との交差点である。左に東高野街道を北進すれば誉田《こんだ》八幡宮へ至るが、本日は右に富田林方面に道をとる。

右手に伊勢灯籠《いせどうろう》もあったりと、古い街道を忍ばせる風情ある道だ。重要文化財の森田家も左手に見える。土蔵も行く手に現れ、続いて大乗川に架かる高屋橋を渡り、近鉄南大阪線の踏切を越えて上り坂となる。右に大きくカーブし、上り切った頃にこんもりとした安閑《あんかん》天皇陵の森が右手に見えてくる（安閑天皇は第二十七代天皇）。

東高野街道と竹内街道の分岐道標

鳥の声の賑やかな天皇陵から道を行くと間もなく「城山姥《うば》不動明王」の祠が左手道より少し上った所にある。案内石標によると、ここはもと源氏を始祖とする畠山氏の居城（高屋城）があり、この不動明王（旧称は伯母不動）はその城の守護神であったという。狭い境内ではあるが、美しく掃き清められており、地元の人々が今も大切にしていることがよくわかる。

不動明王から坂を下った所で旧街道は国道一七〇号線に合流す

る。国道をしばらく南下すると城山の交差点があり、渡って左斜めに入る道を行く。右に高屋神社がある集落の中の道を進む。南阪奈道路の工事現場に出る。視界が開け東には石川の堤、そして二上山の山並みが望まれる。山裾から山腹にかけて白くもやが立ち込めている。季節は秋だが、今日は比較的暖かいので春霞を想起させる風景だ。野焼きの真っ白い煙も昇っていて、これで送電線の鉄塔などがなければ一挙に時代は飛鳥時代に飛んでしまいそうである。この道路工事現場から数分後、水守《みずもり》会館を過ぎたあたりから旧道の雰囲気がしてくる。そして地区の南部で板塀のそばの地蔵道標を見つけた。

今回、私が東高野街道を歩くにあたって、参考としているものに、大阪府教育委員会発行（一九八八年三月三十一日発行）の『高野街道　歴史の道調査報告書第2集』（以下、『高野街道報告書2』と表記）がある。高野街道のまとまった本が一般向けに出版されていないなかでは、綿密な調査に基づいた非常に貴重な資料である。その『高野街道報告書2』によると、水守の地蔵尊には「右　かうやみち　左　こん可う山」と彫られている。なお、「こん可う山」とは金剛山のことで、本日私は葛城・金剛の山々を眺めつつ旧道を歩くことになる。『高野街道報告書2』については羽曳野・河内長野市立図書館などで閲覧可能である。

東阪田の集落を抜けると国道が接近してくる。しばらくして「富田林市立きしようちえん」と書かれた看板で、富田林市に入ったことがわかる。九時四十二分に喜志《きし》小学校の正門前に着いた。旧道はこのまま直進していたようだが、今は住宅地となっているので、すぐそばの国道にひとまず出る。その喜志交差点からしばらく国道の歩道を歩く。右手羽曳野丘陵にはPL教団の平和祈念塔が建っているのが見えてくる。国道沿い右側に樹木が何本か立っていて、注目して歩いていると、国道から分かれた道を跨ぐように石造りの鳥居も建っていた。「式内《しきない》美具久留《みぐくるみ》御魂《たま》神社」への参道口との案内石標もある「美具久留御魂神社」は、この鳥居をくぐり、粟ヶ池のそばを通って西に進み、近鉄長野線や国道大阪外環状線を渡って宮町を少し上った所にある。崇神《すじん》天皇がこの地ゆかりの大国主命《おおくにぬしのみこと》を祀ったのが始まりとされている古い神社である。

さて、旧道は鳥居近くの桜井交差点あたりから左斜めに入るがすぐに府道三二号線にぶつかり、そのまま渡って直進する。これより富田林市街地を目指すのであるが、国道一七〇号線とは徐々に徐々に離れながら南下することになる。

左手方向の中小企業団地への広い道を横切ってさらに進むと、新堂集落（現若松町）に入るが、古い家並みが続き旧街道らしい面影を残している。新堂小学校を過ぎて、格子戸《こうしど》のある旧家と思われるお宅を右に見て行くと、三叉路となって行き止まりとなるが、左に行くと、また直進する道となる。喉《のど》がかわいたので、お茶を飲んであたりの景色を見回すと、寺院の甍《いらか》が民家の屋根瓦よりはるか高く見えた。教蓮寺の大甍であった。旧家そしてお寺と、私はいよいよ富田林寺内町は近いなと感じた。

そこから数分で五叉路となって、旧家前の道を行った。しばらくして旧国道三〇九号線に出た。横切るとそこが寺内町の東北隅に当たる所である。ここからは歴史の道にも選ばれている富田林寺内町散策を兼ねた旧道歩きとなる。

この富田林寺内町では、その散策にはおおよそ二〜三時間必要かと思われるが、旧道歩きをしながらゆっくりと歴史を味わうことをお薦めしたい。その際にはまずは目標地として「寺内町センター」を訪ねるのがよい。センターの真向かいには国指定の重要文化財の「旧杉山家住宅」があり、このあたりを出発点として散策するのが歩きよいだろう。

『高野街道報告書2』に従って寺内町を進む。車が一台通れるほどの道幅で両側に商家などが立ち並ぶ亀ヶ坂筋を南下する。左手に「越井家住宅」の正門が見える。「越井家」は材木商を営み、長大な米蔵があるという。続いて郵便ポストや眼科医院のある四つ辻（富田林町20の住居表示がある）を右に折れ堺町方面に道をとる。先ほどの亀ヶ坂筋と同じような風情の道だ。寺内町は東西、南北ともに約三五〇メートルで、碁盤の目のように道が走っており、夜などに訪れると方向を錯覚してしまいそうな町並みだ。

右手に明治中期まで木綿屋を営んでいた「田守家住宅」の所で南北に走る城之門筋と交差する。この四つ辻には「興正寺《こうしょうじ》別院」の二層の鼓楼がひときわ目立っている。その鼓楼の城之門筋に面した所には「日本の道百選」の石碑も建てられている。この石碑の南には表門、鐘楼と続いている。真宗の寺院の典型的な造りという。この「興正寺別院」は、寺内町の中核的・象徴的な存在で、富田林御坊と呼ばれたりするが、正しくは興隆正法寺である。この富田林寺内町は国の重要伝統的建造群保存地区に平成九年に選定されている。全国的には、寺内町として指定を受けているのは、他に奈良県橿原市の今井町しかない。

富田林市教育委員会文化財保護課発行の『じないまち探究誌』によると、次のようだ。

≪富田林寺内町は、兵火と一揆が絶え間なかった16世紀半ばの戦国時代、ここ南河内、石川の畔に生まれました。永禄初年（１５５８～１５６１）、本願寺一家衆の京都興正寺第14世の証秀上人が、南河内一帯を支配していた守護代の美作守安見直政（一説には三好長慶）から富田の「荒芝地」を銭百貫文、しかも分割払いで買収。ここに興正寺別院の御堂を建立し、上人の指導のもと、近隣4か村の有力百姓が中心となって開発が行われました。町全体を仏法の及ぶ空間、寺院の境内と見なして、門徒衆や信者らが生活をともにする〝宗教自治都市〟「じないまち」の誕生でした。≫

こうして近在の中野・新堂・毛人谷《えびたに》・山中田の八人衆の合議制のもと「興正寺別院」を中心とした町づくりが行われ、江戸時代には幕府の直轄地となり、「興正寺別院」の宗教力よりも、石川の水運、東高野街道・千早《ちはや》街道が交差する陸運に恵まれて商業の町として発展をとげていく。元禄期（１６８８～１７０４）には豊富な河内米と石川

興正寺別院の前には日本の道百選の石碑がある

谷の良水に恵まれ酒造業などの発達により、「一に杉山、二に佐渡屋、三に黒さぶ金が鳴る」と歌われた豪商たちが生まれる（「杉山」は「杉山家」、「佐渡屋」は「仲村家」のことで酒造業者。「黒さぶ」は木綿問屋で、黒山の屋号の「田守家」のこと）。

そして、寺内町の隆盛は明治に入っても続いたが、明治末から大正時代には、鉄道の開通で人の流れは次第に寺内町から駅前へと移っていった。さらに近代化によって寺内町は衰退の一途をたどり、戦後は大阪の一衛星都市となっていったのである。

さて、「興正寺別院」の鼓楼から、私はさらに西に進んだ。すぐに富筋に出る。左に道をとり、富筋を南下する。富田林保育園の前を右に折れると、ほんの何十メートルくらいで右手には「旧杉山家住宅」、左手には「寺内町センター」がある。「あてまげのみち」の石標がある。この「あてまげ」とは、道を直行させず、半間ほどずらし、わざと見通しを妨げて、外部からの侵入者を撹乱《かくらん》させるためのものである。

十時四十分に「寺内町センター」に着いた。ここには展示品もあり、トイレも備わっていて、休憩にはちょうどいい。もし、寺内町を散策するなら、まずここへ訪ね来てから、ここを起点にするのがわかりいいように思われる（なお、寺内町見学者用の駐車場はここより徒歩一〇分の所にあるが、ちょうど旧道に沿っているので、後ほど案内する）。

センターの向かいにある「旧杉山家住宅」は現在では富田林市が管理し、一般公開されている（見学料要）。市の修復も行き届いて見事な家構えとなっている。私は板塀や格子戸に目をとられ、本日は見落としていたが、出入口より向

杉山家住宅の内部

かって右方向に歩んで屋根を見上げれば、四層に造られた屋根の重厚さにきっと訪問者は驚くに違いないだろう。

まずは、母屋の土間に入る。左手は「格子の間」から「大床《おおどこ》の間」へと続いている。これだけでも、ものすごい奥行きである。土間は十七世紀中期と最も古く、延享四年（一七四七）頃に現在の形に整ったという。つまり三百年余りも、この「杉山家」は時代とともに生きてきたことになる。杉山家最後の住人となった人が「杉山タカ（孝子）」であった。

「杉山タカ」は明治十五年（一八八二）ここで、旧杉山家長女として誕生した。その後、明治三十六年、二一歳の時には、与謝野鉄幹が主宰する新詩社の社友となり、与謝野晶子らとともに明星《みょうじょう》派歌人として活躍した。その時の筆名があの「石上露子（いそのかみ・つゆこ）」である。与謝野晶子は堺出身。ともに中世において自治都市で名高い堺と富田林。かつての自治都市から二人の明星派歌人を輩出している。明治においてもかつての自治都市の匂いが残り、その進取の雰囲気なりが彼女らに作用したのであろうか。不思議な符合である。

「旧杉山家住宅」の見学を順路に従って行くと、先ほどの「大床の間」に続いて「奥座敷」があり、庭も見渡せる。そこから縁側伝いに角屋に行き、二階へと上る。そして二階から再び「格子の間」のあるあたりへ下るのであるが、これが何と螺旋《らせん》階段となっている。当時とすれば非常にハイカラで洒落《しゃれ》ていたものであっただろう。実はこの螺旋階段は、アール・ヌーヴォー様式を取り入れたものである。「杉山タカ」の好みである（その当時の明星派の好みでもあったが）。古さ・伝統のなかのモダンさ。杉山家当主としての工夫がうかがえるが、私には、歌の世界から身を引き、杉山家を守ることに意を決した「杉山タカ」なりの生きざまが、この螺旋階段に出ているように思われた。

「旧杉山家住宅」を辞したのが、十一時二十分。私は再び東高野街道を歩き出した。まず富筋まで戻り、富筋を南下する。左に府指定文化財の「仲村家住宅」の黒壁と格子が続いている。すぐに行き止まりとなり、この三叉路に「町中くわへきせるひなわ火無用」の道標がある。宝暦元年（一七五一）のもので、東高野街道の南出入口に当たり、町に入る旅人に火の用心を呼びかけたものである。「左　ふじゐ寺道　右　まきの尾　高野山」などとも刻まれている（「まきの尾」とは現和泉市の槇尾山施福寺《せふくじ》のこと）。

道標の三叉路を右折する。下り坂となるが、ほんの数一〇メートルほどで東高野街道の案内標識があり、左に下りていく向田坂と呼ばれる細い道がある。これで寺内町とはお別れだ。それにしてもよくぞ古い家並みが残っていたものだ。私のふるさとの近くにこのような場所があったとは正直驚きで、寺内町は奇跡的な空間に思える。もうすぐ富田林高校のそばを通過することになるが、実は、私は三十年余り前にその富田林高校を卒業したのであった。通学の際の乗降駅であった富田林駅・富田林西口駅とは逆の方向で、ほとんどこの寺内町の区域に行ったことがなく、たまに体育のマラソンであの「くわへきせる」の道標の近辺を素通りしたに過ぎなかった。

私は、高校時代に対しては自分なりに充実感や満足感をもっているので、富田林には「心のふるさと」的な郷愁を十二分に感じている。したがって、こうしてかつて青春時代を送った地を、旧街道歩きが目的で訪ねているが、これも一つのふるさと見直しにつながることのように思う。若い時には全く関心を寄せなかった古い家並み。どちらかといえば、そのような歴史・伝統に抵抗し、否定的に見ていた高校時代。また我々を取り巻く世界も高度経済成長の時で、古さよりも新しさに価値をおいていた時代でもあった。不思議といえば不思議、私自身も変わり、時代も変化したということだろう。

十一時三十分に、富田林高校正門前を通過した。生徒たちは日曜日にもかかわらずグラウンドでクラブ活動に励んでいた。生徒たちの歓声は昔と変わっていないが、あの当時の校舎は新しく建て替えられ、旧校舎が取り壊された後がグラウンドになり、グラウンドと校舎の位置がまるで逆になっていて、これは自分の思う〝母校〟でないと思われた。ただ、今歩いている旧街道は一般道となっているが、その道の下にある競泳用プールとテニスコート・バレーコートは以前のままに存在していたのがせめてもの救いであった。

高校の正門前からは石川がよく見下ろせる。今まで歩いてきたなかで最も接近している。葛城山・金剛山も大きく見え出してはいるが、送電線の鉄塔が邪魔をして、二つの山の写真を撮ろうと思っても、どうにも鉄塔が入ってしまう。残念な思いを胸に、甲田一丁目17の表示を右に少し入る。幅の狭い用水路に沿う道を数分行くと、また先ほどの一般道に合流する。十一時四十五分に川西駅前交差点で国道一七〇号線を渡った。ここに飲食店もあり昼食休憩とした

十二時二十分に近鉄川西駅前を通過するが、道が三方向にあり、真ん中の一番幅の狭い道を斜めに上って行く。すぐに真下を国道三〇九号線の走る跨道橋を渡る。左手に近鉄の高架線が見える。この国道によって旧道は分断されており、さらに渡り切った所で旧道は住宅地となったりしてわからなくなる。ここからは滝谷不動駅方面を目指さねばならず、近鉄長野線とは逆方向に少し上った所に信号があり、左折すれば滝谷不動駅への道が続いていると地元の人に教えられ、その道を行くことにする。

集落の中の道を行く。伊勢灯籠があったりと旧道の雰囲気が残っている。しばらく行って分岐があるが、左に道を下り、周囲が田んぼで比較的広い農道のような道を進む。徐々に近鉄線に近づいている。そのうち、広い道路に出くわす。渡ってすぐに脇に入る道があり、そのまま家々の立ち並ぶ中を行くと、左に近鉄滝谷不動駅が見える所に、台座に「山上《さんじょう》講」と大きく刻まれた大峰登山満願碑があった。役行者《えんのぎょうじゃ》像も彫られている。そしてそこから数一〇歩で、狭山からきた甘山《つづやま》街道との交差点となる。ここには、道標があって「すぐ　滿き尾山」とか「すぐ　ふじゐ寺」とか刻されている。なお、前述の槇尾山施福寺は西国三十三所の第四番札所、葛井《ふじい》寺は第五番札所である。したがって高野街道は、ここでは西国巡礼道と重なっている。

甘山街道を横切り、直進し錦織《にしこり》集落の中を道なりに行く。さらに近鉄線の踏切を渡り、国道一七〇号線に出る。ここから近鉄汐の宮駅までしばらく国道沿いを行くことになる。河内長野市との市境の手前、国道の左手二メートルほど一段高くなった所に「錦織一里塚跡」（府指定史跡）がある。宝篋印塔《ほうきょういんとう》二基と地蔵一体が祀られている。武藤善一郎氏の『高野街道を歩く』（産経新聞生活情報センター刊）によると、一里塚は道の東西の両側にあったが、現

存するこの一里塚跡は街道の西側のものであり、したがって東高野街道はこの塚より東側、石川寄りを通っていたという。ただし東側にあった一里塚は石川の川床に崩れたとのことだ。

富田林市から河内長野市に入った。汐の宮駅の手前五〇〇メートルで再び近鉄線の踏切を右山側に渡る。渡り終えるとすぐの所で、お堂の中に「孝子《こうし》地蔵」が祀られていた。由来を書いた案内板には「この道は旧東高野街道であり、元文二年（一七三七年）に建てられた碑であります。『左まきのを道』となり道標の一つですが信仰心にもとづいて建てられたものです。昔遠い国から西国巡礼に出かけた母娘があり母親は長旅の疲れでこの地でたおれ、娘は村人の手伝いをしながら介抱しましたが母親は帰らぬ人となりました。村人は母を無縁墓に葬り娘をなぐさめました。そして幾年後娘は再びこの地にきて世話になった村人に礼をのべ母の霊と道中でなくなった人を供養するため村人と相談して一体の地蔵尊を祀った。その孝心をたたえて『孝子の地蔵さん』と呼ばれるようになったとの事です。家に病人がでたり子供が夜なきするときこの地蔵さんにお参りするそうです」とあった。

「孝子地蔵」からの上り道を行くと（地蔵そばの急な坂道ではない）、左手には嶽山《だけやま》を中心とする二〇〇メートル余りの山並みがよく見えてくる。その向こうに三角形の顔をひょっこりのぞかせているのは金剛山だ。頂きだけを望んだのは初めてで妙に可愛く見えていた。下方の近鉄線では汐の宮駅近くということで、スピードを落とした電車の音が聞こえる。右に雑木林がある。「千代田神社」の杜だ。「千代田神社」は菅原道真公を祀ってあり、もと天神社・天満宮・菅原神社と呼ばれていた。

錦織一里塚跡

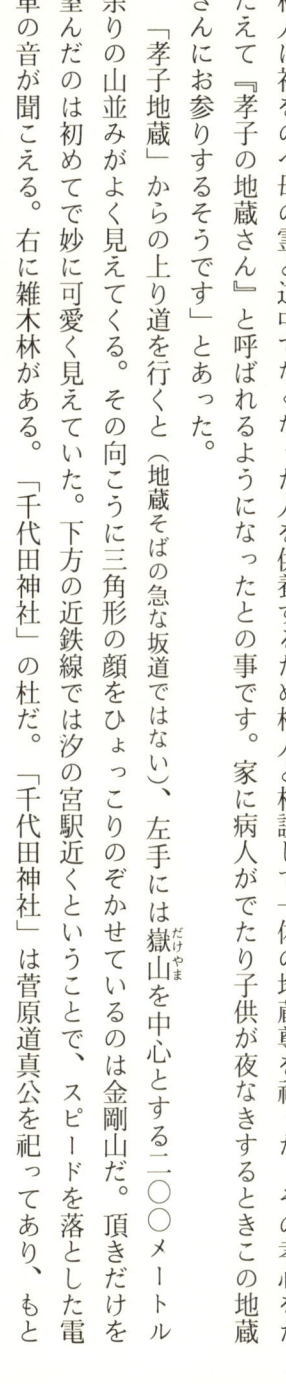

しばらくして、一般道（左は汐の宮駅、右は外環状線）に出る。そのまま横切り、集落の中の平坦になった道を行く。またまたさっきより道幅のある道路に出る。向こう側の歩道そばに案内板と自然石が見える。道路を渡って確かめると、「右まきのふ　左かうや」などと刻された道標だ。この道標から下っていくのが旧街道。そばを上っていけば西国巡礼道となる。近鉄線方向に下って行くと、目の前に岩湧山が現れた。河内長野市の中心部は近い。小高い丘にある極楽寺の甍も見える。その横には露坐の阿弥陀仏（青銅製で総丈六・八メートル。河内の大仏さんとも呼ばれている）の背中も見えている。

下り切った所で道路は右に大きくカーブしているが、旧道はこれより集落の中に入る。道なりに行くと国道に出る。大きな交差点があり、そこから国道をはずれて斜めになおも近鉄線に進む道があり、その狭い道を行く。踏切を越えて工場群の中の道を近鉄線に沿って歩く。間もなく行き止まりとなり国道三一〇号線に合流し、左に近鉄線、続いて南海線のガードをくぐり、今度は南海線に沿って、河内長野駅を目指す。

十三時五十三分南海河内長野駅（近鉄の河内長野駅も南海と並行して同じ場所にある）に着いた。これでいよいよ、次は西・東を合わせて高野街道として紀見峠越えである。暖房のきいた電車に乗ると汗が出てきた。この十一月は例年より寒い日が多かったが、本日は暖かく幸運な一日であった。私は腕まくりして車窓からの風景を眺めていた。

【歩いた日】二〇〇二年十一月十七日㈰　晴れ

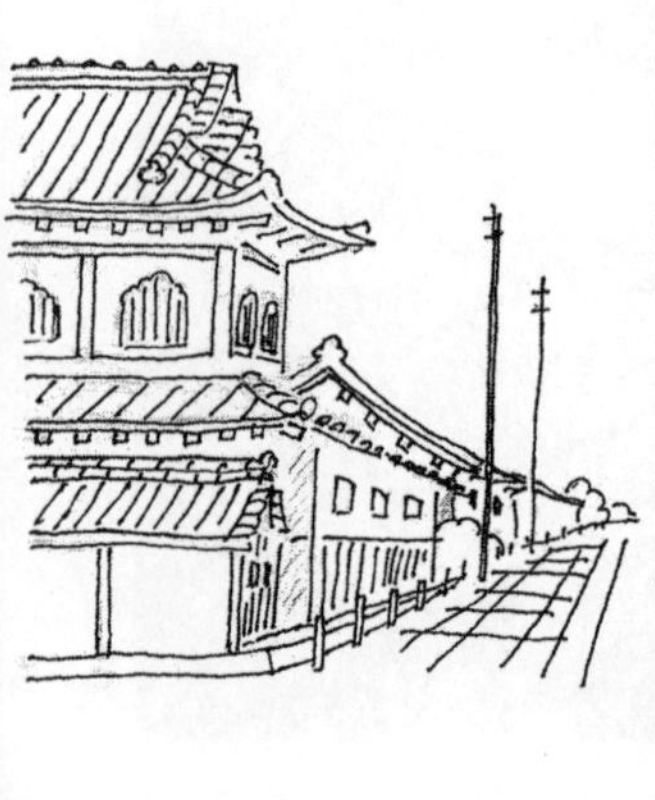

三　早くも和歌山県に入った私
—天見川を上り、橋本川を下って紀ノ川への道—

河内長野～学文路（高野街道）

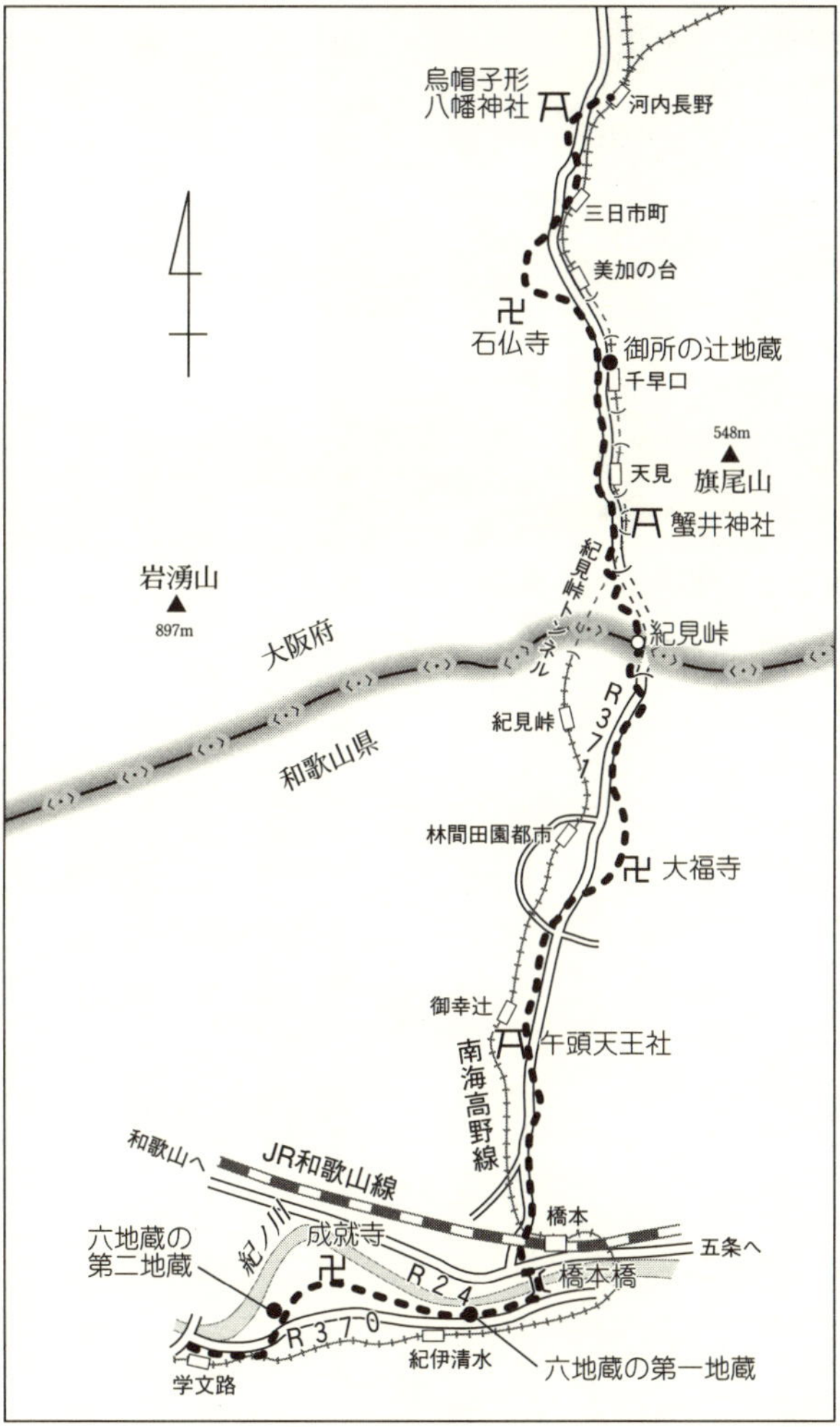

コースタイム
南海河内長野駅（30分）烏帽子形八幡神社（25分）八里石（30分）石仏寺（20分）御所の辻地蔵（10分）松明屋（5分）七里石（20分）南海天見駅（1時間）紀見峠・六里石（1時間10分）大福寺（10分）五里石（30分）牛頭天王社（30分）四里石（20分）高野街道六地蔵の第一地蔵（10分）六地蔵の第二地蔵（10分）三里石（10分）南海学文路駅

南海河内長野駅前のバスターミナルで停車中の金剛山ロープウェイ行きのバスの横を行く。バスの中では幾人かの登山服を身にまとった乗客が見える。

今冬の金剛山はまだ雪化粧をしてないが、これから二月中頃にかけて山頂付近を真っ白にすることが何回かあるだろう。標高一一〇〇メートル余りで、樹氷も観察できる金剛山。南海線の各駅では積雪状況を知らせる案内板もあり、土・日曜に積雪があればその日は山頂付近は大賑わいである。都会の近くで、かつ手軽に自然に接することができる金剛山は、四季を通じてハイカー達に人気のある山だ。

が、本日の私は、そのバスを過ぎて左方向の、駅とは目と鼻の先の「長野神社」を目指す。「長野神社」に隣接する手前の吉年《よどし》邸の大楠も見事だが、神社内本殿脇の樹木も大木である。これが府の天然記念物に指定されている「榧（かや）の木」だ。「長野神社」は長野戎で近隣では知られており、来年一月には賑わうことであろう。

神社より南に向かい、石川に架かる西条橋の手前を右折する。白壁の土蔵が目の前に飛び込んできて一挙に時代が変わったかと思える風景になる。そして古い造酒屋の建物も残されていて、天野酒という地酒の幟《のぼり》も立っている。まだ緑色した杉玉も吊してある（この造酒屋の西条家は創業二百六十年余の老舗）。続いて「衝破除」の石標のあるお宅の前で左に舊（旧）西条橋を渡る。

烏帽子形八幡神社への参道

坂を上り切ると、国道三七一号線に出て、斜めに横切ってさらにゆるやかな坂を行く。道なりに進むと、やがて右に「烏《え》帽《ぼ》子《し》形《かた》八幡神社」への石段が現れる。深閑としたなか、本殿への急な石段を上る。神社は「烏帽子形山」の中腹にあるが、この「烏帽子形山」は現在では古墳や城跡（楠木氏七城の一つ）のある歴史公園となっている。神社が建立されたのは、今から五百年余り前とのことである。なお、この区域は、烏帽子形城址の照葉樹林として河内長野市の新八景に数えられている。

九時二十七分に「烏帽子形八幡神社」を出発し、山裾の道を行く。しばらくして二車線の道路を横切りると、二方向に道があるが、左の狭い道を下って行く。すぐに国道に出て、そのまま突っ切って下ると商店・民家などが立ち並ぶ旧道の雰囲気を漂わす道に突き当たる。右折し、国道と南海高野線との間を並行に進んで行く。左に「三日市村役場跡」の石碑を見つけたり、格子戸のお家を眺めたりしながら行くと、三日市橋のたもとに「やくしさん」と親しまれている「月輪寺」があった。本堂は新築間もないと思われ、いささか風情の点では見劣りするが、このお寺の本尊の「木造薬師如来坐像」は府指定文化財となっていて、鎌倉時代初期の作である。

三日市橋を渡る。この付近は宿場町の中心地で代官所や高札場があり、往時はさぞや高野参りの人々で賑わったことであろう。三日市の名の始まりは、三・十三というように三のつく日に市が開かれたことによるもので、さらに、ここにはかつて「油屋」と呼ばれた紀州公の本陣があった（昭和四十八年まで旅館「錦渓温泉油屋」として営業していた）。

道は上り坂となって三日市町駅方面に向かっている。板張りの壁とか、出格子のある古い家々が軒を連ねている景観に、宿場町としての面影が残されているように感じられる。九時四十七分、南海三日市町駅前を通過した。さらに南に道をとる。小さな四つ辻で「左　鬼住延命寺」と彫られた道標を電柱のもとに見つけたが、寺の字も土の字だけが見えて寸は埋まってしまっているのでつい見落としてしまいそうだ。続いてすぐの所で、石見川に架かる新高野橋の手前で「高野山女人堂江八里」と刻された**「八里石」**が斜めに少し傾いた形で建っていた。大阪から高野山まで昔は十六里といい、ちょうどこの三日市宿が中間地点に当たるわけで、宿場町として栄えたのであった（私が高野街道歩きを始めた堺の榎元町の「十三里石」からは五里来たことになる）。

今、私は高野山を目指しているのだが、今日もこの里程石を目標に行こうと思う。予定では、七里・六里と行って、南海学文路《かむろ》駅近くにある「三里石」に到達したいと思う。そして次回が学文路から不動坂経由で女人堂（高野山）というわけだ。なお、この「高野山女人堂」は、高野山が女人禁制であったため、高野七口（大門口・龍神口・相の浦口・大滝口・大峰口・黒河《くろこ》口・不動口）といわれた各参道に女性のためのお籠堂がそれぞれあって、そこから先へは山内に入ることができなかったのだが、現在残されているのは、ただ一つ、不動口のものである（女人堂の所在地は南海高野山駅から山内中心部方面に約二キロ)。

さて、「八里石」を過ぎて数分で国道に合流した。しばらく歩道を行くと、新町橋交差点に出て、ゆるい上り坂となる。五〇〇メートルほどの所で、右の細い道を上って行き、まもなく下を新国道三七一号線の通る跨道橋を渡る。渡り終えると石仏《いしぼとけ》の集落に入り、風景は一変する。いかにも古道らしく、いかにも山道らしくなる。国道は集落の下方をぐるっと囲むように弓形を描いている。高野街道はここより一キロ足らずの所でまた国道に合流している。いわば弧の国道に対して弦の高野街道ともいえる道が石仏集落内を貫いており、近代文明から取り残されたといえばかなり誇張した表現になるが、ここだけ少し時間がゆっくり流れている感覚にとらわれてしまいそうな家々のたたずまいだ。土壁のお家もあったり、大屋根を見上げると、煙出《けむだ》しもついていたり、また虫籠窓《むしこまど》も見えている。昔の庄屋とも思われるような大きな門のある立派なお家にも驚かされた。

もうすぐ国道への下りという、集落のはずれには、「石仏寺」が道より一段高い所にお堂一つで建っていた。石仏の地名はこのお寺に因むものであるが、空海作と伝えられる石造阿弥陀如来を本尊とすることによるものである。地名もなかなか古風でロマンを感じさせる。このお寺の前には宝篋印塔と地蔵尊が祀られている。私は集落内の道よりいっそう狭くなった道を下りて行った。

国道に降り立ったが、民家など見当たらず、山中の道路となっている。国道と並行に流れているのは天見川《あまみ》で、この川を遡って行くと紀見峠ということだ。歩道があったりなかったりの道であったが、やがて左方向つまり東側の展望が開けて、南海高野線や岩瀬の集落が見えてきた。もうすぐ千早口駅だが、国道から左に道をとるはずだ。ちょうど私の後から人がゆっくりとした足どりでやってきたので、その人を待って、左に入る道を訊くと、その人も駅へ行くとのことなので一緒に行くことにした。

私と並んで歩いているその老人は、久し振りの外出とかで、これからお葬式へ参列するとのこと。ここは不便な所で、美加《みか》の台駅にも千早口駅にも遠いとか、紀見峠を和歌山県側に越えた所が開発されてここは取り残され、車だけがやたら多いとか、ひとしきりぼやいた後、「あれが天見富士や」と言って指さす方向には、なるほど独立峰で姿のきれいな山があった。旗尾岳（五四八メートル）である。旗尾岳から目を下に転じると、線路の向こう側にある集落の家の並び具合がすばらしい。新しいお家もあるが、全体に古いお家もたくさん屋根を並べている。こちらから見ると、川があって続いて線路や田畑。集落の背後には紅葉の山。調和のとれた風景だ。そのうえ、国道とは川を隔てて離れていることから、落ち着いた雰囲気が漂っている。

私と老人とは、今は年金暮らしで自分一人なら一ヶ月間十分暮らせることや、近くには娘さんの家族も住んでいるなど話しながら進んだ。天見郵便局の方へ国道から左に下った。ここまで来ると、天見川の幅も狭くなっている。高橋を渡って千早口駅の方に上って行く。三叉路となって、左に行けば駅に通じており、右は旧街道である。この三叉路に「御所の辻地蔵」の地蔵堂が建っていて、高さ約一九〇センチの大きな地蔵尊が祀られている。昔、この付近で火事があり、あたりは焼け野原となったが、この地蔵だけは焼けなかったという言い伝えがある。

堂前には地蔵道標があって、「右かうやくまの道」と刻まれている。私は、堺・羽曳野から西・東高野街道を歩いて来たが、このように「くまの」と彫られた道標なりを見たのは初めてのことである。この地から高野山はそう遠くない。一日にして十分到達できる距離である。高野山からさらにその南の熊野に次の目標が向けられており、熊野へ向かう人も多かったことは想像に難くない。私もかつての巡礼者の後を追いかけよう。この「くまの」の字は私に対する無言の声援であった。そして、今後この高野街道を歩くなかで「くまの」の字を見つけることに喜びを見い出して歩いて行こうと思う。

地蔵堂の向かいの道端に太神宮灯籠と自然石の道標もある。「右かうや」の字がよくわかる。私は千早口駅への道と別れ、天見川沿いの道（といっても川面まではずいぶん高さがあるが）を進んだ。もう国道も見え始め合流かと思われた頃、右手に「松明屋《たいまつ》」の堂が古い地区会館的な様子でひっそりと建っていた。昔、ある僧（のちの弘法大師）が旅の途中、ここまで来たところ夜が明け、灯りとして持っていた松明の火を消して地面に突き立てた（この地で夜を明かすため松明に火をつけて突き立てたとも)。そうするとそれにいつの間にか根が生え芽を吹き、松の大木になったという伝説が残っている。また、次のような言い伝えも残っている。農民が、その僧にチマキをごちそうしたが、以来このチマキは万病の苦を除くようになったということだ。そして旧暦の五月五日にはチマキが信者に配られたというが、今は参拝者の減少でやめているそうだ。

十一時五分、再び国道に出た。二〇〇メートルほど行くと、右側に「七里石」があった。車の通行量も多くてひっきりなしにエンジン音が耳につくが、その騒音が途切れた時、一瞬の静寂が訪れ、私のコートに小粒の雨の落ちる音や鳥の鳴き声などがはっきりと聞きとれた。空の雲も切れ目なく均一の灰色になっており天候の悪化を思わせるなか、天見小学校が左手に見え、その正門への道を下り切らず途中で右斜めに行く。JA大阪南天見支店の駐車場を横切る形で天見駅の方に進む。

川も細くなっているが、道も同様に細道となる。が、なかなか風情ある道だ。天見温泉「南天苑」の庭園も眺められていい雰囲気だ。そのうえ、木の葉が小雨に濡れているのもよりいっそう趣き深く感じられる。「わらべばし」というほんとうに小さな橋を渡ったが、橋近くのお家の石垣の南天もきれいだ(天見は南天の里として知られており、田畑で栽培されて薬用、正月の切り花として出荷されている)。南天もいいが、それ以上に目を引く赤があった。ウメモドキの実がそれである。落葉した後、これでは寂しいと感じたのだろうか、誰かが赤い玉をたくさん、それも気の遠くなるほど多くつけたかと見紛うほどである。

南海天見駅に着いた。十一時二十八分だった。雨の降りも少し強くなってきた。見ると、「ふもとの甘味処あま

松　明　屋

み庵」の大きなのれんが掛けられている。食事は出来るのかとお店に入って尋ねると、釜飯・にゅうめん・雑炊が出来るとのことで、早速に玄関で靴を脱いで畳の部屋に通してもらう。ガラス越しに「南天苑」の庭が拝見でき、また反対側の障子を開けると小庭があって、天見駅のホームが近くにある。私は雨宿りのつもりもあったので、時間のかかる釜飯を注文し、部屋に用意されている本などを見て時を過ごした。

食事が終わって障子を開けると、雨脚はさきほどより間違いなく強くなっているようだった。午後から雨になるという天気予報通りになった。本日は紀見峠を越え、橋本市街を抜けて学文路まで行きたかったが、この雨では写真撮影にも支障をきたすであろうし、また、ここから紀見峠までは国道歩きで、車が通っているそばを雨の中歩くのも危険で嫌な感じもするので、本日の歩行はここで終了と決めた。

天見駅十二時三十五分発のなんば行き急行に乗車した。次回はここ天見駅から始めよう、それも午前十一時半頃からがよいだろう。こんなことを考えながら私は帰宅の途についた。〔十二月八日の歩行はここまで〕

南海天見駅で終了した前回の後を引き継ぐように、一週間後の十二月十五日、比較的穏やかな小春日和のもと、十一時五十一分に天見駅を出発した。線路の土手には南天の赤い実が光っていて、西方を見上げると山頂付近が黄土色をした特徴的な岩湧山（八九八メートル）の山頂もよく眺められる（秋には山頂一面が雄大なススキ原となる）。

駅からは線路下の道を紀見峠方面に道なりに進むと、すぐに国道三七一号線に出た。ここを「出合の辻」といって、元弘三年（一三三三）正月に楠木方と北条方が戦った古戦場跡である。この辻から国道を紀見峠方面に五〇メートルほど行って右に入り、国道に沿った細長い集落の中を行く。やがてまた国道に合流するが、ここを「茶屋出」という。そして国道の島の谷の信号を左に下る。天見川もずいぶんと川幅が狭くなっているが、川近くに石垣をめぐらした古い豪壮な民家がある。その前を通って上って行くと、左にこじんまりした「安明寺」を見て、続いて「蟹井《かにい》神社」の鳥居前に着いた。急な石段だ。十月九日夜には提灯祭りで賑わうというが、今日はひっそりしており、私は本日の旅の安全をお祈りした。

ここより旧道は紀見峠を目指したというが今では消滅しているので、私は国道に戻った。歩道がついていて安心だ。一〇分たらずで国道の紀見トンネルが見えてきた。トンネル手前で右に折れ、坂道を行く。これが旧国道である。紀見峠へは旧道も少し残っているようだが、この道幅広く舗装されている旧国道を行くことにする。車もほとんど通らずゆったりと歩ける。道端で手が届きそうな所にミツバチの木箱が置いてある。じっと目を凝らして見ると、小さな出入口からミツバチが出入りしている。今日は暖かいので活発に動き回っているようだ。

前方を中高年の二人連れが歩いている。挨拶して尋ねると、天見駅から紀見峠駅までのハイキングを楽しんでいるとのことだった。国道があるとはいえ意外と安全な道であり、府県境を越えるというのが魅力かもしれない。

十二時四十八分、ダイヤモンドトレール（ダイトレ）に出合う。ダイトレとは、屯鶴峰《どんづるぼう》（奈良県香芝市）から槇尾山（和泉市）までの大阪、奈良及び和歌山県境を走る延長四五キロの長距離自然歩道であり、いわば尾根道歩きの山道である。したがって、今私のいる位置から左は金剛山方面、右は岩湧山方面となる。そしてほぼ平地となったこのあたりが紀見峠で、左に道を回り込むと、紀見峠の案内板があったり、「橋本市」やさらに大きな字で「和歌山県」と書かれた標識が目に飛び込んでくる。

蟹井神社手前の風景

峠から橋本市方面に向かっては二つ道があった。一つは今歩いて来た旧国道。一つは旧国道より一段上の道で、紀見峠の柱本集落に通じている旧高野街道だ。私は、その左の細い上り坂を行った。一〇メートルも行くか行かないかに**「六里石」**があった。そしてそばにはこのような立て札もあった。「ここは昔から河内と紀州の境目で目通

約三・七メートルの松が高くそびえていました。この松は高野詣の人々や峠の人々に長い間親しまれ『紀伊名所図会』にも描かれました。昭和四十八年に枯れたので第二代目の若く元気の良い松を植えました。いつまでも大切に育てたいと思います。平成七年十一月二十五日紀見峠区」。また、数学者の「岡潔生誕の地」の石碑もあり、その下には自然石に「誕生の地孤高の人に梅薫る」の句碑もあった。

行く手に高野の稜線が見え始めた。『蟻さんの熊野紀行Ｉ紀伊路・中辺路を行く』も今回も同じ堺が出発点であったが、和歌山県境を越えるまで要した時間は今回のほうがはるかに短い。こうして比較的容易に和歌山県に入ったということは、それだけ高野山にまっすぐ向かって来たということだろう。そしてさらに高野山よりほぼ直線的に熊野に向かって山中を歩くわけで、前途はかなりの厳しさが待ち受けていそうだ。紀見峠から見える高野の山並みがそれを示すかのように壁のように立ちはだかっていた。熊野へ詣でるにはあの重畳《ちょうじょう》たる山々を越えてゆかねばならない。熊野詣での人々はさぞや山の壁を眺めては気を引き締めたことであろう。私も〝高野の壁〟に立ち向かおう。

紀見峠の平坦な集落を行く。かつては紀見峠宿として賑わいを見せたであろうこのあたりも、今では外部からの車の行き交うこともなくひっそりとしていて、初冬の陽光を浴びた格子戸が印象的だった。

紀見峠　上の道を右に行く

紀見峠について

『高野街道と熊野街道』（西岡博史氏私家版）より抜粋

私の生まれ故郷は高野街道に沿った紀見峠の海抜四百メートルの山頂で河内と紀伊の国境の宿場で戸数は昔多い時は五〇戸位、今は半分になっている。この峠の国境には御影石の苔むした道標があり、これより女人堂六里と刻まれている。この道標は三本松の根方にあるが、ここは昔、藩の番所のあった跡で、その跡には小生の長兄とは碁仇の従兄で数学者岡潔の家がある。私の家はこの宿場で代々「虎屋源兵衛」と言う旅籠で、山林を業としていた。この家からは高野の山々が紀の川をはさんで一望できる所で高野山詣の巡礼路であった。「源兵衛と名乗り幾秋古峠」「行き暮れて乞わるるままに秋の宿」「秋の嶺誰が末なりや隠れ棲む」「秋の嶺延暦の雲越え行くよ」この句は「風太郎」と号する兄の句である。

紀見峠のことが歴史書に現れるのは桓武天皇の延暦十五年（西暦七九六年）、南海道新線として官道に認定された。空海が高野山を開創されたのは、西暦八一六年（弘仁七年）であるので、これより二〇年後のことである。

私の青少年時代は大正から昭和初期にかけての農村不況の頃で、木材や蚕価格が暴落し、どん底の時代であった。その頃この山里は、春休みは山の杉の間伐の山仕事から始まる。

これは四人一組で、一番先頭の人が間引く木を選定し、二番目がその木を削って矢立で番号を書く。三番目は目印のためその木を藁でくくり、四番目が根元を削って刻印を打つ。

昼食時になると、谷川のほとりで焚き火をしながら握り飯をほおばる。ふりかけてあるゴマ塩とたくあんが妙に調和してうまい。

この間伐した木材は山林業者が家に集まって入札する。先日久し振りに帰ってみると、この山の木は太さ三尺ちかい大木に育っていた。

夏休みは養蚕の桑摘み、毎日大所帯の米搗きが日課であった。

この辺りは田が少ないので屋根ふき職を副業として農閑期に河内、摂津へ出稼ぎにゆく。秋は松茸山の季節、松茸やしめじ等大籠に一杯とれた。秋祭りの前後は山小屋に寝泊まりして山々を探しまわった。

採れた松茸を古新聞を濡らして包み焚き火にくべて、あつあつの焼松茸を引き裂いて、醤油と柚子の絞り汁で食べる味はまた格別で、かしわの入った松茸飯としめじ汁は顎が落ちるほど美味しい。良質の松茸は河内の市場から買い集めに来るので、唯一の現金収入で、家ではバレたものばかり食べたものである。

私は七人兄弟の末っ子で兄の尻について山を駆け巡り、松茸の新しい寝宿を見つけるのが得意であった。この辺りは、朝食は「茶粥」で、「柿の葉ずし」が名物である。峠の道端の古い渋柿の黄色い葉にお握りと塩鯖を包んで、木箱に入れて石で押しつける。これはこの辺りから大和、吉野にかけての名産となっている。

集落のはずれから下り坂になり、再び旧国道に合流する。南海紀見峠駅まで一・四キロの案内石標が立っているが、ここからの竹林や雑木林の中の下りが「馬転がし坂」と呼ばれている急坂である。日曜日、それも暖かな日とあって山歩きの人も多いようで、前方に下って行く人たちが見える。駅近くには国民宿舎「紀伊見荘」もあり、宿泊する人なのか、温泉が楽しみなどという声も聞こえてくる。

やがて沓掛の集落に出て、柿畑などがある中をかまわず道なりに下って行く（紀見峠駅へは右方向）。ここからは高野山方面が開けておりよく眺望できる。今日は山全体が青白くぼーっとしており、空との境目ももちろん明瞭というわけにもいかないので、いずれ山の姿がくっきりと見える時にでも写真を撮りに来たいものだと思う。

十三時三十五分、国道三七一号線に出た。私が現在持参しているのは、橋本市文化財探訪テクコロジー実行委員会編の『てくころ文庫ｖｏｌ・2高野街道－京・大坂道－』（以降『てくころ高野街道』と略して表記）という小冊子だ。これは橋本市教育委員会でいただいたものだ。河内長野～紀見峠間も載っていて非常に便利かつ貴重な冊子である。一般的には高野街道として何も刊行されておらず、他に参考になるものとすれば、武藤善一郎氏の『高野街道を歩く』『大阪の街道と道標』（共にサンライズ出版）ぐらいであろう（武藤氏の著書は自費出版であり、南河内の図書館にはたいてい蔵書としてあり閲覧可能。綿密な踏査記録で貴重な文献だ）。

さて、この『てくころ高野街道』によると、旧道は点線で国道そばの東側に並行して記してあり、ここ国道との合流地点よりしばらく下った所でまた再合流ということだ。点線ということは不明瞭という意味だが、とりあえずそのあたりに行ってみることにする。もし道らしきものがなければ国道を下ればいいだけである。

　で、結局どうだったかというと山裾を巻くような道、それも新しくつくられたと思われるものがあったことはあった。国道合流まで約二〇〇メートル、幅は二メートルくらいであった。その道の途中に「大聖不動明王　南無地蔵菩薩」などと刻してある石碑が建っていたので、旧道がこの近辺を通っていたのは確かなのかもしれない。

　ということで、また国道歩きが始まったが、一〇分ほどで国道と離れ左に旧道を行く（左に行くと柱本小学校となる三叉路で、斜めに集落に入る。すぐの所にお堂があるのが目印）。いかにも旧道らしい感じの道だ。左から山が迫っているが、道と山との間の空いた所に庭がつくられている。本宅があって、道を隔てた向こう側にこのように庭をつくっているのだが、不自然な様子もなく洒落た庭だ。道が二方向に分かれるが、左にとって行く。やがて集落を出ると田畑となる。目の前には〝高野の壁〟が大きく見えてくるし、左手丘には「戎神社」とその石垣や杜が日の光に照らされて板壁と白壁が明るくきれいだ。

　このまま道はまっすぐに「大福寺」に向かっている。正方形のお堂一つでいかにも村のお寺という感じだ。石碑によると、紀伊西国第五番霊場で本尊は不動明王とのこと。「大福寺」より石段を下の国道まで下りて、そのまま国道を行く。三〇〇メートルほどで国道西側の道端で**「五里石」**を見つけたが、もとは南へ数一〇〇メートルの地点にあったという。さらにそのまま国道を行くと、やがて清恭寺を過ぎた所で右に折れ、橋谷大橋下の坂を上り、国道より高い所を並行に行くが、古い家並みでなかなか風情がある。お地蔵さんもあっちこっちに祀られているし、石垣や土蔵のたたずまいが旧街道の雰囲気を漂わせてい

大福寺への道　向こうには高野の峰々

る。右へ行けば御幸辻《みゆきつじ》駅という所でそのまままっすぐに二〇〇メートルほど行けば、県道一〇五号線に出る。そして道の向かいには、県道に背を向けた格好で「牛頭《ごず》天王社」がある。十四時三十六分に着いた。創建は明らかではないが、素盞嗚命《すさのおのみこと》が祭神である。

「牛頭天王社」から国道はすぐ下に見えているが、旧道は天王社の東端近くより斜めに国道方面に下っていき、紀ノ川広域農道と国道の分岐点で合流している。その分岐まで出て、しばらく国道を歩く。三〇〇メートルほど行くと、常夜灯籠があって、そこを左側（橋本川の方）に入る。ここから五〇〇メートルほどの道も旧道らしい雰囲気の趣きある道である。土蔵が多く見られ、それも下半分が板壁で上方が白壁というのが目につく。再び国道に出るが、すぐに国道は分岐する。右へ行くと、橋本市街地をさけて国道二四号線に出る。高野山に車で行く人はこの国道を利用する。左の橋本駅方面への道を進む。

橋本川に沿った道であるが歩道がないので気をつけねばならない。が、それもつかの間で、やがて南海高野線の高架下をくぐり、続いてJR和歌山線の高架下をくぐると、高架の側面の「高野街道」の大きな文字が目に飛び込んでくる。ここより南一〇〇メートル余りの地点で大和（伊勢）街道に交差する。この四つ辻から南にほんの数メートルの所で道は分岐する。左の細い方が旧道で、その入口の所に「四つ辻道標」がある（実際の四つ辻とは少しはずれた所にある）。「左いせならはせよしの」などと刻されており、伊勢や長谷観音詣での人々、奈良・吉野の物見遊山の人たちが往来したことだろう。街道が十字に交わる橋本の町は交通の要衝として栄えてきたのだが、この道標はそれを物語っているといえよう。なお、橋本という地名の由来は、高野山の応其《おうご》上人がこの地に町を開き、紀ノ川に橋を架けたことによる（「四つ辻道標」から東方五分の所に上人ゆかりの「応其寺」があり、応其上人については、「蟻さんの人物紹介」で詳述）。

さて、左に道をとってまもなく国道二四号線に合流した。そのまま国道を横切って紀ノ川畔に出る。ここに**「四里石」**がある。到着は十五時十分だった。ここは昔の渡し場跡である。「四里石」のそばには「東家《とうげ》渡場大常夜燈籠」（橋本市指定文化財）が建っている。江戸時代における東家（紀州藩領）と三軒茶屋（高野山領）を結ぶ渡し場の位置を示すもので、向こう岸には「紀ノ川渡大常夜燈籠」が一基存在している。現在ではむろん渡し船はないので、ここより上流に架かっている橋本橋を渡らねばならない。

私は国道二四号線に戻って少しばかり東に行き、橋本橋交差点で右に折れて橋本橋に向かった。『蟻さんの熊野紀行Ⅰ』でここより下流の「川辺橋」を渡ったことが思い起こされた。橋本橋は川辺橋と比べると三分の一くらいの長さしかなかったが、高野山域に入ったことが実感できた。

橋本橋を渡ったあたりの喫茶店で休憩した私は、国道三七〇号線を左に見て、川沿いの道を行った。すぐに道が二方向に分かれるが、右の川に近い方を行く。紀の川渡しの「三軒茶家大常夜燈籠」は道より一段上に置かれていたのでよくわかった。五分後には、清水小学校近くの地蔵堂を通過した。ここから高野町桜茶屋までの間に、高野詣での人々の旅の安全のため六体の地蔵が祀られているが、ここは第一番目の地蔵にあたる。また、西行《さいぎょう》が風呂敷包みを背負った坐像が安置されているので「西行堂」とも呼ばれている。**「史跡旧高野街道六地蔵（第一）」**として、橋本市の指定文化財となっている。

三軒茶家の大常夜燈籠

左方向に南海紀伊清水駅があると思われるあたりに来ると、門構えの立派な家が目につくようになってきた。右に左にと立ち現れるので飽きることがない。屋根には煙出し、白壁に虫籠窓と目につく。この町並みは「和歌山県ふるさと建築景観賞」を受賞したというが、落ち着いた雰囲気の旧道となっている。

この清水の集落の中に「社皇《しゃこう》神社」がある。旧道に面しておらず、左に家の間を入って行かねばならない。葉をすっかり落とした巨木が空を背景に立っている姿は見応えがある。「西行堂」から一〇分くらいで、弘法大師が民家の鎌でご本尊の鎌不動をつくったという言い伝えのある「鎌不動」のお堂前を通過した。左手に学文路中学校が見えてきた。さらに行くと保育園があって、そのそばには「成就寺《じょうじゅ》」の風情ある白壁の門が美しい。このあたりから旧道は国道に近づいていく。そして国道との合流点に先ほどの「六体地蔵」の二番目地蔵が祀られていた。案内板によると、ここから先の四地蔵は、九度山町の繁野《しげの》（第三）・河根《かね》峠（第四）、高野町の作水《さみず》（第五）・桜茶屋（第六）と続くそうだ。

この**「六地蔵の第二地蔵」**（以降このように表記）からは国道を行く。学文路小学校前の小橋を渡り終えて左に入る。道には「歴史街道」「高野街道」と描かれた約三〇センチ四方の石板が埋め込まれている。矢印は「高野山女人堂」と「京・大坂・堺」と指している。国道と並行に行くが、一〇〇メートルほどの所に、左には「かむろ大師」と刻された背の高い石碑が目につく。その向かい側には、「かむろ大師」石碑に気をとられうっかりすると見落としてしまいそうな**「三里石」**が民家の玄関脇に建っている。

「三里石」を過ぎてすぐにまた国道に出る。分断された旧道を斜めに渡り、また国道と並行に行く。郵便局のそばに赤いポストとともに、高野山領と紀州藩領の境界を示す「興山《こうざん》寺領御国領界石」がある（興山寺領―高野山領、御国領―紀州藩領）。ただし、この境界石は移されてきたものだ。旧道は左に大きく曲がり、国道に出る。その合流点に「学文路三叉路道標石」の石碑が建っている。右は慈尊院へ一里、左は高野女人堂へ三里ということでここで旧道は二方向に分かれる。私は、次回女人堂への道を目指すことになり、ここよりまっすぐ山に登る道となる。この「三叉路道標石」から南海学文路駅は近い。山焼き・野焼きのせいであろうか、白くけむっている。冬至が近づき沈むのに急ぎ足の太陽は山の端に隠れようとしており、西の空は薄い赤紫色をしている。いよいよ次は高野山だ。

南海学文路駅に着いた。十六時三十三分発なんば行き急行に乗車した。途中橋本駅で二輌増結した。本日越えた紀見峠の真下の紀見峠トンネルを通過した。今回、高野山への上り口ということで学文路までとがんばってみたが、河内長野から学文路は一日ではハードな感じがする。①河内長野駅~御幸辻駅（または紀見峠駅）、②御幸辻駅（紀見峠駅）~学文路駅というように二つに区分けした行程が妥当かもしれない。御幸辻駅は旧道がそばを通っていて便利であるうえに、高野山への道として御幸辻で分岐する道（この道はハイキングコース等でよく紹介されている町石《ちょういし》道《みち》に通じている）もあるからだ。①では旧三日市宿・天見の里の雰囲気を味わい、峠越えを楽しむのがよいだろう。②では、御幸辻駅の西側には杉村公園があって郷土資料館に立ち寄るのもよいし、橋本では応其寺・利生護国寺などを訪ねたり、紀ノ川べりでゆっくり休憩するのもよいだろう。私は幸いにして、河内長野まで電車で一〇分の所に住んでいるので、①②の両方を歩くのは可能であろうが、一般向けとすれば二つに区分することをお薦めしたいと思う。

【歩いた日】 二〇〇二年十二月八日(日)　**曇り**
二〇〇二年十二月十五日(日)　**晴れ**

蟻さんの砂糖庵①

【紀見峠を越え、そのまま高野山に向かう三ルート概説】

古い順に次のように代表的三ルートをあげておく。

一　大門口ルート（本文第五章及び第七章で詳説）

〔紀見峠～御幸辻～慈尊院～高野山大門〕

表参道口に当たるルート。「紀見峠」を越えて、そのまま「橋本」まで下らずに、「辻」（現御幸辻）から西に向かい、「出塔」を過ぎて、「神野々」で大和街道と合して西に行き、「名倉」付近で紀ノ川を渡り、「慈尊院」に着く。ここからは「高野山町石道」となって、「高野山の大門」に通じている。「高野山」への道として、現在ハイカーに最も人気のあるのが、慈尊院～大門へのルートすなわち「高野山町石道」である。なお、この「高野山町石道」そのものが世界遺産となっている。その他、この町石道以外に、建物として「慈尊院・丹生官省符神社・丹生都比売神社」も世界遺産として登録されている。

二　不動坂口（学文路口）ルート（本文第三章及び第四章で詳説。地図では「不動坂道」で表記）

〔紀見峠～御幸辻～橋本～学文路～神谷～極楽橋～女人堂〕

一の「大門口ルート」に対して裏参道に当たる。「御幸辻」からまっすぐに橋本に南下する。紀ノ川を渡って、「学文路」に達し、そこから「高野山」への登り口となって、「河根・神谷」を通り、「極楽橋」から「不動坂」を上り、「女人堂」に至るルート。現在では、「極楽橋」から「不動坂」を上り下りする人は多いが、学文路～神谷を歩く人は少ないように思われる。

現在ただ一つ残る不動坂口女人堂

なお、もともとこのルートは、一の「大門口ルート」の「神野々」から「学文路」へ行くのが本来の道であり、「大門口ルート」より短いので通行する人も多くなったと考えられる。

そして天正十三年（一五八五）木食《もくじき》「応其上人」により、「橋本」の町が開かれると、それを契機として紀ノ川を渡り、「清水」を経由して「学文路」に入る新しいルートが開かれた。「堺から神谷まで女人堂への里程石」が十三基建っているのもこのルートである。この里程石は安政四年（一八五七）に狭山の茱萸木《くみのき》村（現大阪狭山市）の住人小左衛門と五兵衛が発起したものである

明治三十一年（一八九八）現在のJR和歌山線が「五条」から延長されて「橋本駅」が開設され、またさらに、大正四年（一九一五）現南海高野線が「橋本駅」まで開通したため「紀見峠」を越えてくる「高野山」の参詣者は減少したことは想像に難くない。

［注］木食－木の実や草だけを食べて修行すること。またその人。

三　椎出ルート（本文第六章で詳説。※このルート名は便宜上筆者が名付けたもの。地図では「椎出道」で表記）

［椎出（高野下）～長坂～神谷］

このルートが開かれたのは明治になってからである。明治三十四年（一九〇一）に現在のJR和歌山線が全通すると、「高野口駅」から「九度山」を経て「椎出」に至る道路が整備され、「椎出」から「長坂」を経由して「神谷」に至るルートを使う人が多くなった。さらに大正四年（一九一五）に「橋本駅」から「椎出（駅名は高野下）」まで現南海高野線が延長され、椎出～神谷ルートが賑わい、それにより学文路～神谷ルートがさびれていったのは自然の成り行きであった。ただし、このルートの賑わいも昭和四年に「極楽橋」まで線路が延びる約十年間のことであった。翌年には、高野山上へのケーブルカーも開通したので、「学文路」や「椎出」から「高野山」に徒歩で行くという人は激減したことであろう。したがって昭和以降の高野参詣は電車・ケーブルが主体となり、自分の脚で登る人はほんの一握りであり、歩くルートとすれば、おそらく「慈尊院」からの「高野山町石道」を利用したと思われる。

四　静かな山あいの道を歩いた私

—柿畑を眺め、高野山へのアップダウンを繰り返す道—

学文路～高野山女人堂（不動坂道）

コースタイム

南海学文路駅（5分）三叉路道標石（10分）苅萱堂（30分）高野街道六地蔵の第三地蔵（15分）弘法清水（10分）六地蔵の第四地蔵（15分）丹生神社・日輪寺（10分）二里石・千石橋（30分）六地蔵の第五地蔵（30分）六地蔵の第六地蔵（40分）神谷の仇討の墓所（10分）一里石（10分）白藤小学校前（30分）極楽橋（40分）清不動堂（20分）女人堂

十時二分に定刻通りに南海学文路《かむろ》駅に着いた。それにしても学文路とは不思議な名である。もとは香室からきているようだ。今では学・文という字からの連想もあり、学文路天満宮が受験生に人気の神様となっている。学文路駅でも、駅の五枚の入場券をもじって「ご入学」として受験期には売り出したりしている。昔は、高野山への登山口とあって、高野詣での基地として栄え、旅籠も多かったようだ。

　さて、駅の石段を下りてさっそくに国道に出て、「三叉路道標」まで行く。本日はここからの出発となる。なお、この道標そばには、このような石標もあった。〈住むほどに嬉しい　訪ねるほどに　あったかいまち　私たちは伊都橋本地方を「北紀高野」として美しい自然と悠久の歴史と共存し地域の振興を図り、曼荼羅宣言をここに行います。〉

　まずは国道を横切り、続いて南海高野線の踏切を渡り坂道を上って行く。「石童丸《いしどうまる》物語玉屋宿跡」の立て札が右手のお家の敷地内にあるのが見える。そして新しい石碑があり、「玉屋ココヨリ下へ四十米」と彫られている。このそばに「梅天神」と刻された自然石の石碑がある。「杖の梅」とも呼ばれているが、これには、次のような言い伝えが残っている。弘法大師が讃岐《さぬき》から杖をついてきた梅の木を、この地にさしおいた。すると杖はいつのまにか芽を吹いたという。天神様にゆかりある梅ということで、梅天神として祀ったということだ。「七里石」近くの「松明屋」とよく似た話である。

　十時十七分、紀伊西国二十番西光寺のお堂の一つ苅萱堂《かるかや》にお参りした。道を隔てて墓地もあるが、墓地からの眺めはよかった。和泉山脈が大きく見え、また右手奥の方には金剛山の山頂も頭を出している。紀ノ川も眼下に青く横たわっている。雄大とまではいかないが、いい景色である。目を転じて今度は土塀に目を向ける。背の低い長さ数メートル程度の土塀であるが、瓦は苔むし崩れかけつつある様で、土塀と南天などの木々が妙に調和している。

　また、堂の横には石童丸の母千里の墓もある。苅萱堂は高野山内の密厳院《みつごん》の前にあるものが、その名を知られているが、ここは石童丸が母と別れた場所である。

三叉路道標

父加藤繁氏が高野山にいることを知った石童丸と千里は、播州からはるばる高野山を目指して、ようやく麓の学文路にたどりついた。が、高野山は女人禁制のお山。やむなく千里は十四歳の石童丸を高野山に上らせることにした。石童丸と千里が泣く泣く別れたのがこの苅萱堂の前であったという。高野山に上って、父の行方を捜した石童丸は「無明の橋」で一人の僧と出会った。この僧こそ石童丸の実の父、苅萱道心であった。道心はその子が我が子であることを知りながらも、親と名乗ることもできず、石童丸の求めている人はすでに故人となっていることを偽って告げた。それを知った石童丸は学文路に下ったが、何と母は急病で死んでしまっていた。石童丸の帰りを待ちわび、母は玉屋で没していたのであった。悲しみの石童丸は、再び高野山に苅萱道心を訪ね、その弟子となって修行に励んだ。この二人は最後まで親子の名乗りをすることはなかったという。

柿畑　すべて収穫が終わっている

ということで、私がこれから歩もうとするのは、石童丸が父を捜し、または仏道修行を心に決め上っていった道である。このように様々な人々がこの道を行き交ったことであろう。喜びも悲しみも知っているのは道と道標ということになるのだろうか。しかし、本日の天気はそんな私の感傷を忘れさせてくれるような穏やかさである。

十時二十二分に苅萱堂を発つと、すぐに県道に合流する。そのままゆるやかな坂を上って行く。柿畑が見えだしてきた。道が二方向に分かれている。右の道には、あの「歴史街道」の石板があった（左は県道一一八号線）。上りが続いていたが、徐々に平坦な感じとなり尾根筋を行く。周りのなだらかな山は一面柿の木である。すっかり収穫も終わっている。もうすぐ九度山町に入るが、九度山町は富有柿《ふゆがき》では日本一の産地である。この道も、秋には橙色に照り返される道となっていたのだろう。

「**六地蔵の第三地蔵**」を右手に確認した。案内板には九度山町文化財とあり、九度山町に入ったことが知れる。見晴らしのいい集落内の明るい地蔵尊であった。ゆるやかに下って行くと、新しくつくられた道で旧道は分断されていた。右には開通から間もないと思われる「ゆめさきとんねる」が口を開けている。先を見ると、石灯籠のようなものが見えるので、そのまままっすぐに進む。小さな祠があった。そしてそこから目と鼻の先に池があって、その堤に経塚の自然石が建っていた。まもなく集落の中の道になった。上りつめると、ちょっと十の字の格好はくずれてはいるが四つ辻（右は九度山駅とある）があって、そこを過ぎて一〇メートルほど行った右側一段低くなった所に「大師の硯水《すずりみず》」の井戸があった。昔この地を通りかかった弘法大師が硯の水を求めたところ、村人は遠い谷まで汲みに行った。大師はその不便を察し、井戸を掘って与えたという。井戸の周りにはモーターもあって今も生活用水として使われているようだ。ここより道は下り坂となる。

間もなく細い道が複雑に交差している所に出る。この角に「**六地蔵の第四地蔵**」があった。ここより左に急坂を下る。竹林の中の道であるが、人があまり通りそうもない寂しい道である。が、竹の間からは河根の集落が見えているので安心だ。一〇分足らずで同じ境内にある「丹生神社・日輪寺」に着いた。河根は山あいの町で、丹生川畔の狭い所に集落が形成されて、各家は軒を並べ合っている。本日歩くコースの中で最も大きな〝町〟といえる。本陣跡もあり、かつては宿場として栄えたことだろう。

ここの境内は町より高くなった所にあるので、山々を眺めることができた。正月前で堂内を清掃されている婦人がいて、高野山の方角を尋ねたりしてしばらく休憩した。お堂前の石製四角柱の高さ一メートルくらいの一対の花生けには槇の木がさしてあった。私は最初、その葉のみずみずしさから植えてあるように思った。が、切り木であった。備長炭《びんちょうたん》を入れているので切り木でも長もちし、これからもまだ来年の彼岸頃まで十分もつとのことだった。夏でも一ヶ月もつという。いろいろ試したが、備長炭に勝るものはないとご婦人はおっしゃった。一度使用したものでも乾かせばまた使用に堪えるとのことだ。備長炭の効果もさることながら、ご婦人の丁寧な取り扱いが長もちさせているようにも感じられた。なお、別当寺（神社に付属して置かれた寺）である「日輪寺」の本尊は大日如来で、また、「丹生神社」は、弘法大師のすすめで創建され、丹生都比売《にうつひめ》・狩場《かりば》明神の二神を祀っている。「応永二十六年（一四一九）」銘の素朴な石造狛犬一対は県の指定文化財である。

神社を出発して下ると、商店などある広い四つ辻になるが、まっすぐに行く（右は南海高野下駅に通じている）。右手に「本陣跡」（元本陣中屋旅館）があり、古くそれらしい表門が残されている。中屋旅館は、昭和八年まで旅館の営業権は持っていたが、昭和に入ると宿泊客はほとんどなかったという。続いて橋が見えてきた。丹生川に架かる朱色の欄干《らんかん》の「千石橋《せんごく》」だ。江戸幕府が七年ごとに米千石の修理費を出して橋を架け替えたことからこの名が生まれたという。そして、この橋のたもとに**「二里石」**があった。次はいよいよ神谷の「一里石」ということになる。「二里石」のそばには「八坂神社」の小さな祠もあった。

十一時三十六分、「千石橋」を渡り終え、右に急な上り坂を行く。人里を離れた寂しい道だ。ずっと下の方の谷を流れる丹生川の音が聞こえてくるだけだ。一五分ほど上ると作水集落のはずれの家が見えてきた。集落の中の三叉路（右は高野下駅）に**「六地蔵の第五地蔵」**が祀られていた。これで

千石橋と二里石

作水の第五地蔵

残すところ、あと一つの地蔵尊だけになった。

ここから一〇分あまり行くと、道が倍ほど広くなる。ひょっとして旧道をどこかで見落としたかという不安を覚えながら、変哲もない舗装道をさらに行くと、一〇数分して道がまた急激に狭くなって家がぽつんぽつんと見えだしたが、廃屋もあるようだ。そんななか、ついに**「六地蔵の第六地蔵」**に会えた。これまでで一番質素な祠と思えた。地蔵さんはこれでおしまいということだが、まだ先は長い。

道はさらに狭くなっているようだ。杉の植林帯の中の道を行くと、前が明るくなり峠のような感じで舗装も切れた。道は平坦となった。左手谷側右手山側の山道を行くと、突如目の前に案内板が現れた。ここが日本最後の仇討ちのあった場所だ。その下には高さ一メートルくらいの石が突き出ている。黒石と呼ばれるものであるが、その当時はもっと大きく道に露出していたという。そして今は取り除かれてないが右の山側にも大岩があって、旅人は二人くらいしか通れない所であったという。このような狭い所を選んで待ち伏せていたようだ。

明治四年二月三十日（一説には二十九日、いずれも旧暦）、赤穂藩士村上兄弟が、高野参詣途中の八木源左衛門・西川邦治らを待ち伏せ、父村上直輔の仇を討ち十年の遺恨を晴らしたのであった。討たれた七人の墓は、この黒石から神谷の方へ五〇〇メートルの所にある。なお、明治六年には仇討ち禁止令が出されている。

この黒石からすぐ近くに送電線鉄塔があり、その下あたりが坐れそうなので昼食兼休憩とした。集落の中では何となく気がひけるし、道も狭く休むに適当な場所がなくてここまで来てしまった。鉄塔下とはいえ、ここは見晴しもいいのでやっと落ち着けた。そしてここでお茶がなくなった。神谷の集落も近いので、そこで補給すればいいだろう。あとは、難所といえば不動坂だろう。時刻は十三時二分。鉄塔を出発した。

数分後右手に墓所があったのを見た頃から徐々に下り坂となる。しばらくすると民家が出てきた。十三時十六分、神谷の**「一里石」**に到着した。これで女人堂へは一里（約四キロ）となった。「一里石」とともに三基の石標も肩を寄せ合うように建っていた。この石標群の奥まった所に地蔵堂があった。お堂の前には、そんなに太くはないが桜の古木が一本あった。お堂の横には句碑があり、「吹雪きゐる山河少年の日の山河　山彦」とある。お堂の名称など詳しいことはわからないが、地面は苔で覆われており、旧道から少し離れ、深閑とした静けさのなかの雰囲気はよかった。「一里石」のある場所にふさわしいお堂であった。

左から二基目が神谷の「一里石」

　そこから少し行くと、昔の旅籠を思わせるお家があった。ここは三叉路となっており、右に行けば、椎出（高野下）への旧道となる（「椎出道」については、第六章に記載）。いずれ私は、九度山から椎出経由でここ神谷まで歩くつもりである。神谷はかつては高野山に最も近い宿場町として賑わった所である。が、鉄道が昭和四年（一九二九）に、極楽橋まで開通し、翌年ケーブルカーも開通すると高野山参詣の人たちは街道を通行しなくなったため、宿場としての機能がなくなり、「日が昇ると銭が涌く」とまでいわれた繁栄の面影はすでに見ることができない。

　左に背の低い道標があって、「自椎出……至高野山」と刻まれている。椎出からのお参りする人もここを通った証《あかし》であり、これより以降女人堂まで「椎出」の文字をたくさん見かけることになる。このような道標もあった。名古屋市の人が大正三年五月に建立したものであるが、「御成婚記念道程標」と刻されている（昭和天皇の御成婚のこと）。

　十三時三十分に高野町立白藤小学校前を通過した。このあたりから青字で「高野古道」と書いた案内標識が出てきた。また、すべてのお家とは限らないが、「高野・熊野を世界遺産に」という和歌山県世界遺産登録推進協議会のステッカーを玄関に貼っているのが目についた。藁葺き屋根をトタン板で覆った大きなお家もあったが、実は私は集落の中にお店はあろうと期待していたのであった。お茶がもうないので、せめて自動販売機でもあればと思っていたが、どうにも何もなさそうである。やれやれ、結局は極楽橋駅までお茶なしで歩くしかなさそうだ。食糧・水の補給は河根ですましておくべきであった。なお、この付近には小さな地蔵道標があって、「右　これより　くまの道」と刻されている。高野山に詣で、続いて熊野へも参詣した人も多かったのであろう。

真新しい「おさめ地蔵」を右に見て進む。県道一一八号線に合流した。旧道はこのまま県道を横切ってまっすぐに進むことになるが、残念ながらここから極楽橋への道は廃道となっていて通行不能である。「至椎出」とかすかに読める道標が斜めになって置かれているのがあった。放置されている感じだ。したがってこの県道との合流点からは、右に南海高野線の方に下って行くことになる。

ゆっくりとした下り坂で、右下には高野線の単線の線路も見えている。特急でも走ってくれれば絵にもなるなあと半ば期待しながら下りて行った。不動谷川の新極楽橋は渡らずに、川の右岸に沿って遡る。まもなく行く手に「極楽橋」の朱色が見えてくる。昔はこれよりもう少し奥の方にあったが、今はこのように架け替えられている。黒ずんだり錆びたりしている箇所があり、お世辞にも美しい欄干とは言いがたい。が、何はともあれこれで不動坂の上り口に着いたことになるのでひと安心だ。橋のそばには南海極楽橋駅があり、ちょうど橋本方面からの電車が着いたということもあって駅構内のアナウンスもよく聞こえてくる。

そこで、私は不動坂を上る前の水分補給のため駅に向かい、構内の自動販売機を使わせてもらった。お茶と温かい缶コーヒーを買った。極楽橋たもとまで戻り、線路の傍らの枕木に腰掛けてしばしコーヒーを飲んで休憩した。橋の両詰めには地蔵尊が祀られてあるが、そこにお参りの人がいたので、女人堂までの所要時間を訊いてみると、速い人で一時間ということだ。ただその人が言うには、大阪と違って日が暮れるのが早いので気をつけるようにとのことだった。十四時十分、女人堂に向け出発した。

左に駅を見ながら上って行く時に気づいたことがあった。私が先ほど休憩していた所から線路を渡ったあたりに石標が見える。あの斜めに傾いたまま置いてあったあの道標から旧道は線路の所に来ているのだろう。なるほどと思いながら高野山ケーブルに沿って上って行く。しばらく行ってケーブルの下をくぐって、今度はケーブルと離れて上ることになる。十四時二十六分に「高野山まで二〇〇〇m」の道標を通過した。いわば女人堂へ〇・五里石といった所だろうか。誰にも出会わないこの道は静まり返っていて、左は万丈転がしという険しい崖である。谷を隔てた向こうの山は落葉樹が大半を占め、紅葉の頃には一幅の錦絵を見せてくれるに違いないと思われる。なお、万丈転がしというのは、高野山で罪を犯した者を崖から落として処罰した所と伝えられている。

十四時三十六分には道標によりあと一四〇〇mとなった。左に滝の音が聞こえてきた。「稚児の滝」である。昔、高野山吉祥院で仕えていた稚児の成田粂《くめ》之助と神谷の宿雑賀屋の娘お梅とが、この世ではかなわぬ恋をはかなんで、この滝に身を投げたという。近松門左衛門の『心中万年草』のもとになった話である。滝への下り口のような箇所があった。滝全体の姿は見えないが木の間越しに見えているので、思い切って滝壺まで行くことにした。往復一〇分かかったが、下は落ち葉が多く、そのうえかなり濡れているので滑りやすく難路であった。危険なのであまりお薦めできない。特に特徴のない滝なので道から音のみを楽しんで見物するのがよいだろう。この滝の上部には「清《きよめ》不動堂」がある。不動坂というのはこの名によるものだが、高野山参拝の前にここで心身を清める場であった。不動堂の背後には背の高い巨杉があって、さらにお堂も風雪を経てきた感じがあり、なかなかの情趣を醸しだしている。

「五月雨を降りのこしてや光堂」とまではいかないが、絵になる風情である。そばを流れる浄土谷川畔には桜もあり、春の様子も知りたいものだ。もう少し行くと花折れ坂と呼ばれる坂となる。参詣者たちが奥の院の御廟に供える花を手折ったという。

清不動堂の前を右に上って行く

左に地蔵尊などが祀られている所を通過した。このあたりからほぼ平坦な道となり、十五時二十三分、車道に出た。この道は南海りんかんバス専用道であり、右は南海高野山駅であるが、「人・車通行止め」の標識があり、歩行もむろん禁止である（女人堂前からバスに乗らねばならない。もしバスに頼らないのであれば、ぐるっと大回りして金剛峯寺から大門経由で高野山駅に行くことになる）。左に道をとればあっという間に女人堂である。明治五年までは女人禁制のため、その昔は、女性はここまでということであった。ただし、山内で女性が宿泊できるようになるのは明治十五年からのことで、さらに、女性の山内居住が許可されたのは明治後期になってからである。

前述（第三章）のように、かつて高野山には大門口（西口）・龍神口（湯川口）・相の浦口・大滝口（熊野口）・大峰口（東口）・黒河《くろこ》口と、そして今回私が上ってきた京街道不動口（不動坂口）の高野七口と呼ばれた参詣道があった（滝・龍の新旧字体はそれぞれ現在使われている地名表記による）。女人堂は、これらの七つの入口に建てられたが、京街道不動口のものだけが今に残っている（京街道は京大坂道とも言われた）。「口」の意味については、二つ考えられている。一つは、高野山内の出入口。もう一つはその街道の通じている村々や地域の方向を指している。またそれぞれの「口」の名称については、時代により変遷がある。なお、この「口」に関しては、『高野への道』（高野山出版社）に詳しい記述がある。

女人堂前十五時三十六分のバスに乗車した。乗客は予想以上に多くて込んでいた。女人堂から高野山駅まで約三・五キロある。もともとは高野山内に近い女人堂付近にケーブル駅がつくられる計画もあったようだが、霊場の雰囲気に配慮して、山内より離れた所に駅を設置したようだ。なお、ケーブル開通は昭和六年のことである。そしてバス路線は昭和八年に敷かれているが、女人堂までであって、人々はそこから先は徒歩でお参りしたのであった（山内をバスが走るようになるのは戦後のこと）。

高野山駅でケーブルに乗り換える。わずか四分あまりで極楽橋駅だ。これでは歩いて高野参りをする人などいないのも当然といえば当然だ。そして、なんば行き急行に乗り換える。前回学文路駅から乗車したのと時刻的には同じ電車であることがわかった。これも何かの縁なのだろうか。
電車は、九度山駅までは険しい山中を通過するため、ひたすら隠忍《いんにん》自重《じちょう》でノロノロ運転であったが、九度山駅を出ると一気に走り出した。これで高野山とはしばしの別れである。次回は町石道に挑戦してみようかと思う。冬至の一日前の今日、なぜか暗くなるのが早いと車窓を眺めていても感じられるのであった。

【歩いた日】 二〇〇二年十二月十三日(月)　**晴れのち曇り**

五　高野口の商店街に旧街道の面影を感じた私

—高野山を正面に望む山麓の道—

御幸辻～慈尊院

コースタイム

南海御幸辻駅（30分）子安地蔵寺（20分）厳島神社（40分）大和街道合流点（20分）応其三社太神社（10分）一里松（20分）高野口駅踏切（5分）大和街道分岐点（5分）大師堂（15分）九度山橋（20分）慈尊院（25分）南海九度山駅

寒波襲来と告げていたように、本日は厳しい天候になるものと覚悟して南海御幸辻駅に降り立った。駅の改札口を出て南の高架下の道を上る。報徳橋を過ぎると、右からの県道一〇五号線に合流する。舗装道を山裾をぬうように行く。府県境の山々は、山頂は眺められるものの、一面鈍色《にびいろ》の雲で覆われている。小さな橋を渡ると二方向に分岐するが、左の坂を上って行く。道標があり、「左子安地蔵尊　右普賢延命尊」の文字が見える。高野山を示すものではない。

私が本日歩こうと思っているコースは、「子安地蔵寺」から出塔《でとう》・神野々《このの》（以上橋本市）と下って行き、高野口町の名倉から紀ノ川を渡って「慈尊院」に至るコースである（コース詳細については【蟻さんの砂糖庵①】参照のこと）。橋本や高野口に鉄道が開通し、ほとんど顧みられなくなった道である。

行く手に小高い丘が見えている。その丘裾を巻いて行く頃に雪がちらちら舞い始めた。このまま吹雪いてくるのかと不安であるが、人里から離れることのない道なので安心である。読みづらくなっているが、「右　子安地蔵尊道」と刻され、角が取れたいかにも古めかしい道標がガレージ横にあった。この道は旧道を広げたのであろう。両側に立ち並ぶ家屋も古さを誇っているものは少なく、現代風の建物が目につく。

十一時二十分に「子安地蔵寺」に着いた。ご本尊の地蔵菩薩は天平九年（七三七）に僧行基によって安置されたと伝えられ、江戸時代には紀伊藩主の安産祈願所とされた由緒あるお寺で、安産を願って各地から多くの人が訪れる。実は、私が生まれる時もここで安産祈願したと聞かされたことがある。以後家族で幾度かお参りしたお地蔵さんであった。小学生時代にも、父・母・妹・弟と家族五人でお参りしたことを覚えている。御幸辻駅よりハイキングを兼ねての

子安地蔵寺（中央）への道

ものであった。その際に、私はそんなことを言ったのは忘れているのだが、家族で来る前に祖父に連れられて来ており、自分が道案内してやると先頭に立ってお地蔵さんまで行ったそうだ。

それにしても、あっけなく着いた。駅から三〇分ほどである。その当時は妹も弟も幼なかったのでずいぶんと時間がかかったような記憶がある。近頃も何回かお参りしているが、車を利用してのことで、歩いてお参りするのはその時以来かもしれない。わずか三〇分しかかからなかった今。お地蔵さんまでもっと時間がかかったような昔。「私の時間」はますます速く流れるようになっているのであろうか。そういえばお寺の周りにこれほど家が建っていただろうか。今は昔の話である。

五月初旬にはその花を垂らすであろう藤棚の下をくぐってお参りする。地元の人であろうか、お参りの帰りの人とすれ違う。境内に入ると誰も参っている様子もなく、私はいつものように家内安全と旅の安全を祈願した。門を出ると、家族四人連れがちょうど藤棚の下を上って来た。決して人が大勢集まってくる賑やかなお寺ではないが、こうして人々が年間を通して着実にお参りする。地味ながらも信仰を得ている、そのようなお寺でこれからもあり続けるような気がした。本日は寒くて、あまり景色など眺める余裕はないが、見晴らしのいい所にあり、高野はもちろん、大峰までも眺め渡せるので、休憩にもお薦めのお地蔵さんである。ご住職がお庭にいろいろな山野草を植えておられるので、これを楽しみに訪れる人も多いそうだ。

さて、「子安地蔵寺」からは紀ノ川方面に向かって下って行くことになる。正面には高野の山塊が迫ってきており、左手方向には遙かかなたにうっすらと大峰の険阻な山並みが見てとれる。すでに剪定のすんだ柿畑が右に左にと見える。集落の中を抜けて行くと、紀ノ川広域農道に出る。右には出塔橋がある。そのまま広域農道を、農道といっても車が頻繁に行き交っているので、注意して横切る。行く手には神社の杜らしきものが見えており、近寄って行くと小さな祠が木々に囲まれてあった。「厳島《いつくしま》神社」と記してある。そばにはブランコなどもある広場となっていて天気さえよければ子供たちの遊び場となるだろう。

山田川に架かる岩谷橋を渡って出塔の集落を行く。出塔農事集会所前は十一時五十二分に通過した。ゆるやかな下り坂だ。左にＪＡ山田支所、右手西部小学校下には「三輪明神」が祀られている。

道が三方向に分かれている所に出た。ちょうど老婦人がおられたので訊いてみると真ん中の狭い道が旧道だそうで、今朝も私のように旧街道だけを歩いている人がいたとのことだった。その先行の人がどのような歩き方をしているのかわからないが、自分とよく似たことをする人はいるものだなあと思うと同時に、先を越され、いささか悔しさも入り混じった気持ちになった。先行者とは「慈尊院」あたりで会うかもしれないなとも予想できたが、結果的には残念というかとりあえずは会えずじまいであった。なおこの分岐には、高さ約一メートルくらいの細い道標が建っている。「左　高野山道」の文字が見え、本日初めての「高野山」ということになった。

十二時二十二分、大和街道に合流した。ここには目立たないが子安地蔵への道標が遠慮がちにあった。大和街道は伊勢街道とも呼ばれ、和歌山から大和そして伊勢への道である。参勤交代の際にも使われたという（第三章橋本の「四つ辻道標」参照）。合流点のそばには地元の人が「権現さん」と呼ぶお社と鳥居があった。道端に、新しい石標で「歴史街道」「大和街道」「わかやま」「やまと」と書かれているのがあって、今後この石標はたびたび目にすることになる。

この大和街道に沿うようにＪＲ和歌山線が走っていて紀伊山田駅はついそこにあるはずだ。しかし、どうも駅前の感じがしないので橋本方面に向かう。左に山田郵便局、続いて四つ辻となる。左へは出塔方面なので、右に行くとＪＲ線の上を通る橋になった。ここではＪＲ線は地面より掘り下げて線路が敷かれてあるのがわかり、道理で駅を見つけにくかったはずだ。

もとの合流点に引き返して再び西に歩き出した。あまり旧道の面影のない道を行く。右に高い石標で「一言主《いちごんしゅ》神社」と彫られてある。地元では「いちごんさん」と親しまれている神社への分岐を示しているが、神社はここより山側に三キロほど入らねばならない（「子安地蔵寺の西奥に当たる」）。続いて山裾の道を行く。応其の集落では、大

一　里　松

和街道をそれて右に入り、「応其三社太神社」にお参りした。この神社の境内には「蓮華寺」もある。境内そのものはそんなにも広いとはいえないが、前が開けていて見晴らしよく、ベンチもあって休憩させてもらうには適した所である。何となく高野の山並みに対峙《たいじ》している気がする。なお、この神社より西方の、山に少し入った所には上池・下池の二つからなる「引《ひき》の池」がある。この池は天正年間に応其上人によって修築されたが、その上人の徳を称えるため、天正十八年（一五九〇）に村人によって建立された五輪塔が池畔にある。高野口町最大の池となっている。

　道が左にゆっくり曲がっていく頃、十三時二十分、「一里松」を通過した。戦争中に切り倒され、今は三代目の松だといい、和歌山市（正確には京橋北詰札の辻）から十里に当たっている。続いて右に県指定文化財の「名古曽廃寺跡」が現れる。三重塔の心礎と推定される礎石が保存されている。寺の境内が方八町あったと伝えられているところからも白鳳時代の法起寺形式のものとされ、当時とすれば中規模の寺院とされている。なお、ここには「護摩石御堂」と呼ばれるお堂が祀られている。塔の基礎石を古来護摩石と呼び、その石の上に御堂が建立されたものである。この史跡から約二〇〇メートル北東の一里山で、国の重要文化財となった「三《さん》彩壺《さいのつぼ》」が、一九六三年（昭和三十八）十月、柿畑で農作業中に発見されている。現在その壺は京都国立博物館に所蔵されている。

　「歴史街道」の石標を確認しながら進むと、住吉太神宮の一対の石灯籠前に出た。そこを左に折れる。またすぐの辻を右折する。ＪＲ線と並行して進むことになる。この頃になると空には大きく青色が広がりだした。和泉山脈の山々もくっきりと眺められる。

十三時三十九分、ＪＲ高野口駅の踏切を渡った。ちょうど、和歌山方面に向けて二輛編成の列車が発車したところだった。渡ってすぐの所は複雑な交差点になっているが、石標のある道、つまり左斜めに入って行く。交差点の左手には古い商店がいくつか並んでいるし格子戸も目につく。このあたりがかつての中心街なのであろう。両側に商店や豪壮な家の建ち並ぶ道を行く。すると小祠があって、枝ぶりのいい松がかぶさるように植えられている所に出た。案内表示板も「高野街道　高野口駅↑　↓九度山橋」とあり、ここで大和街道とは別れることになる。あとはここよりさらに南下し、紀ノ川を渡り、「慈尊院」への道となる。

それにしても、この松の横にあるＴ衣料品店からはずいぶんと古い商店の様子がうかがえる。また駅からこのあたり一帯にかけての商店街は、昭和初期もしくは戦後間もなくといった風情のお店やお家がある。今は国道二四号線沿いに店が建ち並び、人の流れも変わっているのだろう。

ＪＲ和歌山線が全通した明治三十一年（一九〇一）頃からは、おそらく私のように紀見峠から子安地蔵寺を経てここまでやって来る参詣者はほとんどいなくなって、かわりに鉄道利用の参詣者が増え、この高野口駅周辺は相当な賑わいを見せたことであろう。大阪府の三日市と並んで街道の賑わいを忍ぶことができる町といえよう。なお、高野口町は繊維の町として全国的に有名で、明治時代からパイル織物（別名シール織物・シールメリヤス）の生産地として知られ、現在も全国生産の九〇パーセントを占めている。実は私の学生時代の友人の実家も高野口町でメリヤス業を営んでいたと記憶している（当時岡山で学生生活を送っていた私と友人は、郷里が同じ関西ということもあって、いっしょに帰省したものである）。

その友人とは数年に一度くらいで顔を会わせてはいたが、年賀状をやりとりした覚えはなかった。ところが、今年の元日に友人から年賀状を受け取っていた。私はお返しに、友人の故郷である高野口町を歩く計画でいることなどをしたためた。元日に投函したので、四日の今日には友人も私の年賀状を見ていることだろう。熊野古道歩きをしていることは、拙著（『蟻さんの熊野紀行Ｉ』）で、友人も承知しているが、まさか熊野とは隔たった紀ノ川沿いを今歩いているとは、友人も思いもよらなかっただろう。年賀状をくれた彼、彼の故郷を歩く私。これは偶然なのであろうか。不思議な符合でもある。

因縁のようなものを感じながら、大和街道との分岐から南に進んで行くと、左手に弘法大師の大きな文字が見える。大師堂（垣花大師）があった。うーん、私がこうして友人の故郷を歩いていることもお大師さんのお導きなのだろうか。

さて、ここのお大師さんは、人の行き交う場所に祀られていて、こじんまりとまとまっていて感じがよい。ちょっと手を合わせてみようかという気にさせる雰囲気がある。少しわかりにくいが、石柵のそばに隠れるように道標があって、「左　こうやさん」と彫られている。そしてその横には「嵯峨天皇みくるま石」と称される長さ約二メートル・幅約五〇センチの平たい石が石柵の中にある。『紀伊続風土記《しょくふどき》』には「道の王石」と記され、また伝承として嵯峨天皇が高野山行幸の際にこの石に立って車に乗り込んだということだ（腰掛け石との説明板もここには立っている）。ただし、嵯峨天皇の高野山行幸は歴史的事実ではない。が、藤原道長・頼通父子に始まる高野山参詣や、白河院などの御幸があるので、ここはやはり古い参詣道であったといえるだろう。

大師堂からすぐの国道二四号線を横切り、なおも進むと、九度山橋たもとに十四時十八分に着いた。川波が立っていてどちらに流れているかわからない。じっと淀んでいるようにも見える。紀ノ川は渇水期で水量も多くなさそうだ。橋を渡るが、風がきつくて帽子が飛ばされないように押さえて行く。ただし、風がうっとおしい雨雲を吹き払ってしまったのか、川の両岸の山々はスカッときれいに見える。向こう岸には九度山の町家が水面より二〇メー

丹生橋からの風景
かなたには紀見峠　紀ノ川と九度山橋（右）

トルくらい上部に密集している。川を眺められるように建てられていると思われる家々のゆとりをもった集まりは、古い老舗旅館が川に臨んで並んでいるようだ。

橋を渡り終えると、右に丹生《にう》川が紀ノ川に注ぎ込む所が見下ろせる。十二月にこの上流の河根の千石橋や支流の不動谷川に架かる極楽橋を渡ったことを思い出した。それと同時に、若者たちとあの下の河原でキャンプし、川遊びをした五年以上前のことも髣髴《ほうふつ》としてよみがえってきた。あの時は真夏であり、今日のような肌に突き刺す冷たさとはまるっきり違う日だった。

その時、私は一人であとから車で駆けつけることになっており、他のメンバーは九度山駅で降りて紀ノ川の河原でバーベキューをする予定であった。私は、行ってみたらすぐにメンバーのいる所はわかるであろうと気楽に構えてこの紀ノ川に来たものの、見当がつきかねたので、九度山の町役場に行って、キャンプするとしたらどのあたりだろうかと尋ねた。役場の人の答えは、多分役場より下流方面の橋の下あたりではないかということで、それとばかりに駆けつけたところ、さすが地元の人の言うことで、正しかった。河原まで車を乗りつけることができ、めでたしめでたしとなったわけだ。

食事を終えた後、川に入って石を集めてダム作りをしたり石投げをしたりして時を過ごした。小石を紀ノ川の本流めがけて投げてみたが、どうも思うように距離が出ない。メンバーの中の女性よりも飛んでいないのに気づいたときは軽いショックを受けた。この時初めて私は、自分の肩が回らないことを自覚した。それ以来、振りかぶって上手投げでボールを投げても反動をつけることができないので、もっぱら投げるのは下手投げにしたのであった。現在「四十肩・五十肩」をすませた私は、このような肩と一生お付き合いするしかないなと諦めている。関節はだましだまし、無理せず使うにこしたことはなさそうだ。

このキャンプの時、「慈尊院」がほんの近くにあると気づいていれば木陰を求めてそちらに移動したかもしれないが、その時の私はお寺など眼中になかったのであった。古道歩きへの興味など全く影も形もない頃の話であった。

丹生橋を渡って下流方面に歩く。広い道よりも集落の中の狭い道を行くと、一〇分ほどで「慈尊院」に着いた。ご本尊は弥勒菩薩であり、木造弥勒菩薩坐像（国宝）が安置されてある弥勒堂にお参りする。女人高野といわれ、女性の参拝が多い寺院である。

「慈尊院」は空海が弘仁七年（八一六）に高野山開山の際、山麓の寺務所として建てられたものである。それ以来高野山領の発展とともに整備され、高野山の玄関口として天長八年（八二六）には高野政所《まんどころ》が置かれている。また、東寺の造営などで多忙を極めていた空海の身を案じた母が、はるばる讃岐から来山したが、女人禁制のためこの「慈尊院」に住んだといわれる。そのとき空海は母のために毎月九度も「慈尊院」を訪れたので、「九度山」の地名になったと伝えられている（「慈尊院」については「蟻さんの寺社紹介」で詳述）。

本来ここでゆっくりと休憩してもいいのだが、実は内心焦っていた。というのも、今日はまだ自分なりに歩こうと思っていた道があったからである。その道というのは、【蟻さんの砂糖庵①】の第三番目の椎出～神谷ルートである。現在十四時四十分。南海の九度山駅から高野下駅（椎出）まではほんの数分しかからない。だからあとは神谷までの所要時間であるが、学文路～神谷間の距離から比較判断して、まず二時間はかからないだろう。急げば何とかその椎出～神谷ルートも歩けるかもしれない。

慈尊院の山門

ということで、私は弥勒堂でお参りをすますと、次に石段を百数十段上った所の「丹生官省符神社《にうかんしょうぶ》」へもお参りした。お正月とあって特設テントが張られていて、神職の方からお神酒をどうですかと声がかかった。私は遠慮申し上げたが、それではということで神社のおせんべいを二枚くださった。見るとテーブルの上には高野・熊野を世界遺産にと表紙に書かれた和歌山県広報紙があったのでそれもくださった。何かこれでは厚かましいような気がして「御守」をいただいた。そして最後に、町石道への道を確かめておいた。次回はいよいよ人気コースの町石道だ。次回は九度山駅からここまで歩いて来て、もう一度お参りしてから高野山に向けて出発となる。眺めもいいと聞いているので晴れを願う。

さあ、まだ本日はやらねばならないことがあるので、先を急ぐ。南海九度山駅を目指すが、途中に「真田庵《さなだあん》」があるのでちょっと立ち寄った。本堂の軒にかけられた吊り灯籠が陽光を反射して輝きを見せていたのが印象的だった。

九度山駅に着き、高野下駅までの切符を買って十五時二十九分発の電車に乗った。この後の話は第六章へ続く。

【歩いた日】 二〇〇三年一月四日(土)　**曇りのち晴れ**

蟻さんの砂糖庵②

【「慈尊院」と有吉佐和子『紀ノ川』】

主人公の「花」は九度山村の素封家《そほうか》の紀本家長女として明治十年に生まれる。父信貴《のぶたか》・母水尾の長女として生まれたが、母が若くして亡くなり、祖母の豊乃《とよの》の手によって育てられる。二十二歳に、九度山村より下流の有功《いさお》村字六十《むそ》谷《た》の村長（父信貴も九度山村の村長）である真谷《またに》敬策に嫁ぐ。

次の文章は、嫁ぐ日に祖母と一緒に「慈尊院」にお参りしたあと、紀ノ川を舟で下って嫁入りしていく場面である。

朝靄は晴れかけて、薄く朝日が射し始めていた。

「見、紀ノ川の色かいの」

青磁色の揺らめきが、拝堂を出て東の石段へ戻りかけた二人の眼の前に横たわっていた。

「美っついのし」

花は思わず口に出して感嘆した。

「美っついのう」

豊乃は花の言葉を反芻して、花の左手を握りしめた。

慈尊院の石段を手を繋ぎあったまま降りてきた二人を、待っていた人々がとり囲んだ。九度山村と慈尊院村は総出で見送りに来ていた。舟出の用意は整えられている。

髪結の崎が花に駈けよって櫛を出して髪をなでつけた。

徳は先に立って渡し場の手前に置かれた駕籠の戸を開けた。人力車という便利なものができていたが、家格を守って花の嫁入りは塗駕籠が用いられるのである。

「ほんなら、おめでとう」

あらたまって豊乃は花に声をかけた。花は声もなく深く頭を下げると、振袖を抱いて駕籠に乗った。徳が市松人形を花の膝にそっと置いた。人形を抱いて嫁入りするのは、このあたりの習慣である。

和歌山市から雇われてきた駕籠かきが二人、調子をとって花の乗った駕籠をかきあげると、渡し場につけた舟に乗りこんで中央に据え、艫に退いた。

「可愛らしかったわの」

「ほんま、人形さんのよやったわ」

こう口々に囁きがきかれる中を、船頭たちが、

「ええかあ」

「ええかあ」

と大声で呼応しあい、花を乗せた舟は岸を離れた。先頭の舟には仲人夫婦が結納返しや親類縁者への土産ものを満載して鴛鴦のように並んで坐っていた。花のいる駕籠をのせた舟は二艘目である。


結婚して一年後の五月、懐妊した「花」は安産祈願のために、祖母とともに「慈尊院」にお参りした。（十月に長男政一郎誕生）

咄嗟に袂の下にかくした乳房形を、花がそっと差出すと、豊乃は筆をとって「二十三歳花」と墨の色も濃く書き記した。

慈尊院の石段を、二人は去年の舟出する日の朝のように並んで一段ずつ上って行った。が、豊乃には徳が、花には

清が介添えについていて、主従四人が弥勒堂の前に立ったときは、午近かった。
一番背の高い清が、乳房形を弥勒堂の拝み口の柱に吊した。幾つもの黝ずんだ古い乳房形の中で、あまり大きくない花の乳房形は眼に眩しいほど白く、五月の陽光を浴びて輝くようであった。豊乃も花も、静かに瞑目合掌した。

その後、「花」は長女の文緒《ふみお》、次女和美、三女歌絵そして次男の友一《ともかず》と生んでいく。夫の敬策は県会議員、国会議員となっていく。

月日は流れ、文緒が結婚し、長男和彦をもうけるが、銀行員である夫の赴任先の中国上海で生まれた次男は半年ほどで亡くなってしまう。再び妊娠し、夫がニューヨークへ単身赴任した文緒は実家に帰って生むことになる。そして、「花」は文緒を連れて「慈尊院」に、自分の時と同じように安産祈願に行く。そして生まれた子は「華子」と命名された。

「文緒二十六歳」と書かれた乳房形は、慈尊院の弥勒堂にあげられると断然その大きさだけでも他を圧した。掌に握れるほどの乳房形が吊下っている中で、文緒の乳房形は開いた掌にも余る特大型だったのである。背の高い文緒は、それを弥勒堂の前の柱の一番高いところに吊下げることができた。和彦の安産を祈って花が代って捧げたという乳房形を探してみたが、古いものはすっかり黝ずんで文字は読めなかったし、風雨にさらされて中の真綿が羽二重の裂け目からだらしなく垂れ下っている滑稽な乳房形もあった。

夫敬策を亡くし、戦後は農地改革などで没落した真谷の旧家の中で「花」は娘の「文緒」や「華子」の看病を受けながら死を待っているのであった。（この「華子」が有吉佐和子自身にあたる）

六　山道ゆえに信仰の道を感じた私

―人の流れの変化によって忘れ去られた参詣道―

椎出（高野下駅）～神谷（椎出道）

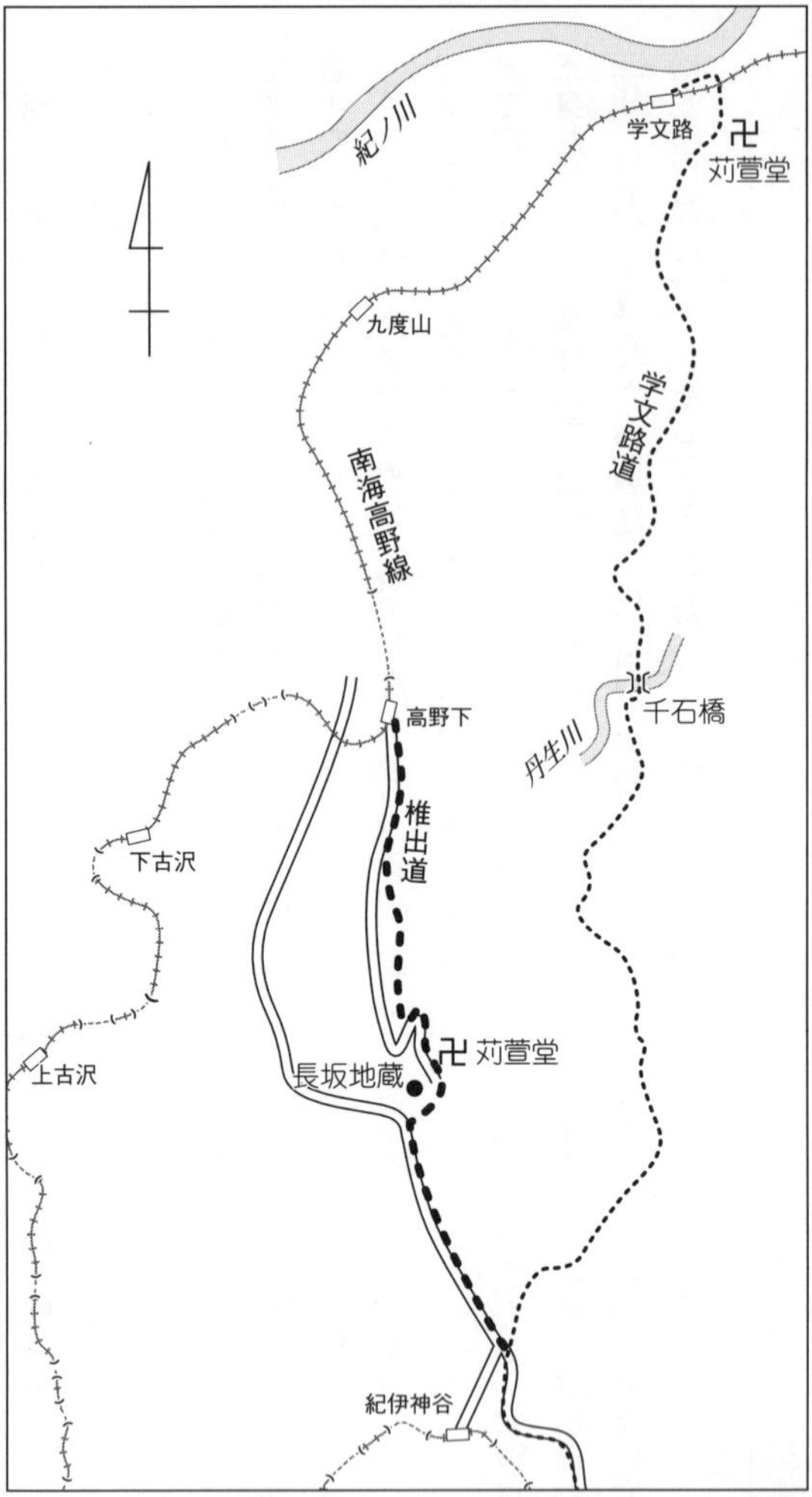

コースタイム
南海高野下駅（40分）苅萱堂（5分）長坂地蔵（5分）長坂弘法大師（30分）神谷（10分）南海紀伊神谷駅

南海九度山駅を十五時二十九分発に乗車し、次の高野下駅のプラットフォームに降り立つ。西側には朱色の鳥居や格子塀が一段高くなった所に見える。主神が市杵島《いつくしま》姫命の「厳島《いつくしま》神社」である。毎年八月十六日の例祭では県の無形文化財の鬼の舞が社前で行われる。高野下は駅名であり、町の名は椎出というが、ここは十数軒もの旅館がひしめいた宿場町として栄え、最盛期には二百もの山駕籠が高野山まで往来したという。

改札を出て、丹生川に架かる橋を渡って国道三七〇号線を右にほんの数一〇メートルも行くと、椎出郵便局の前を左に入る道がある。小川沿いにゆるい坂を上って行くと、駅から七分後に集落はずれの民家の前で道が分岐し、左の急坂を行く。「高野古道」の案内標識もある（右の道を行ってもいずれ出合うことになる）。杉の枯れ葉が落ちている道でひんやりとしてくる。そのうちに柿畑が現れる頃、太陽が山の稜線よりやや上方に見えてくる。柿の木に傾きかけた陽光が当たってぬくもりが感じられるものの、坂の上からはクヌギの枯れ葉がカサカサと音を立てて地面を這うように足元に舞ってくる。一枚かと思っていると、そのうちに一〇枚以上でクルクルと〝団体〟で押し寄せてきて、よりいっそう寂しさがつのる。

振り返ると和泉山脈の山並みが赤紫にほんのり顔を染めている。紀ノ川近辺ではさぞやいい夕景色が展開されていることだろう。どんどん上って行くと、太陽が目線と同じくらいの高さになった。日暮れは近い。先を急ごう。

廃屋が何軒かあった。高野山参詣の人々で賑わった頃と比べると隔世の感があるようだ。心細い思いにとらわれながら行くと、先ほど分岐した道に合流する。左になおも上って行く。左に道標を見つけた。高野山へ六八〇〇メートルと読める。そしてこの道標から目と鼻の先に「苅萱堂」があった。ここまで二メートル幅の道であったが、このお堂の前で途切れ、これからは山道となる。

「苅萱堂」は空しく頽廃して荒れるにまかせ、哀れな姿をさらしている。高野下駅まで鉄道が延び、椎出からの参詣者が多くなったので、人通りの減少した学文路の「苅萱堂」をここに移したという。ところが、鉄道はさらに極楽橋駅まで延びたため、高野下駅で降車し、椎出から上る人はなくなってしまったのである。まさにこの姿は、参詣道のそして人の世の栄枯盛衰を物語っている

頽廃した苅萱堂

といえよう。何かを教えてくれるそのようなたたずまいのお堂である。お参りする人がほとんど来ないようなこのお堂であり、またご本尊も安置されていないであろうが、私は何となく手を合わせていた。水溜めに落ちる水音だけが静けさと寂しさを強調していた。

「苅萱堂」の正面に向かって左脇から山道に入ったのが十六時十六分。高野街道歩きをして初めての〝本格的〟な山道だ。植林帯の道を山腹を巻くように行くと、高野山まで六六〇〇メートルの道標が建っている。もうあたりは薄暗くなっているので、このような道標は安心感を与えてくれる。「長坂地蔵」には「苅萱堂」から五分で着いた。祠に安置されたお地蔵さんで、花も供えられている。こんな山中でもお世話している人がいるのだろう。さあこのような道を今日は何人が行き過ぎたであろう。お地蔵さんに何人が足を止めたであろうか。おそらく私一人であろうと思われる。旅人にとっては貴重な有り難いお地蔵さんである。やはりここでも自然に拝んでいる私であった。

木の枝や幹に巻き付けられた赤・黄・白のテープが、私を導いてくれる。道も少し広くなったと思われる頃、道標が右手に現れ、まもなく「長坂弘法大師」の小さなお堂が見えてくる。ここも美しくお祀りしてあり、花立てにお供えしているのは高野槇である。このお堂からは戻るような形で右上に急坂を上って行く。すぐに舗装された林道に出る。そのまま左方にゆるい坂道を行く。鉄塔越しに金剛山が見えている。金剛山の背後には薄い雲がたなびいていて、穏やかな光景だ。朝に雪が舞い、黒い雲が覆っていたのがウソのようだ。

右から道が合流してくるが、惑わされずに左に、つまり上って来た道なりに行く。やがて平坦になり進んで行くと、右下に下りる道とまっすぐに行く道に分岐する。ここでも気をつけねばならない。そのまま直進するのが大事だ。するとすぐに学文路からの「学文路道」に出合うことになる。旅籠を思わせるような大きなお家の横で三叉路となる。右は神谷集落から極楽橋方面。左は女人堂への「一里石」だ。これで「椎出道」歩きは終了した。

時刻は十六時五十二分。九度山駅で紀伊神谷発の電車の時刻をあらかじめ確かめておいたが、これだと十七時十二分に間に合いそうだ。この三叉路には紀伊神谷駅への案内板があり、それに従って私は今来た道を引き返した。先ほどの分岐に出る。まっすぐに行けばそれは元の道。ここは左下に下る（案内板がほしい所だ）。車も十分通れる広い舗装道を下って一〇分もすれば駅舎の灯りが見えてきた。券売機が設置されておらず、今では珍しく駅員さんから直接切符を買うわけだが、これはこれでいいことだ。予定通り十七時十二分に乗車したが、乗り込んだのは私一人であった。実に寂しい山間の駅だ。

列車は、紀伊細川・上古沢・下古沢駅と三駅過ぎて、高野下駅に着いた。その間二二分も要している。かなり時間がかかっている。私が歩いた「椎出道」は神谷まで一直線に最短経路をたどっているが、南海高野線はその直線を大きく迂回している。険しい場所を通るため徐行運転しているので余計に時間がかかる。昔の人が歩いた道はいつも見事にルートが設定されているのがここでもよくわかる。

神谷集落　まっすぐ行けば極楽橋方面

さあ、次回はいよいよ「高野山町石道」を楽しんで行こうと思う。電車が紀ノ川を渡る頃にはすっかり日は落ちていた。

【歩いた日】二〇〇三年一月四日㈯　曇りのち晴れ

七　変化に富んだハイキングコースと感じた私

—世界遺産を訪ね、町石を目標にして尾根歩きの道—

慈尊院（九度山）～高野山大門（町石道）

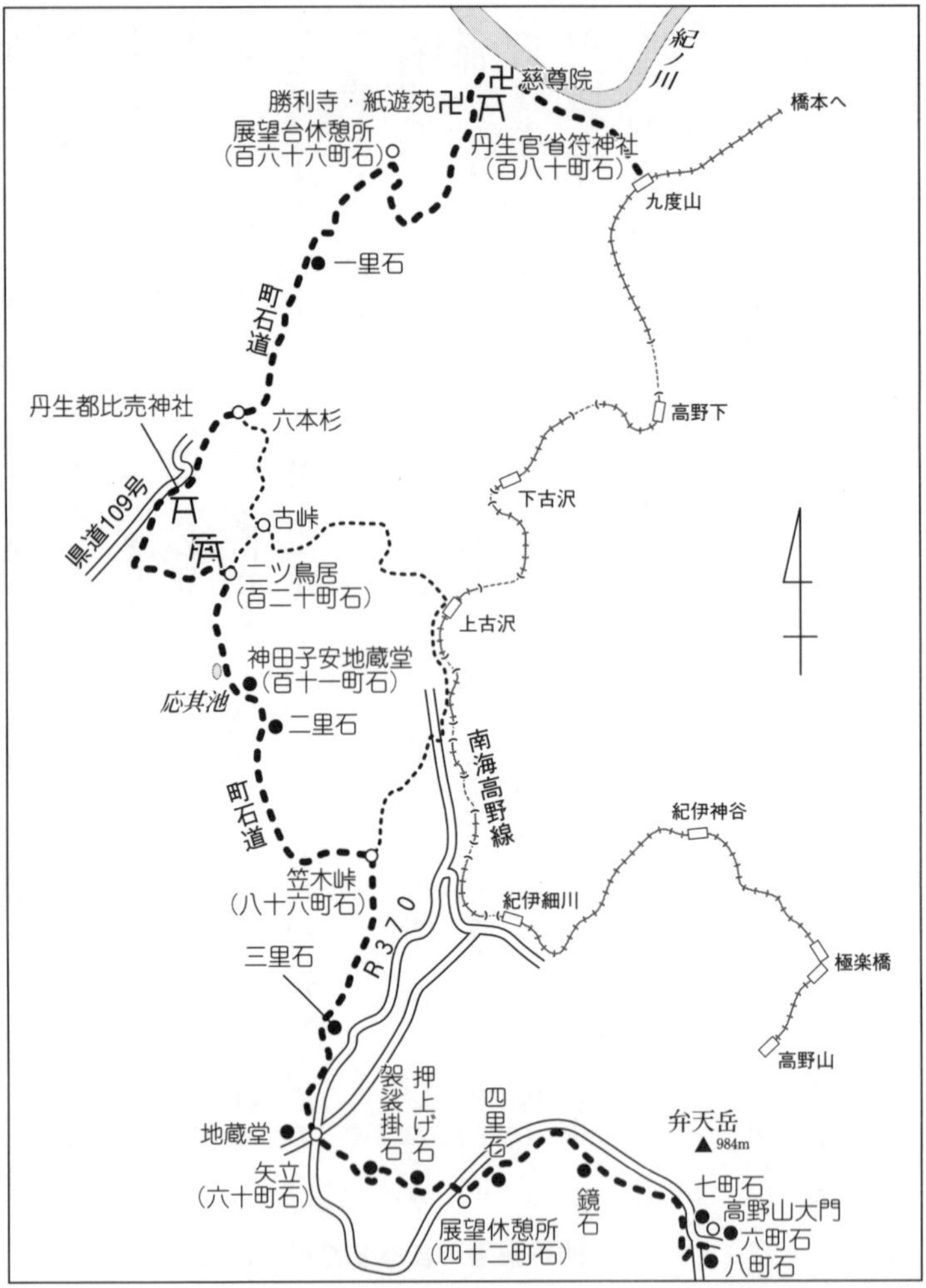

コースタイム

南海九度山駅（25分）慈尊院・丹生官省符神社・百八十町石（5分）勝利寺・紙遊苑（30分）展望休憩所・百六十六町石（30分）雨引山への分岐・百五十四町石（30分）六本杉・百三十七町石（20分）丹生都比売神社（30分）二ツ鳥居・百二十町石（20分）子安地蔵堂・百十一町石（40分）笠木峠・八十六町石（50分）矢立・六十町石（40分）国道そばの休憩所・四十二町石（1時間）高野山大門・八町石

（町石表示はそのポイント近くの町石を指す）

南海九度山駅を九時十二分に出発し、しばらくして「真田庵」の正門をくぐる。まずは本堂で本日の旅の無事と家内安全を祈願する。そして本日は様々な所でお祈りしたが、もう一つ祈願することがあった。病名は詳しく聞いていないが、知人が手術を受けることになっており、その成功および術後の順調な回復を付け加えた。

「真田庵」はこじんまりとしたお寺だが、ずっしりと安定した白壁の塀がすばらしい。歴史と、人々とのつながりを感じさせる雰囲気が漂っている。この「真田庵」は正式には善名称院という尼寺で、慶長五年（一六〇〇）の関ヶ原の戦いに敗れた真田昌幸・幸村父子が配流された屋敷跡に建てられたといわれている。毎年五月五日には真田幸村をしのぶ真田祭が行われ、猿飛佐助をはじめとする真田十勇士などの武者行列が出る。境内の真田地主大権現の小祠には、昌幸・幸村・大助三代の霊が祀られている。

真田庵の白壁

さて、私は「真田庵」の正門ではなく、裏門から出て集落の中の道を行った。丹生橋を渡り、「慈尊院」に着いた。「慈尊院」の表門前には車でお参りに来た人たちが何人かいた。私は、さっそく弥勒堂に参拝した。安産・子さずけ・授乳に霊験があるとされているので、堂の前には乳房の形をした縫い物の乳形が奉納されていた。続いてすぐに「丹生官省符神社」に向かう。

石段を上って行くと、右へ出る横道があって百八十町石が建っている。高野山壇上伽藍《だんじょうがらん》の一町石が始まりで、この百八十町石が最終町石となる。一町（約一〇九メートル）ごとに建てられているので町石（ちょういし）と呼ばれている。また、壇上伽藍から奥の院までにも三十六基の町石が建立されており、計二百十六基の町石があり、正確には奥の院〜壇上伽藍〜慈尊院の道が国指定史跡の「町石道」ということになるが、今日の「町石道」はハイキングコースとしても人気が高く、案内立て札は「大門」表記になっているので、一般的には大門～慈尊院を「町石道」と呼んでいる。

なお、この町石は再建されたものもあるが、文永二年（一二六五）から弘安八年（一二八五）まで二十年かかって建立されており、石の材質は花崗岩であり、五輪の卒塔婆形式で高さ約三メートル、幅約三十センチである。私の本日の予定は、八町石に近い高野山大門を目指そうというものなので、百七十基を数えながらの町石道歩きとなる。それにしてもすごい本数だなあとつくづく感心してしまう。

神社への石段　右上に百八十町石

石段を上り切って、「丹生官省符神社」にもお参りをすませ、神社の拝殿に向かって右横手から斜めに下の杉並木の道に出た。いよいよ町石道歩きの開始だ。話は戻るが、今朝の南海電車は込んでいた。橋本駅ではハイキングをするような少年の団体がいたし、山歩き姿の中高年も大勢乗っていた。橋本から高野山にかけてのハイキングなら最適なのは町石道だとてっきり思っていたが、少年たちは紀伊清水駅で降車し、結局九度山駅で降りたのは私一人であった。そして「慈尊院」ではハイカーを見かけることなく、案外とこの町石道も歩く人が少ないものだと感じた次第だ。そして今も歩いている人は私のほかにはどうやらなさそうである。

神社からの上り坂を行くと、駐車場もある広場に出た。右上には「勝利寺」への石段がある。案内標識もあって町石道はまっすぐに上っているのがよくわかる。「勝利寺」の仁王門の朱色が鮮やかなのに惹かれて、ついそちらの方に足が向いた。石段が終わる頃、本堂が見えてくる。しだれ桜の下の道を往復してお参りをすませた。境内北に昔の民家を復元したと思われる建物がある。真新しい茅《かや》葺き屋根・竹塀・長屋門だ。九度山町立の「紙遊苑《しゆうえん》」と案内板にある。事務室に係りの方がおられたので、軽く会釈して入る。すぐに係りの方も来られた（屋根を葺くたの茅は青森県から取り寄せたそうだ)。

茅葺きのいわば「母屋《おもや》」である常設展示室に入ると、大きな武者絵の凧《たこ》が天井から吊されてあり、「紙遊苑」とは和紙細工の館かと思われたが、ちょっと違って細工前の和紙作り、つまり「紙すき」の館であった。したがってここでは「紙すき」が体験できるようになっている。係りの方の話では、近隣の小学校などから「紙すき」体験に訪れるそうであり、ここ九度山町の小学校では卒業をひかえた生徒が自分で卒業証書の紙をすくそうで、その実物も見せていただいた。弘法大師が「紙すき」を人々に教え、最初は細川紙や古沢《こさわ》紙といわれ、多い時には九十三軒もの紙すきの家があったという。その後高野紙と名を改め今日に至っているが、今では紙をすいているのはただ一人の方だけという。おもな用途は和傘(唐傘)や障子紙であった。こうして、「紙遊苑」が出来たからには、九度山の伝統はなお受け継がれていくことだろう。

ちなみに、この「紙遊苑」の裏手は見晴らしがよく、紀ノ川一帯が見下ろせる。しばらく休憩するにも気持ちがよい。そのうえ和紙の原料になるミツマタも庭に植えられていて、黄色のつぼみがついていた。ただ、この高野紙は原料としてはミツマタではなくコウゾ(楮)が用いられている。

柿畑の中の百七十七町石

「紙遊苑」を辞して、「勝利寺」の石段を下り、町石道の方へ行く。「勝利寺」への石標が目立つ道に入る。がぜん旧道らしくなる。左手に百七十七町石が斜めに傾いた格好で柿畑の中に建っていた(このあたり一帯は有数の富有柿の産地)。

百七十三町石は、一般道と交わる所で、かつ新池橋のたもとにすっくと建っていた。ここからも和泉山脈がよく望める。ここより竹林の中の薄暗い道となる。やがて百七十町石を過ぎると周りが開けてきて、左上方には通信塔が見える。あのあたりを町石道は通っているのだろうか、あそこまで上るにはかなりしんどそうだなどと考えているうちに、道の両側はすべて見渡す限り柿の畑となる。

何しろ畑の道があっちこっちから合流してくるので、どれが町石道か困惑するが、案内板と町石を頼りに行けばよい。どんどん展望が開けてきて実に眺めがよい。紀ノ川に架かる九度山橋もはっきりと見える。野焼きの煙だろうか、幾筋も昇っている。鳥の声と柿の枝の剪定のためのチェーンソーの音ものどかに聞こえてくる。町石は今も存在はしているものの、歩いている実感からすれば、信仰の道・巡礼路というよりはむしろ生活の道・作業路の感じがする。それに何よりもこの道は山の斜面にあるため、歴史の道にしてはあまりにも明るく、過去をどこかに消し去ってしまったようだ。

百六十二町石を過ぎたあたり　右下が紀ノ川

百六十六町石からは、右手前方に展望台が見えだした。十一時に着いたが、ここは「和歌山夕陽百選」となっている所で、見渡せる山々の展望図も設置してあり、山名が同定できる。紀見峠から高野連峰まで眺め、周囲の山より抜きん出て高いわけではないが、山頂が美しい三角形をした山が気になっていたのだが、ここで一挙に判明した。楊柳山（一〇〇九メートル）であった。その山の向こうが高野山奥の院だ。楊柳山からずーっと右に振ると高野山駅近くの弁天岳（九八五メートル）がよく見える。弁天岳の背後は高野山の中心部だ。弁天岳は青く霞んでいて、高野山までは遙かな道のように感じられる。

展望台で犬二匹を連れた人に会った。健康には歩くのが一番とか、高野山に墓石を建てたなどと話したが、別れ際に何度も気をつけて行くようにと言った後、「高野山にお参りして帰ってやー」の一言が印象に残った。私の感覚からすればハイキングコースのように思えたこの道であったが、やはり紀ノ川流域に住む人々にとっては、高野山は今も信仰の対象であって、ハイキングのそれではなかったのだ。

展望台を十一時三十分に出て、通信塔を目指して上って行く。百六十四町石あたりからはほぼ上り切ったとみえて平坦になる。通信塔もずいぶんと近くに見えだした。通信塔の下で四つ辻となるが、まっすぐに進む。右方向に和泉山脈が小さく見えている。これからますます紀ノ川と離れ山に入ってゆくのだろう。百六十二町石を過ぎたあたりから舗装道でなくなった。コンクリート製の四角い水溜には氷が張っている。柿の落ち葉などを踏みしめながらゆるい坂を行くと、またまた舗装道に出合うがかまわずに横切って行く。百六十町石では植林帯や竹林の中を行くが薄暗い。百五十八町石あたりでは見晴らしがよく、紀ノ川や三谷橋が眺められる。

百五十四町石では新旧の町石が二基建っていた。旧は上半分が欠けている。この後もこのように旧の傷みが激しいときには新の町石が建てられていて、二基見ることが数多くあった。私は注意深く町石を数えていたが、木の枝で見えにくかったりと、時には見落とすこともあった。あまり町石を気にせず上るのがよいかもしれない。何しろ相手は百八十もあるのだから。

さて、この百五十四町石では、木製の二メートルほどの鳥居もあって、小さな祠も祀られていた。ここでちょうど正午となったが、すぐに雨引山への分岐点を通過した。雨引山は標高五〇四メートルで、『紀伊国名所図会』に「石の壺あり、これをとれば、必ず大雨すとなん」とある。今も古老の間では雨引山に雲がかかれば雨になると言われている。

百四十八町石を過ぎて、台座として平たい石を十余り積んだお地蔵さんを左に見た。ミカンが一つ供えられていた。このあたりから尾根道となって道幅も広くなる。百四十三町石手前には分岐があり、そこには「右ハちそんいんみち左ハさいしょみち」と彫られた道標があった。

十二時もすでに過ぎて私は少々空腹を覚えていたが、道が歩きやすいので距離をかせごうとかなり速く歩いた。むろん昼食場所を求めてでもあったが。百三十七町石では新しい石段、といってもごく簡単につくられたものではあるが、石段が出てきて少し上り気味になる。このままどこまで続くのかと上って行くと、やがて平坦で広がった所に出た。ここが、かつては杉並木があったという「六本杉」だ。そのまま道なりに進んで行くと、天野の里「丹生都比売神社」への下り道となる。「二ッ鳥居」への町石道は左に引き返すように行かねばならないので要注意の分岐である。

《「六本杉」から「二ッ鳥居」間の町石道については章末に記述あり》

私はここでおにぎり一個を食べ、ひと息入れた。十二時四十二分に「丹生都比売神社」に向け出発した。自転車のタイヤ跡のある道を下って行くと、あっという間に一般道に出た。天野の里（かつらぎ町上天野）である。天野は標高五〇〇メートル弱の盆地で「天野米」と称する良質の米の産地である。なるほど山中にもかかわらずゆったりと家屋や田畑が広がっている。

一般道に出て左にとる。すぐに「お照の墓」の案内板があり、その指示通りに行くとしても、間違って里の墓地の方には行かないことだ（墓地があり、墓石もたくさん並んでいるので、「お照」の墓はその中にあるのだろうと探してみたが、わからなかった。やっと里の墓地の裏手に離れてあることがわかった）。案内板もあるがずいぶんと古いものであり、墓への道も夏なら草で覆われていてたどりつくのは困難かもしれない。そのようなひっそりした場所に彼女の墓があった。ここはもと彼女が庵を結んだ所で、養父母の菩提をとむらい生涯を終えたという。高野山奥の院には千年近くも光り輝いている「貧女の一灯」といわれる灯籠がある。これは、お照という少女が自分の髪を売って、養父母の菩提をとむらうために寄進した一灯として名高いものだ。なお、養父母の供養塔もこの上方に二基建っている。

「お照の墓」からほど近い所に「丹生都比売神社」がある。一般道を歩いて行くと、左に神社の杜と鳥居が見えてくる。鳥居の向こうには盛り上がった輪橋（太鼓橋）も見えている。「丹生都比売神社」は通称天野社・天野大社で呼ばれているが、祭神は「丹生都比売大神（丹生明神・天照大神の妹）」とその子の「高野御子《たかのみこ》大神（高野明神・

丹生都比売神社の鳥居　輪橋も見える

狩場明神）」と他に二神である。高野山創建伝説に、弘法大師が白黒二頭の犬をつれた猟師（実は高野御子大神）に高野山に案内され、丹生都比売から高野山の地を譲られたというのがあり、高野山と関係深い神社で、地主神また高野山の鎮守神として現在に至っている。本殿・楼門など重要文化財も多く、銀銅蛭《ひる》巻太刀拵《まきたちこしらえ》という国宝の刀のほか社宝として蔵されているものが多い（「丹生都比売神社」については「蟻さんの寺社紹介」で詳述）。

お参りの人たち数人とすれ違いながら輪橋を渡る。橋下の鏡池（「蟻さんの砂糖庵⑤」参照）をのぞき込むと氷が一面に張っている。それも厚みがありそうに見える。輪橋前方には朱色の楼門が参道の木々の間から見えている。紋の入った紫の幕もいい色合いだ。本殿でお参りをするが、私より先に記帳をすませて参拝されている人がいたので、その人が終わってから私も参拝しようと、いつもなら記帳などしない私であったが、時間待ちのような感じでペンをとった。今私の隣で参拝している人は記帳によると和歌山市内の人であり、ぱらぱらめくってみたが、県外からの参拝者は少ないように思えた。

記帳をすませても、まだ隣の人は参拝しているので、しかたなく私も一緒にお参りすることにした。そして、私が終えてもなおその人は手を合わせているのであった。小さく低い声が聞くともなく聞こえてくる。「家族の者が皆健康でありますように」とか、「孫がどうぞけがをしませんように」とかその他もろもろのことを、ずっと続けているのであった。今も「丹生都比売神社」へ寄せる人々の根強い信仰心を見る思いがした。

正月のニュースでは初詣客はどこが多かったなどと報じていた。初詣とはその年最初に詣でることであるが、果たしてあの初詣の人々でいかほどの人が年内に再び神社や寺院を参詣するであろうか。年内それっきりになってしまう人も多いのではないか。だとすれば、皮肉な表現だが、初詣とはその年最初にして最後のお参りともいえるのではないか。初詣も一つの国民的宗教行事であろうが、こうして正月気分も薄らぎ、松かざりもとれようかという今日、お参りする人もまばらであるにもかかわらず丁寧に参拝している人もいるわけで、やはり単なる初詣とその人の参詣とは質的に異なるように思われた。が、「丹生都比売神社」に本日お参りしている私の場合はどのような宗教的行為になるのだろうか。今のところ神々や仏を訪ね歩くとしかいいようがないかもしれない。

それにしても静寂で落ち着いた雰囲気の神社で、祭神が女神ということで気品・優雅さも感じられる境内である。名残を惜しんで神社を辞したのは十三時三十分であった。このような経験は古道歩きで初めてのことかもしれない。

県道一〇九号線に出る手前で左折し、ゆるい坂を上って行く。民家がぽつんぽつんと点在しているなか、右手に「有王丸《ありおうまる》」の墓を見る（有王は俊寛《しゅんかん》の家僕で、俊寛ら三人が鬼界ヶ島に流され、そのうち二人が赦《ゆる》されて帰ってきたが、俊寛はそのまま島にとどめられた。そこで俊寛の身を案じた有王は島に渡り、俊寛が没した時には遺体を火葬にしたうえで島を離れ、のち高野山の僧となって俊寛の菩提をとむらっていると『平家物語』にある）。このあたりには「西行堂」や「横笛の恋塚」など旧跡があるというが、時間的に余裕がないので確かめることができない。そうしているうちに分岐に出た。案内表示には「二ッ鳥居」は左方向とある。右は天野小学校や八幡神社へ下る道となる。私は水分を補給するために小学校方面に行ってみたが、やっと自動販売機を探し当て、再びこの分岐に戻ったので、ここを出発したのが、十三時五十五分であった。

「二ッ鳥居」への道を行くと、間もなく左手に「待賢門院の墓」の案内板があった。道から少し入ると、木々に囲まれて二基の小さな供養塔が建っていた。待賢門院璋子《たいけんもんいんたまこ》は鳥羽天皇の皇后であり、崇徳・後白河天皇の生母でもある。鳥羽院は熊野御幸を二十一回も行っているが、その際、待賢門院を八回も伴っている。高野山にも待賢門院は詣でていたのであろうか。陽光は奥の塔を照らしていた。なお、待賢門院の陵は京都市右京区に花園西陵としてあり、供養塔は、院に仕えた女官の中納言の局と呼ばれた人の墓と考えられている。

〔「西行堂」・「横笛の恋塚」について〕

「丹生都比売神社」の駐車場のそばを県道四号線が通っている。駐車場を出て左、つまり、天野小学校や八幡神社の方向に県道を一〇〇メートルほど行けば、左手丘の上に「西行堂」が建てられており、さらにそこより県道を二〇メートル行き、左に道を上って行くと、「横笛の恋塚」がある。以下、『ふるさと　かつらぎ』（かつらぎ町発行）の説明を引用する。

「西行堂」（写真は「蟻さんの人物紹介」にあり）

保延六年（一一四〇）に出家した西行は、諸国を行脚《あんぎゃ》した歌人で、高野山に居を移したのは、三十一歳の久安四年ごろという。

それに先立ち、妻も尼となり、天野に移り住み、庵を結んだのが康治元年（一一四二）ごろといわれる。

西行の娘も尼となり、十五歳ごろ、天野の里の母の許で、仏門修行に入ったという。

高野山の表街道が、三谷、天野、高野山の道順であった時代である。西行もまた天野の八丁坂をゆききしたことであろう。西行の狭田《はざまだ》というのがあり、

西行が　たまたまつくる　はざま田の　しりのせまちの　ひるぞ悲しき

との歌も、天野では言い伝えられている。

西行および妻娘なきあと、天野の里人が西行の徳をしたって建てたのが天野西行堂である。

その後、修復と再建をくり返したが、すべて天野の里人と高野山僧によってなされている。

現在の堂は、「紀伊国名所図会」に残る西行堂の形を参考に完成されたもので、西行像は鎌手友二氏、掛軸は根

来寺牧宥恵氏の手になるものである。

「横笛の恋塚」

天野の里の中央、小高い丘にある塚は、女人禁制の高野をめぐる天野をよく表した悲恋物語の主のものである。

平家一門滝口入道との恋に落ちた舞姫横笛は、高野山に登った滝口入道のあとを慕い、天野の里に庵を結び、再会の機会を待った。

いつかは会えると、その日を待った横笛であるが、十九歳の春、病のため、里人に看取られつつこの世を去ったのである。滝口入道から横笛に送った歌に

高野山　名をだに知らで　過ぎぬべし　憂きをよそなる　我身なりせば

横笛の返歌に

やよや君　死すれば登る　高野山　恋も菩提の　種とこそなれ

横笛の恋塚

もうすでに十四時を回っているので、私は少々焦りながら上っていた。道はやがて舗装道が途切れて山道となる。すると上から下りて来る女性の二人連れに出会った。いつもなら「こんにちは」と挨拶して行き違うだけであるが、「こんにちは」と言った直後に私は思わず「そんな格好で」と声をかけてしまった。というのも、まずはリュック等を背負っていないし、さらに、二人の服装が全く山歩きのものではなく、街の中を歩くそれであり、足元はと見ると、運動靴どころか通勤靴のようなものであったからだ。このように落ち葉の道は下る際には滑りやすいのに、先のとがった靴とはあきれたものである。いったいどこから歩いて来たのか、それが一番気にかかっていた。

最初の質問から続けざまに「どこから来はったのですか？」と訊いてみた。女性たちは恥ずかしそうに苦笑しながら「とにかく二ッ鳥居まではと思って」と応えた。ということは天野の里から「二ッ鳥居」まで往復してきたの

だろう。あとは下山の約一〇分間、滑らないことを祈るだけである。二人に出会ったということは、このように山道を歩く準備もない人が行けるくらいの所に「二ツ鳥居」があるということでもある。あの分岐から二〇分で「二ツ鳥居」に着いた。

「二ツ鳥居」は名称のとおり二基の石造鳥居（高さ五・六メートル）が建っている所である。この「二ツ鳥居」に関して、『高野山町石の道』（宮川良彦著、武田書店）には、次のような記載がある。

二ツ鳥居

何のために建てられたのか、かつて論争の種となった。いま石上に額はないが、額は東向きにかけられ、一つに「丹生大神」、片方には「高野大神」と彫り込まれていたことが古記録で判った。東向きにかけられたことは、西側に本体のあることを示す故、二神を祀るすぐ西山麓の天野神社の鳥居だと断定された。高野びいきが主張するように〝高野の第一の鳥居〟ではなかったのである。

ここからは天野の里がよく見下ろせる。展望休憩所もあるので休憩地として最適の場所だ。こうして天野の里を眺めていると、犬の鳴き声までも聞こえてきた。陶淵明《とうえんめい》の「桃花源記《とうかげんき》」の鶏や犬の声が聞こえてくる理想郷のように思えてくる。盆地で四方を山で囲まれ、隠れ里の雰囲気のある天野の里は高野山と紀ノ川の間にある別天地であったのかもしれない。だからこそ「丹生都比売神社」の清浄さも昔から保たれてきたのではないかと私には思われた。

天野の里から一気に上って来て汗をかいたのと、青空が広がり始めたので、私はセーターを脱いだ。展望休憩所を出発して、「二ツ鳥居」のそばにある百二十町石を通過した。あとまだ三分の二が残されている勘定だ。しばらくは山腹の平坦な道で私はどんどん歩いた。

犬を連れた男女四人と出会った頃に、百十七町石を通過した。すぐに人の背丈ほどの木製鳥居が大木の根もとの岩の前に建てられていた。下からは電車の音も聞こえてくる。この下は上古沢駅あたりである。

百十三町石では、ゴルフ場（紀伊高原カントリークラブ）のグリーンが間近に見えた。球がグリーンオーバーすれば町石に当たって見事グリーンに跳ね返ってのるということもあったかもしれないと思えるほど町石とグリーンは接近している。そして何と道は十三番ティーのそばを通っているのだ。「ゴルフボールに注意」の看板も建てられている。この十三番は三五〇ヤードの池越えである。本日はもう終了したのか、プレーしている人を誰も見かけない。十三番ティーに立ってみた。目の前のけっこう大きな池は「応其池」だ。薄く氷も張っている。この付近は「丹生都比売神社」のご供米《くまい》を作る場所として開かれた神田《こうだ》と呼ばれる所で、この池は応其上人が築いた用水池である。その池も今ではゴルフプレーヤーを楽しませ、または池ポチャで苦しめる役割も加わっているようだ。

ゴルフ場に沿うように進むと、神田への分岐の案内板が現れる。ちょうどそこには「子安地蔵堂」（『平家物語』で知られる横笛の伝説が残る堂で、彼女は滝口入道に会うためここで待ったとされている）があり、堂の周りは平地となっていて、二〇人くらいの団体でも坐ってゆっくり休憩できる。

大門から下って来た人が休憩していた。大門からここまでで休憩できる場所は、ここ以外には適当な所がないとのことだ。確かにここは前が開けていて陽もよく当たるのでいい場所にちがいない。その人は幾度もこのコースを歩いたことがあるらしく、現在時刻も十四時四十五分ということもあって、大門までは無理かもしれないので、途中、笠木峠《かさぎ》か矢立《やたて》で下山したほうがよいのではな

神田の子安地蔵堂

いかと忠告してくださった。百十二町石を過ぎた所なので、距離的にはまだ半分は残されている。これからまだ上り坂はあるだろうし、時刻によれば、大門まで行くのは諦めねばならないだろう。今回の大門までの予定に暗雲が立ち込めてきたように思えた。実際空は晴れていたが、陽は少し傾きかけているようだ。

私は、その人にお礼を告げるやいなやどたばたと歩きだした。自然と速足になっている。道は平坦で歩きよい。道を楽しむどころではない。「慈尊院」から悠然と歩いて来たのとは大違いだ。今回途中で断念すれば非常に中途半端な終了のしかたとなる。仮に矢立で歩きを終えたとしたら、紀伊細川駅まで下ることになり、今度はまた細川駅から矢立まで上って来てそこから開始となる。無駄が多い。やはり理想をいえば、「慈尊院」から一気に大門がいいだろう。私はこの町石道を甘くみていたなと後悔した。

学文路から神谷・極楽橋を経て女人堂の「学文路口ルート」は十時頃に歩き始めて高野山女人堂着が十五時半頃であったので、慈尊院からもおよそ同じくらいの所要時間と決めつけていたが、この町石道は平坦なわりに時間のかかるコースであったことに今やっと気づいたといえる。事前にあまり下調べもせずに出てきたこともある。実際ハイキングコースとしても人気コースなので道標も完備されており、いわば楽勝コースのように勘違いしていたのであった。油断は禁物。後悔先に立たずである。「丹生都比売神社」へ下ったので余計に時間がかかっている。天野の里に下りたのが間違いだったのかとまで悔やんでいる私である。せっかくいい神社の雰囲気だったのに、これでは「丹生都比売神社」のイメージを自分で勝手に悪くしているようで、神社に対して失礼だなどと思いながらもとにかく急いで歩いた。

百八町石が右手に出てきた。続いてそこから五メートルほどの間隔をおいて、「二里石」も建っていた。これは「慈尊院」から高野山まで三十六町（約三・九キロ）ごとに四基建てられているものの一基である。ちなみに、「一里石」は「六本杉」の手前（私は見落としていた）で、「三里石」は笠木峠と矢立間、「四里石」は矢立と大門間にそれぞれ建てられている。

百二町石付近は枯れ葉敷く道で雑木が並んでいる明るい道だった。百町石を十五時ちょうどに通過した。九十六町石ではマウンテンバイクの四人に出会った。「六本杉」からの下り道に自転車のタイヤ跡を見つけたが、こうして町石道を駆け下りる人もいたのである。これから大門への道すじで彼らのタイヤ跡を時折見かけることになった。

九十五町石あたりでは再びゴルフコースを見ることになった。そしてゴルフコースと別れ左方向に行くと、湿地帯となってその湿地帯の終了地点に「笠木峠」の案内板があった。八十六町石も近くに建っている。峠着は十五時二十五分であった。ここから上古沢駅までの案内矢印もあった。ここで下山という方法もあるが、私は特に疲れを感じていないので、とりあえず矢立まで行ってから下山するかどうか判断することにした。《笠木峠から上古沢駅間の下りについては、章末に記述あり》

百二町石と枯れ葉の道

残りのおにぎりとお茶を飲んで気合いを入れ、十五時二十五分に笠木峠をあとにした。八十二町石では電車の停まる音がした。この下方は紀伊細川駅だろう。左が開けて山が見える。弁天岳である。うーん、まだ大門へは距離はあってきびしいなあと感じるに十分な弁天岳への遠さである。道は特にアップダウンがあるというわけではなく、歩きやすく私は走るような感じで歩いた。イノシシの掘り返した跡もあった。このあたりもよく出没するのであろうか。六十七町石あたりでは左下の国道三七〇号線（高野山道路）を走っている自動車の音が聞こえてきた。六十六町石では下に国道が確認できた。六十五町石では真下にはっきりと道が見下ろせる。

国道脇に出た。ここが矢立である（水分はここで補給できる）。地蔵堂があって、ここに六十町石が建っている。国道を慎重に渡る。高野山大門方面への国道四八〇号線の左手の地道を行く。大門まで約六キロの案内板がある。

民家が数軒並んでいる所を上る。道端で作業中の人に訊いた。「大門まで一時間で行けますか?」と。その人は「うーん」と頷いてくれた。現在十六時二分前、私は十七時に着けそうだとほっとした。十七時だと明るいうちに大門に到着できそうだ。だが、案内板にあるようにあと六キロもあるなら一時間では無理なような気がする。結局、急ぎに急いで大門に一時間二五分かかって到着できた。普通に歩けばやはり一時間四〇分は要するだろう。その時の私は、大門まで一時間で行きたいという思いが優先し、さらに私の質問には一時間で行けると応えて欲しいという強い思いがあったためにその気持ちが自然と出てしまい、相手に「イエス」と言わざるを得ない状況に勝手にしてしまっていたのであった。高野山から熊野への山道に挑戦する日が近づいてきているが、冷静な判断、これが今後要求されるであろう。

六地蔵と五十九町石が一緒にあった。続いて五十八町石を過ぎると舗装が切れて山道となる。五十五町石のそばに、弘法大師が袈裟《けさ》を掛けたといわれている「袈裟掛石」があった。続いて五十四町石を過ぎると「押上げ石」があった。その昔弘法大師の母が結界を乗り越え入山しようとした時、雷雨となり弘法大師がこの石を押し上げて雨にかからぬようにしたそうだ。そのときの手形も石に残っているという。五十二町石では展望がよくきいた。ただし、太陽は目線と同じ高さになっている。急がねばならない。国道四八〇号線に合流する手前の四十二町石あたりにはイノシシ(またはシカ)のヌタ場と思われるものがあった。

そして国道に出たのが十六時三十五分。そのまま横切って展望台に行く。龍門山(七五六メートル)・飯盛山(七四六メートル)あたりまでよく見えている。山々が薄く黄色っぽく霞んで、冬ではあるが日差しがやわらかく感じられる。ここより大門へはほぼ国道に沿って進むことになる。雪がうっすらと積もっている箇所もあった。今度は右手方向から夕陽が見える。大門からの夕陽はすばらしいとされているのでゆっくりと観賞したいのだが、今はそんなゆとりはない。ちらちら眺めて必死に進むだけだ。なお、三十九・三十八・三十七町石は高野山道路の道脇に建てられている。

道路脇の三十七町石

　三十三町石を過ぎた所で正面に見える杉の木々の枝葉はライトで照らされたように橙色に染まっている。こうして夕陽を受ける側を歩いているのでまだ明るさはあるが、これが山の反対側だったらどうだろう。おそらく懐中電灯をリュックから取り出さねばならないだろう。こうして夕陽の恩恵を蒙って歩いていると、このように高野山への道すじを設定した先人の智恵があったように思える。高野山を目指した人が、大門近くで日が暮れたとしても、太陽の力を最後の最後まで頼れるように配慮した道のように思える。道を開いた人に感謝である。

　バサバサッ。しばらくして今度は黒い影がバサッーと目の前を横切ってゆく。二匹のキジに驚かされながら進んで行く。この頃右手に見える夕陽は最高だった。山並みよりも少し上にかかった雲に隠れていこうとしている。頭だけがほんのちょっぴり出ている。小さな赤い光が消えゆこうとしている。雲間に沈む瞬間を見届けたいが、そんな余裕すら残されていない。まだ町石は二十九番である。残照の中を少しでも速く行くしかない。私は心で、ほいさ、ほいっさとかけ声をかけながら歩いた。

　※この時、暗くなっていたので、「鏡石」は見つけることができなかったが、後日、確認した。町石でいうと、二十八町石と二十七町石の間にある。展望台から約一五分である。岩の面が鏡のように平らなことから、その名が付いたが、この石の角に坐って真言を唱えると、必ず成就するとのいわれがある。

　五年ほど前の夏、鳥海山の山頂小屋付近で眺めた夕陽を思い出した。あの時は、夕食後であって、それこそ山頂での楽しみとばかりに、沈むのが今か今かと待ち遠しく見つめていたものであった。そして、頭が隠れた瞬間、思わず自分の口から「あっ」という声がもれたのを思い出した。日本海の雄大な黄昏《たそがれ》時であった。

しかし悠長な思いに浸っている場合ではない。小さな木の橋を渡った。雪がうっすらついている。大門まで三つや四つの橋を渡ったが、すべて白くなっており、凍っていた。大門まで町石はあと十基を切った。ただし、町石に彫られた字はもはや読みとることなどできようもない。

もう進むよりほかないが、闇は私に向かってますます近づきつつあった。その足音もひたひたと迫ってくるようだ。道が徐々に上りになっていく。これが最後なのだろうか。懐中電灯を手にした。上で人声がするので国道に接近していることは確かなようだ。まさか空耳ということはあるまい。勾配がきつくなっていく。何やら白いものが上方に見え出した。ガードレールのようだ。とにかく国道はすぐそこだ。最後の力を振り絞りあえぎあえぎ上る。ガードレールに手が届く所まで来た。やれやれという思いで舗装道路まで一気に上ると。ぱっと眼前にライトアップされた大きな建築物が立ち現れた。これこそ本日の目標、高野山の「偉大なる大門」であった。

「か」の文字が欠けている鏡石の石標

この付近には七か八町石があるはずだが、もうほぼ闇に包まれつつある現状では探しようがなく、次回に回すことにする。そしてまずは、バス停である。南海高野山駅に行かねばならない。もしちょうどよい時刻に発車するバスがなければタクシーを呼ぶ必要がある。バス停は大門をくるっと回り込んだ所にあった。人が十人ほど立っていたのですぐにわかった。こうして待っている人が大勢いるのなら、バスはもうすぐやってきそうだ。確かめると、十七時四十一分であった。現在、二十八分。まるでバス時刻を承知のうえで歩いてきたようなタイミングとなった。先ほどの夕陽が最後まで当たる道に続いて、バスに間に合ったことにも感謝である。

バスは三十八分頃に我々の前を素通りして少々時間待ちをした後、ゆるりとやってきた。乗り込んだのは中高年ばかりで私を含め十二人であった。皆一様にカメラや三脚を持っているので、大門からの夕陽を撮りに来た人たちだとすぐにわかった。私が必死の思いで歩いていた大門直下の道で、聞こえてきたあの人声はこの人たちのものだったのだろうと理解できた。さぞやいい写真が撮れて満足したのだろう、バスの中はえらくはしゃいだ雰囲気となっていた。

外はもう漆黒の闇である。ほんのりと光る吊り灯籠が規則正しく並んでいたのでそれと知れた御影堂《みえどう》の輪郭がぼーっと浮かび上がっている。ああこれが高野山なのかとしみじみと思わせられた。高野山は霊場である。高野山はこうした静寂な夜にこそ、その雰囲気が味わえるのかもしれない。夜の景色はこのようにバスから眺めても趣きがある。歴史の流れの中を走るようにバスは優雅に高野山駅向けて走っていた。

【歩いた日】二〇〇三年一月十二日(日)　曇り時々晴れ

ライトアップされている大門

《「六本杉」から「二ツ鳥居」への町石道》について

「六本杉」から「二ツ鳥居」への道は全体的になだらかな道で歩きよい道である。最初は植林帯だが、百三十四町石あたりからは雑木も多くなって、天野の里が木の間から見え隠れする。約二五分で「古峠《ふるとうげ》」に着き、峠から「二ツ鳥居」までは約五分とすぐである。なお、「古峠」から南海上古沢駅までは約六〇分の下り道。

《笠木峠から上古沢駅への下り道》について

峠から国道三七〇号線までは、舗装道でかなり急な坂道で下山時には十分な注意を要する。笠木寺まではおよそ一〇分で着く。ここから笠木集落の民家が出てくるので、町石道からのエスケープルートとして利用できる。集落の中の道は広くなってはいるものの、きつい坂である。峠から国道合流まで約三〇分。しばらく国道を歩いて下ることになるが、数分ほど歩いて右に入り、不動谷川まで一気に下ることになる。小さい笠木橋を渡って（橋近くで不動さんが祀られている）、あとは川沿いの右岸の道を下るだけである（駅は右上にあるので気をつけること）。笠木峠から南海上古沢駅までは約一時間一〇分である。

〔注〕①「慈尊院」「丹生官省符神社」「丹生都比売神社」および「町石道」は世界遺産に登録されている。

②高野山大門付近の六・七・八町石については、特別編Ⅳ「高野山内の歩き方ガイド」に詳述している。

八　丹生都比売神社で昇竜を見た私

—平安の昔に栄えた、天野の里へ直登する道—

高野口〜妙寺〜丹生都比売神社（三谷坂道）

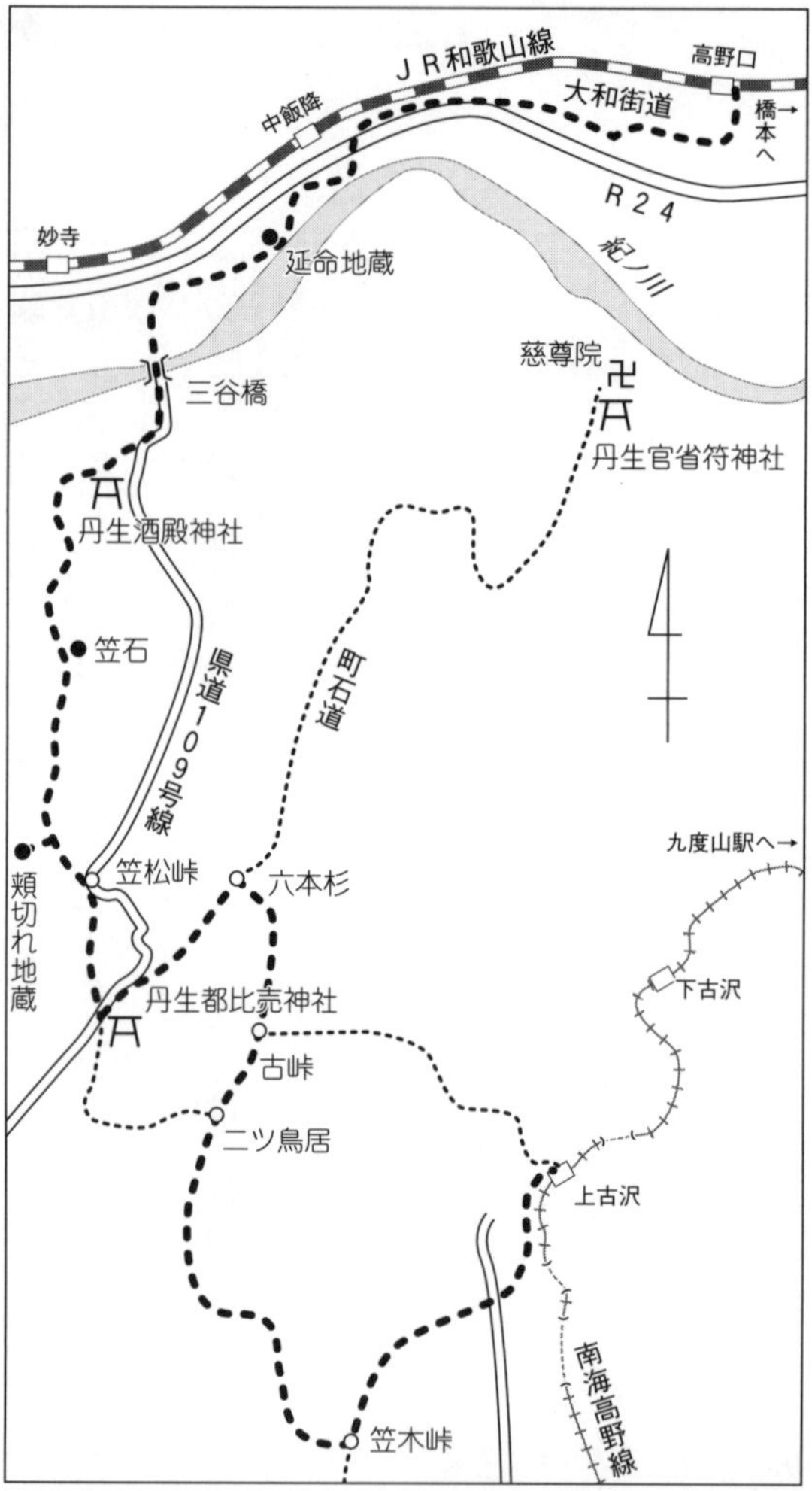

コースタイム
JR高野口駅（1時間）延命地蔵（15分）三谷橋（20分）丹生酒殿神社（25分）笠石（50分）頬切れ地蔵（20分）笠松峠（15分）丹生都比売神社

南海橋本駅で陸橋を渡り、JR和歌山線のホームへ急ぎ、九時一分発和歌山行きの二輛編成の普通列車に乗り換えた。自分の記憶からして、橋本駅から和歌山方面行きに乗るのはこれが最初のように思う。七分後に高野口駅で降車した。

大和街道と高野山（九度山橋）の分岐点、すなわちT衣料店があり、小祠のそばに松の植わっている所だ。本日はここよりＪＲ線に沿う形で妙寺まで行き、三谷橋で紀ノ川を渡り、三谷坂を越えて天野の里へ行く予定だ。

白河天皇の第四皇子の覚法法親王の『高野山参籠記』にあるように、三谷坂ルートは勾配は急であったが、深い泥もなく、高野参詣には近道であった。ハイキングコースなどでほとんど紹介されていないのだが、「丹生都比売神社」への直行最短路ということで、私は今回歩いてみることにしたのだった。

高野口駅から大和街道を道なりに西に向かって行くと、高野口郵便局のある交差点に出る。左手前方には大きな古い家があり、案内板には「前田邸　江戸時代からの旧家」とある。駅付近にも古い建物などがあったが、たいてい商家であった。前田邸からもしばらく古い家を目の当たりにすることになるが、それは豪農の屋敷のように思われた。

やがて右からの道と合流して道幅が広くなる。とくに旧道といった雰囲気は何もない。ただ、歴史街道の新しい高野口町の石標が「やまと」「わかやま」とそれぞれの方向を矢印で示している。続いて新しく建設工事中の高架道路下をくぐる。そして今度は田原川の橋を渡るが、川下には嵯峨谷橋も架かっており、さらに山側ではＪＲの鉄橋もあって、ここに集中している。先ほどの歴史街道の石標を見つけたが、ここが町境とあって、かつらぎ町の石標となっている。

しばらくＪＲ線と並行に行く。南方面を振り仰ぐと三角形の楊柳山の山頂もよく眺められ、町石道歩きをした際の通信塔もはっきりそれとわかる。そして町石道はあの山腹を通っていたのか、二週間ほど前に自分はあのあたりの道を歩いていたのかと、歩いた道を全く別の角度から眺められるのも、この大和街道歩きの特徴かもしれない。

また跨道橋の下をくぐり、坂道を行く。石標に従い左折し、道なりに進む。中谷川という小さな川べりに出て、

まっすぐ行くと九度山・慈尊院方面、大和街道を右に行く

ほんの一〇メートルくらい川下に歩くと国道二四号線に出る。国道を横切って小さな橋を渡り、道なりに進む。今度は路面に埋め込んだ石標があって大和街道を示してくれている。この付近の民家はいかにも旧家然とした面持ちで立ち並んでいる。河内長野駅近くの天野酒造で見たのと同じような杉玉を吊しているお家もある（もと木下酒造）。格子戸の前には馬つなぎの木の柵もまだ残っていた。道は車が一台通れるほどである。

　左手に「天満宮」（ここより北方にある城山神社から、昭和十二年に再祀されている）の鳥居が見えた。こじんまりとしたよく整えられた境内で、ブランコなど遊具も設置してありトイレもあって休憩させてもらうにはよさそうだ。続いて紀ノ川の堤のそばを行く道となり、町石道の雨引山あたりもずいぶんと近くに見える。「延命地蔵」が紀ノ川を背にして祀られていた。ここにもある歴史街道の道標によって、「延命地蔵」の名もそれとわかる。

丹生酒殿神社の大イチョウ

　県道一〇九号線との四つ辻に出た。右は国道の妙寺交差点で、左方向には三谷橋が見えている。十時二十五分、三谷橋に着いた。鉄道の鉄橋のような橋脚だ。歩道も新たに設置してあるので歩きよい。ここから南の山々を眺めると、高野山の前衛の壁のように連なっている。あの壁を越えると天野の里だが、なかなか厳しそうで一時間はたっぷりかかりそうだ。三谷橋から川下方面を眺めると両側の山並みともになだらかに低くなっているのがよくわかる。なお、紀ノ川右岸の妙寺の西ノ端と左岸三谷との間には「三谷の渡し場」があったとのことだ。

　橋を渡り終えると県道一三号線に出て、そのまま横切って直進する。道が右に大きくカーブし、左手山側に墓地が見えてくる。お堂も見えるが、龍谷寺である。お寺から少し行った所で、県道一〇九号線とはいったん別れることになる（いずれ笠松峠や天野の里で出合うことになる）。間もなく行く手に大きなイチョウの木が現れたかと思うと、「丹生酒殿《さかどの》神社」に着いた。丹生都比売命一行が降臨した際、紀ノ川の水で醸した神酒を献上したので酒殿の名が付いたとも、また丹生都比売命が酒造りを人々に教えたともいわれている。拝殿・本殿ともに豪壮という感じはしないが、大イチョウの下は人々がゆっくりとくつろげる明るい雰囲気があり、その昔、人々はここでひと息入れて三谷坂を越えっていったのではなかろうかと思われる。なお、丹生都比売命は榊を持って降臨し、そのため神社の裏山が榊山となったといわれている。そしてこの地より一行は天野の里に移ったようだ。イチョウの木の下には「境内を黄に敷きつめて大いちょう」の句碑が建てられていた。秋の季節はすばらしい光景を見せてくれるであろう。なお、神社の裏手には「鎌八幡宮」があって、ご神体のイチイガシの幹にはたくさんの鎌が突き立てられている。五穀豊穣を祈願してのことなのだろうか。珍しい有様だ（「鎌八幡宮」の言い伝えについては「蟻さんの砂糖庵⑤」に記載あり）。

さあ神社を出発ということで鳥居をくぐったが、先ほどから神社境内を軽トラックの運転席から見ていた人がいたので、「こんにちは」と挨拶した。その人はこの地域の文化財の関係のお仕事もされている人で、参拝者がさほど多いと思えない神社内にいた私に関心があったようだ。その人によると、道は十分に歩けるそうで、「頬《ほお》切れ地蔵」までは舗装がされてある、あまり人が通らないので雰囲気はいいとのことだった。昔の人は少々道が険しくとも、早く着ける道を選んでいるともおっしゃった。確かに天野の里まで一直線に行っているようだ。

その人に別れを告げ、いよいよ三谷坂に向けて出発した。十一時二分前だった。神社から西に向けてすぐそばで道が分岐するが、そこには「天野大社参道」

「天野大社参道」の石標

と刻された道標が建っている。左方向山側に入る。谷川の小橋を渡ると上り坂となる。梅畑を見ながらひたすら上る。柿畑もあり、「丹生都比売神社（天野大社）」への参詣道は、ちょうど軽トラック一台分の道幅で、現在は農道としての機能を果たしている。

ところで、三谷の地名は、当時三谷川・山崎川・落合川の流れる三つの谷があったので名付けられたというが、他の説として、三谷は古くから御瀧といわれ、それが御谷となり、三谷に落ち着いたとも伝えられている。

二〇分ほど上ると、平坦になり三六〇度の見晴らしとなる。目の前には一つのピークがあって、道はそれを右にぐるっと回り込んで背後にある山に向かうことになる。振り返ると、岩湧山から和泉葛城山にかけての連山がよく見えている。目を下に転じて紀ノ川はと見下ろすと、三谷橋もそれとよくわかる。東の方では、谷を隔てて県道一〇九号線沿いの集落が見える。作業をしている人がいたので「笠石《かさいし》」の所在を訊いてみると、もう目と鼻の先の槇の垣に囲まれた所にあるとのことだった。せっかくの景色であるのでこのあたりに休憩所がほしいように思われる。

笠　石

高さ約一メートル余りのT字形をした「笠石」があった。細長い自然石の上にちょこんと平たい石が載っている。弘法大師の笠が、雨引山から風に飛ばされてこの細長い石柱にかかったのだという。雨引山では今もカサトリという名が残っているという。風のよく通る所にあるので、今度はどこに飛ばされていくのであろうか。「笠石」の下にはミカンが一つお供えしてあり、背後には茶の木で生け垣がこしらえてあった。

さあこれからいよいよ笠松峠への道だ。太陽も顔をのぞかせていて暖かくなっている。私はもう手袋は要りそうもないので、リュックに入れるため、リュックを背から下ろして地面に置いた。しゃがんだので自然と視線が低くなり、草むらに目がいった。よくよく見てみると小さな花がいっぱい付いている。一月末とはいえ、気づかないうちにもうすでに春は来ているようだ。道端にはミカンの木もたくさん植えられている。

ちょうど昨日読み終えた有吉佐和子の『有田川』を思い出した。ミカンの栽培に生きる女主人公が自分のミカン山のすべてのミカンの木に名前を付けて大切に育てていた話が出てくるが、この地でもそのように名付けして栽培しているのであろうか。別にミカンに限らず庭木にも名前を付けて丹精して育てるのもさらに庭仕事を興味深くするのではないかと考えさせられた。植物に「椿の○○君、今日も元気か。ちょっと寒いけどね」などと声をかけるのもいいのかもしれない。植物はそれによってすくすく育つというわけではないだろうが、人間の側がひと声かけることによって、実はしっかりとその植物を観察することになるのだろう。ただ漫然と眺めているだけでは、水を欲しているのか病気で苦しんでいるのか、植物の状態を細かく知ることはできないだろう。声をかけることはすなわち丁寧に見守っていることにほかならない。これは人間関係にもむろん当てはまることだろう。今では文庫本が絶版になってしまった『有田川』は『紀ノ川』よりドラマチックで面白い小説である。私は「慈尊院」を調べているうちに『紀ノ川』を初めて読むことになり（初版が発行されてから永年経ってしまっていたが）、そうして他の有吉作品にと広がっていったのは幸運だった。

先ほど見たピークの下で道は、左に分かれる道も出てくるが、かまわずにまっすぐに行く。道を覆っている木から折れた枝が垂れており、通行の邪魔にもなるので、ぐいっと引っ張って取り除いたが、その枝をツエとした。このあたりで果樹の畑がなくなり、植林帯を上ることになる。杉の落ち葉が広がっており、人々や車の往来はなさそうに思える寂しげな道を行く。ツエをつく音と靴音だけになってしまった。すべてが静まり返っているなか、麓の方から正午を知らせる時報アナウンスがあった。白い杭が現れた。「平成の町石道ウォーク」とあり、かつらぎ町主催でハイキングが行われたことを示している。麓から赤いテープが木に巻きつけてあったのも、これと関係しているのだろう。このような人気のない所ではありがたい案内表示である。

道に石コロが目立つようになり、車で上るにも容易でないように思われる頃、舗装が切れた。ちょうどそこに「頬切れ地蔵」への分岐の案内板があった。地蔵へは本道より横にそれることになるが、ほんの五〇メートルほどで着く。「頬切れ地蔵」には覆いの屋根が付いており、隣には物置小屋がある。ゴザや杓やバケツなどが置かれている。お世話も行き届き、お参りの人も多そうだ。石の三面には、釈迦・大日・阿弥陀如来が彫られているが、釈迦如来の頬が少し割れており、そのため「頬切れ地蔵」と呼ばれている。『かつらぎ町今昔話』には、「石を刻むとき首から上の病に効き目がありますようにと、わざわざ『ほお』にきずを付けたものと考えられます。」とある。同書によれば、地元では「ほきれさん」と呼ばれているようだ。

地蔵を十二時十五分に出発し、急坂を行くと、二〇分足らずで県道に出た。ここには「頬切れ地蔵　下へ700メートル」の案内板があった。「丹生酒殿神社」を出て約一時間半かかったわけで、思った以上にハードな山道であった。

ここ「笠松峠」はかつて笠のように見える松があったといわれている所だ。天野方面に約一〇〇メートル弱行った所で左右の道端に和歌山県と表示のある石杭があった。天野方面に向かって右の杭のそばに山に入る道があり、再び山に入る。

落ち葉が道いっぱいに広がっている心地よい道を下って行く。もう天野の里は近いのだろう。前方が明るい。五分ほどで里のはずれに出た。「丹生都比売神社」の杜も左手に見えている。二分後、私は神社の拝殿にいた。二週間前のように記帳した。参拝し、灯籠に立てかけたツエも忘れず持って、昼食をとろうと池のそばの広場に行った。おにぎりを頬張りつつ、気にかかることがあって境内の方に目をやった。

というのも、先ほど境内には地元消防団の人たちが十人くらいいたからだ。こうしてベンチに腰かけている間にも、乗用車が次から次へとやって来るし、二台の消防車も池向こうの駐車場に停車している。私はさっさと昼食をすませてもう一度境内に戻り、何があるのか確かめることにした。で、判明したことは、今日一月二十六日は「文は悪かろうはずもない。消防団員や署員がまずは整列し、各代表三人の挨拶があり、一〇分後にはいよいよ放水が始まった。一本、二本と次々白い帯が昇っていく。境内では三本が左上方に勢いよく昇っている。神社裏手でも三本がそれぞれ神社の杜に向かって放水を始めた。計六本の白い柱が神社そのものから噴き出されているようだ。

化財防火デー」とのことで、十三時三十分より防火訓練が始まるとのことだった。開始までもうあと十五分。私はせっかくだから見学させてもらうことにした。神社鳥居より山側に入る道脇に自動販売機が見つかり、缶コーヒーを買った。何と一一〇円でびっくり。買う人が多いとも思えないので、販売機そのものも価格設定のし直しをしていないようだ。不思議なものだ、このような山中で市街地よりも安いとは。

さて、十三時三十分が近づいた。私は輪橋の中段に陣取ってその時を待っていた。缶コーヒーを飲みながら気分

神社は、輪橋から見つめている私に気づかず、あたりに目撃する者がいないがごとくに誰はばかることなく、悠々とその力を誇示するように内在するエネルギーを放出しているようであった。白い柱は龍と化し、うねうねと空に向かって昇っていた。また、神社は巨大な船であり、このまま大海に乗り出そうとしていた。

天野の里から龍が飛び立っていったのを見届け、私は神社を立ち去った。鳥居をくぐり出て振り返ると龍の姿はもちろん影も形もなかった。こうして、天野の里は私にとって忘れがたい地となった。

（この後、私は六本杉に上り、前に歩いていなかった六本杉～古峠～二ッ鳥居間を歩いて、さらに笠木峠まで足を延ばして、笠木峠から上古沢に下りた。）

【歩いた日】二〇〇三年一月二十六日（日）　曇り時々晴れ

文化財防火デーの放水訓練の様子（丹生都比売神社）

蟻さんの砂糖庵③

A【町石道とは?】

(『高野山町石道』南海電気鉄道株式会社事業部営業促進課発行より抜粋。多少の改変を加えた)

■高野山町石道

弘仁七年(八一六年)、弘法大師が真言密教の根本道場として開創された高野山。開創以来、厳しい修行の場である高野山は、平安後期以後、大師入定信仰・高野浄土信仰が広まり、納骨・参拝が盛んになりました。高野山へは古来、高野七口と称して、七つの街道を経て登山しました。そのなかでも高野街道西口の町石道は、表参道として大師をはじめ天皇や貴族、庶民が利用した道です。九度山の慈尊院から高野山奥の院廟まで約二四kmの道には、一町(約一〇九m)おきに町石(慈尊院~伽藍一八〇本、伽藍~御廟三六本)三六町ごとに里石(四本)が立ち並んでいます。

■町石のはじまり

「寛治二年白河上皇高野御幸記」(高野山西南院所蔵)によると、寛治二年(一〇八八年)に木造の町率都婆が、すでに山上三六町、山下一八〇町の道のりに建てられていたことがわかります。その後、文永二年(一二六五年)三月に高野山遍照光院覚斅《かくきょう》上人が石造の町率都婆の建立を発願。この発願に応じたのは、後嵯峨上皇をはじめ鎌倉幕府の執権北条政村・時宗や安達泰盛らでした。なかでも安達泰盛は、貴族・幕府要人に町石建立の勧進に当たるなど、もっとも力を尽くした人物です。これらの人々によって二〇〇余基の町石は、発願後二〇年の時を経て、弘安八年(一二八五年)に完成しました。町石は高野山登山の道標であるとともに、太上天皇(後嵯峨上皇)の宝祚《ほうそ》の長延、将軍はじめ十万施主の快楽を祈願するものです。また、天治元年(一一二四年)鳥羽上皇「高野御幸記」にも述べられているように、町石は金剛界三七尊と胎蔵界一八〇尊を表したものです。よってそれ自体が信仰の対象で、人々は一町ごとに町石に手を合わせて登山しました。唯一の表参道であった町石道は、まさに祈りの道、信仰の道ということができるでしょう。町石は、完成後七〇〇年間に数度の補修で五〇基ほどが再建された以外は、創建当時のままで立っており、昭和五二年七月には国の史跡に指定されました。

■町石の形体・石材・建立方法

町石率都婆の形体は、弘安八年（一二八五年）高野山町石率都婆供養願文に、高さ一丈一尺（約三・三二m）、広さ〈幅〉一尺余（三〇㎝余）とあります。実際は総高三m弱。形状は一石彫成の五輪塔で、地輪を方柱状に長く造り、上から空・風・火・水・地の宇宙五原素を表徴しています。

石材は、奥の院三三町石を除いてすべてが火成岩系の花崗岩、いわゆる御影石といわれるもので、白い部分に黒い点が散在しています。

町石の建立方法は、まず道を造り、一m位の穴を掘り、すべてではありませんが、経文が書写された礫石を入れ、その上に直径四〇㎝余りの台石を敷いて固定させてから、町石を載せたものと思われます。

■町石の施主

町石率都婆の施主は、後嵯峨上皇をはじめ鎌倉幕府の執権以下要人、地方の武将豪族、著名な僧侶など、当時の錚々たる人物。このように施主の多くが当時の有力者であったのは、安達泰盛が自己の血族縁者はもちろん、執権以下幕閣の要人に働きかけて、完成したとみるべきでしょう。そのほか、わずか五基ですが、十万施主、十万檀那とあるだけの無名の町石も見逃すことはできません。この無名の町石は、高野聖の唱導勧進に応じて浄財を喜捨した多くの庶民の大師信仰が凝集されたものと思われます。

■町石・里石の銘文

町石率都婆の正面に「空・風・火・水・地」の梵字を小さく入れ、地輪の上部には金剛界三七尊・胎蔵界一八〇尊を表す梵字を薬研彫の手法を用いて大きく彫り、その下に町数を刻んでいます。一般的に正面左、右に各々施主等の名前と願文を入れています。また、三六町ごとに立っている里石については、大日如来法身真言と里数を刻んでいます。町石の銘字筆者は、梵字は小川信範（小河真範）でまちがいないと思われ、また漢字については説が多いが、世尊寺経朝説が有力です。

B【蟻さんおすすめ町石道の歩き方】

一　慈尊院から大門へ全踏破〈所要時間　約六時間〉

南海九度山駅→慈尊院→六本杉→丹生都比売神社→二ツ鳥居→古峠→矢立→高野山大門（大門から南海高野山駅まではバス利用）

第七章とほぼ同様のコースで、健脚向き。途中「六本杉」・「古峠」・「笠木峠」・「矢立」がエスケープルートになる。

［注意点］

・矢立まで水の補給ができない。
・大門のバスの発車時刻は事前に問い合わせておくこと。
・大門から南海高野山駅までは徒歩も可能（所要約四〇分）。

二　町石道名所選抜コース〈所要時間　約四時間〉第七章参照のこと

南海九度山駅→慈尊院→六本杉→丹生都比売神社→二ツ鳥居→古峠→南海上古沢駅

［注意点］

・丹生都比売神社の天野の里ではゆっくり過ごしたいので、時間的に余裕をもつこと。
・古峠からの下り道は急坂なので十分気をつけて下ること。

三　三谷坂から町石道コース　第八章参照のこと

① ＪＲ妙寺駅→丹生都比売神社→二ツ鳥居→古峠→六本杉→慈尊院→南海九度山駅〈所要時間　約四時間三〇分〉

［注意点］

・六本杉からは長い下りになる。

・ＪＲ和歌山線は本数が少ないので事前に確かめておくこと。

② ＪＲ妙寺駅→丹生都比売神社→六本杉→古峠→二ッ鳥居→笠木峠→南海上古沢駅〈所要時間　約五時間〉

※丹生都比売神社から二ッ鳥居へ直行の場合は三〇分短縮される

［注意点］

・笠木峠から国道三七〇号線までは非常に急な下りばかりとなる。

・ＪＲ和歌山線は本数が少ないので事前に確かめておくこと。

九　紀ノ川源流を訪ね、有田川源流に出合った私

橋本～青淵～久保～高野山（黒河道）

―上っては下り、を繰り返す起伏の激しい山道―

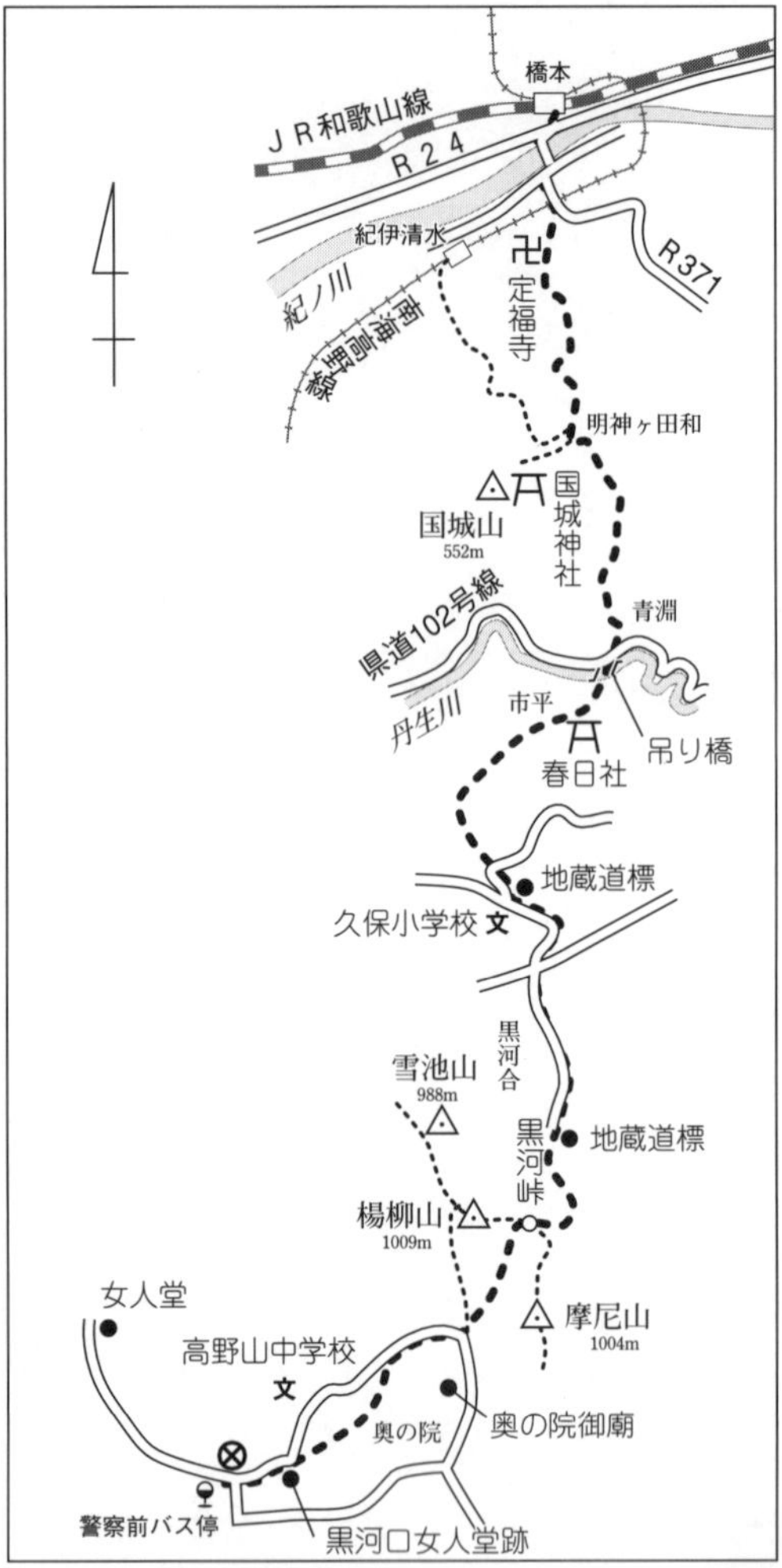

コースタイム

南海橋本駅（20分）定福寺（1時間10分）明神ヶ田和の分岐（40分）青淵（20分）市平への吊り橋（10分）市平（1時間30分）久保小学校・地蔵道標（15分）黒河谷・子継地蔵への分岐（30分）地蔵道標（1時間）黒河峠（20分）一般道の出合（30分）黒河口女人堂跡（5分）高野警察前バス停

九時六分に橋本駅前を出発した。本日は国城《くにぎ》山近くの峠を越え、玉川峡からさらに山越えで黒河《くろこ》谷を遡り、高野七口の一つ「黒河口」に到達する、いわば「黒河道」を行く予定だ。地図といっても、武藤善一郎氏の『高野街道を歩く』の地図しか手に入れていないので、果たしてたどり着けるかどうかは少々不安な気がする。

橋本駅前からまっすぐに進むと、すぐに国道二四号線に出る。ここは私の思い出の場所でもある。時は一九六四年、すなわち昭和三十九年といえば、そう東京オリンピックの年である。この時日本は、高度経済成長のまっ只中

であり、日本初さらにアジアでも初めてのオリンピックということもあって大いに五輪景気で盛り上がっていたことは、中高年の者なら誰でも体験的に記憶していることだろう。

では、なぜ橋本とオリンピックかというと、実はこの国道を聖火ランナーが通過したのであった。当日、沿道は山のような人だかりであったが、お昼頃に和歌山方面から走ってきた「聖火」は、あっという間に父・妹・弟と私の四人の前を通り過ぎていったのであった。「聖火」のことはその様子をとんと思い出せないが、駅から国道へは下り坂であったことだけが今でも頭の隅に残っている。

国道を右にとって和歌山方面に歩く。三〇〇メートル足らずで左に折れて、橋本橋を渡るが、昨夜来の雨で水は澄んではいない。紀ノ川下流方向を眺めると晴れてきそうな雰囲気がするので穏やかな日となりそうだ。橋を渡り終えて学文路方面にほんの数一〇メートルほど行き、左折して国道三七一号線に入る。

続いて南海高野線の踏切を渡ってすぐに右に入る。煙出し屋根もあったりと旧家なども多く見られる集落内を行くと、やがて「定福寺《じょうふく》」の屋根が見えてくる。「定福寺」への石段の左には、橋本市文化財指定になっている鎌倉時代中頃に建立された九重塔（石造層塔）がある。

「定福寺」からはずーっと上り坂となる。「国城神社」の案内表示に従ってお寺の上方にある池をめぐるようにして舗装道を上って行く。竹林の中の坂道を抜けると集落になる。「国城山3・6キロ」の案内表示もある。振り返ると、金剛山方面も見えてはいるが、山頂付近は白く濃い霧がかかっているので、天気の回復は遅れているようだ。

集落からは九十九《つづら》折れの道を進む。一〇分ほど上った所で地図がないのに気づいて、慌てて探しに戻るはめとなってしまった。が、道に落とした白い地図を発見してほっと胸をなでおろすも、すぐにとって返す。その間約二〇分のロスタイムとなる。数軒の民家を過ぎ、十時四十八分にテレビ和歌山の通信塔そばを通る。ここからも見晴らしがよくて、町石道の尾根もよく見えている。

十一時二分、家が三軒ほど見える「明神ヶ田和」という分岐点に着いた。私にとってここはかつて来た場所であった。

私は、前述のように橋本駅にはオリンピックの思い出があったわけだが、もう一つ本日橋本駅を降りた時に懐かしいものがよみがえっていた。自宅を出る前には、たぶんあの懐かしい道を行くのではないかと想像していたが、今や間違いなくその道を歩いて来たのであった。

それは一九八二年（昭和五七）九月十二日のことだ。橋本駅から私たち親子は今私が歩いている道を上っていたのであった。半ズボン姿の三歳の息子は「ヨイチョ、ヨイチョ」と暑い中をこの道を一歩一歩と上って来たのであった。そしてこの上りつめた峠から「国城神社」にお参りして、息子を抱きかかえた私は一気に紀伊清水駅まで舗装の急坂を下ったのであった。アルバムには紀伊清水駅のベンチでごくごくと缶ジュースを飲んでいる息子の姿がある。

あの親子での国城山ハイキングの時、なぜにそこに行ったのかは偶然としかいえない。当日はどこへ行くという当てもなく、息子を連れてとりあえず橋本駅まで行けば自然のあるハイキングコースでもあるのではないか、何とかなるだろうという軽い期待のもとに高野線に乗ったわけだ。駅前近くで何人かの人にどこか適当なコースはないかと尋ね、そんななかで国城山の名が出たのであった。地図もなく教えてもらったままに行ったが予想以上に上りに時間がかかってしまった。息子をなだめたりして何とかこの分岐までやって来たのであった。偶然に二十年前に親子で歩いたこの道、まさかまさかこうして再び訪れるとは夢にも思っていなかった。というのも、私の歩き方は、以前歩いたコースと違うコースを選択して歩くのが常であったからだ。あの時は九月。残暑厳しい時

明神ヶ田和の風景

青淵集落は近い

市平への吊り橋

であったが、今は冬の二月。二十年経っても、この峠の風景は変わっていないような気がした。

この峠からは一望のもとに紀ノ川や橋本の町は見下ろすことができるし、また、紀ノ川の堤からもこの峠を望むことができる。しかし、この峠の様子がほとんど変貌を遂げていないということは、こうして市街地のそばにありながらも、ここは町から心理的に隔たった所となっているからのようだ。

さて、この分岐であるが、紀伊清水方面、国城神社方面に行かないように注意しなければならない。上って来た道からすれば、左に折れていくのが青淵《あおぶち》への道となる。案内表示板をしっかりと確認することだ。私は未舗装の林道を行った。植林がまだ幼木なので明るい道となっている。一五分で平坦になっている所に出た。ここは「赤松を育てる会」が試験地としていて、なるほど背の高い赤松が立ち並んでいる。そして道はここから狭くなり、山道となっていく。

一五分ほどゆるやかに下って行くと、小さな橋と山柿の木が現れ、そこから舗装道となり、柿畑が左右に見られるようになる。どうやら青淵の集落に着いたようで民家の屋根も見えてきた。池のそばで腰を下ろしておにぎりを食べた。ここより下の谷は丹生川が流れており、その谷を隔てて山並みが見える。地図によるといったんあの谷まで下り、そこからまた向こう側に見えている山を上ることになっている。川まで下りてしまうのは、いささかもったいないような気がするがどうしようもない。それにしても向こう側の山は高くはないが急峻な感じだ。私は、青淵集落内の本道から右に谷を目指して下って行った。この右折して谷へ下る道は青淵集落に入ってすぐの所にある。少し下ると、民家（前田氏宅）の庭先を通ることになるが、ここは本道をそのまま行かないように気をつけることだ。

集落から谷に下りる道、すなわち県道一〇二号線まで下りる道は、非常に急なうえに道幅もなく滑りやすいので、雨の時または雨後には十分注意する必要がある。ともかくも私は、一〇分足らずで県道に出て右に行った。五分ほどで「名勝玉川峡　かつらぎ高野山系県立自然公園」の大きな案内板があった。そしてここより吊り橋を渡ることになる。ゆらゆら揺れる吊り橋を渡り終えたが、ここよりの上りは苔のついた急坂であり、慎重に歩を運ぶ。おそらく現在はこの道を通行する者はいないのだろう。やがて市平《いちだいら》集落で数軒ばかり現れるが、さてさて、次に目指す久保集落への道が見当つかない。

民家で久保への道を確かめる。先ほど川から上って来た道をまっすぐに神社（春日社）の方に行けばよいとのことだ。集落内を走る舗装道を横切って畑の道を行くと、すぐに神社に着いた。お堂そのものは新しいが、石仏などは年月を感じさせるものである。そして神社から右に行くと、これまた苔むした石段があって、二〇段ほど上った所に古い形態を残す小さな社殿が三つ並んでいた。真ん中のはその背後には大イチョウがあって、御神木となっているようだ。結局今回の黒河道においてお参りした神社はというと、この市平の春日社だけであった。久保への道は、神社の石段を下りてさらに横に行くと現れる。道は神社に向かって右手方向にあるので注意深く確認することだ。決して、神社の背後に回らないこと。

さて、いよいよ標高差三〇〇メートルを上らねばならない。私は薄暗い植林帯を上って行った。所どころに赤いテープが巻きつけられているので目印にはなるが、しっかりと確かめながら上って行く。三〇分ほどで、ほぼ上り切ったと思われる頃、小さなお社があり、その前で休憩する。ここより道は平坦となり、木の間越しに景色も見えてくる。イノシシの掘り返した跡が多くある。五分後の十三時十二分林道に出合った。車の轍《わだち》以外は草が生えている林道で、ここまで来る車や人も少ないのだろう。さて、この林道を右に行けばいいのか左がいいのか、一応テープを確かめてみると右の方には続いて巻き付けてあるようだ。右が正解であったが、私はここで二〇分あまりも道確認のため合流点を中心に歩いてみたのであった。

右に林道をとると、数一〇〇メートルで左下の美砂子谷に田畑が出てきて、そこが林道の終点となっている。湿地もあるようで、水鳥の鳴き声だろうか、かなりの数がいて喧《かまびす》しい。わいわいと〝会議〟の真っ最中のようだ。私にこちらへ来るなとみんなして叫んでいるようにも聞こえてくる。私は林道から細くなった山道をテープに注意しながらゆるやかな上り坂を行った。一〇数分で上り切ったかと思うと、ちょっと平坦になって（戦場山の肩にあたる）、それから後は一気に雑木林の中を下って行った。枯れ葉敷くクッションのきくいい道だった。下方では家の屋根も見えていて久保集落はもう少しだ。

道なりにどんどん下って行くと、久保小学校前に出た。合流点には「右かうや」などと彫られた道標がある。久保小学校は地区会館といった風情の木造の新しい校舎だ。小学校前を通過して右に運動場を見て広い舗装道を下って行く（小学校の上方の道を行けば、粉撞《こつき》峠に至る）。八分ほどで道が大きく左にカーブする所に黒河峠への道がある。その道より手前数メートルには、もう一つ山に入っている道が先に出てくる。子継地蔵への道だ。

この分岐点はちょっとした広場になっていて休憩用のベンチもいくつか設置してある。私はここでおにぎりを食べた。いよいよ最後の上りであるが、標高差は約五〇〇メートル。最後にきてハードな上りである。が、細い山道ではなく林道となっているので上りやすいかもしれないなどと思っていたが、これが大変な道であったことは、後一時間足らずで身にしみてわかることになる。

十四時四十分に出発した。黒河谷を行く。左横を北又川の支流（黒河というのだろうか不明）が流れている。この林道は道路工事や堰堤工事が行われているようだ。左に橋を渡り今度は右岸を行く。ここまでの間に黒河集落があったというが、痕跡らしきものはほとんど見かけることはなかった。黒河村は、江戸時代後期には人口四十人を超えたというが、昭和三十年代に廃村となっている。先ほどの入口から三〇分ほどで小さい祠に祀られた地蔵（台石には「左　まに　右　かうや」とある）があり、私は無事峠を越えられますようにと祈った。

そこから七分後、林道から左の小さな谷筋に入る。道はよくないうえにわかりにくい。そのうちに地面に雪が残っているのが見られるようになった。人の足跡があったが、本日のものではなさそうだ。谷から左へ尾根道を目指す。もうここでは慎重に道であるかどうか一歩ずつ確かめながら上らねばならない。夏場はこの道については全くお薦めできない。多分草木で覆われて識別困難であろう。やっとのことで谷を抜け植林帯の中に入った。少しは道らしくなった。また地蔵さんが祀られてあった。ビシャコ（ヒサカキ）も新しく、ここでやっと人の気配を感じることができた。それにしても薄暗く寂しい道だ。間違ってはいないと思うけれど不安にさせる道だ。

が、しばらくして木の幹に黄色のテープに「くろこみち」と書いてあるのを何枚か発見するにつれてやっと人心地ついた。急坂を上方に直登しているので、私は五分ほど歩いては休み休みしながら上って行った。先ほどの林道から谷筋に入って四〇分は歩いただろうか、やっと道は巻き道となって楽になった。左の尾根もますます低くこちらに近づきつつある。

十六時七分、黒河峠に着いた。左に行けば摩尼《まに》山。右に行けば楊柳《ようりゅう》山となる、高野三山めぐりの道に合流した（高野三山のあと一つは転軸《てんじく》山）。経験した高野山への道の中でも、橋本からの本日のコースは最もタフなコースであったと思いしらされた次第である。ほんまに自分のことながらおつかれさんと言いたい。ここ黒河峠には子安地蔵が祀られている。地蔵堂の横には道標が建って

黒河谷の道

いる。

地蔵堂の前で右楊柳山方面への道と左奥の院への道とに分岐しているが、黒河口女人堂跡を目指して左に下る。最初のうちは急な下りであったが、やがて一〇分ほどで、トロッコの線路跡と思われるものが出てくる。木材の運搬にでも使用したのであろうか。そして左には川がゆるやかに流れている。この川は奥の院御廟橋の下の清流の玉川となる川で、有田川源流にあたる。ちょうど黒河峠の尾根道が分水嶺となっているのだ。私は紀ノ川支流（丹生川・北又川）を遡ってきて、今は有田川源流域を歩いている。黒河峠は和歌山を代表する二河川の源である。まさしく有田川の濫觴《らんしょう》はここに存し、高野山から始まっていた。

やがて大きな杉の木が立ち現れて、参道のような光景となった頃、二車線舗装道に出た。右に道をとって行く。道の左側は奥の院のフェンスが張られている。十六時四十二分に、林業センター前を左に折れる。そのまま道なりに行き、森林学習展示館のそばを上って行く。やがて眼下に高野山大学のグラウンドが見えてくる。向こうに見える校舎は高野山中学校だ。これより下りとなり山裾の道を行くと、自然と右から一般道が出てきて鶯谷バス停あたりで合流する。そこから五〇メートルほどで黒河口女人堂跡となる。いよいよ高野山中心部への道となり、あっという間に高野警察前バス停に着いた。残念ながら十七時五分のバスは五分前に出たあとで、四十七分までバスがない。歩くわけにはいかず、どうしようもない（高野山駅までバス専用道のため歩行できない）。

私は千手院橋まで行って喫茶店を探してみたが、ほとんどの飲食店が閉まっており、やっと一軒見つけることができ、そのお店のストーブに近い席に坐った。おかげで温もった身体でバスに乗ることができた。

トロッコの軌道跡

高野山駅に着き、ケーブルに乗り換えるが本日は乗客が少なそうだ。極楽橋の駅で高野槇を販売していたので、買って土産とした。なんば行き急行の最後尾列車に乗り込んだが、乗客は私一人であった。流れゆく夜の帳《とばり》がおりそうな景色を私はぼんやりと眺めていた。思わず「ヤレヤレ」という声が出た。紀伊神谷駅手前のことであった。

【歩いた日】二〇〇三年二月九日(日)　曇り

十　麻生津峠から淡路島を望み、花坂でやきもちを買った私

―紀ノ川流域からの長い道―

名手～麻生津峠～矢立（麻生津道）

コースタイム

JR名手駅（25分）高野辻（20分）麻生津橋（10分）六地蔵の第一地蔵（10分）釈迦堂（5分）将棋石（5分）かじやの辻（5分）六地蔵の第二地蔵（10分）しだれ桜（10分）堂前の地蔵（15分）ハイタ地蔵（20分）大師の井戸（15分）麻生津峠（20分）県道四号線（30分）日高峠の地蔵（30分）市峠の道標（30分）丹生高野明神社（40分）梨子ノ木峠（30分）花坂（20分）矢立（40分）南海紀伊細川駅

午前九時三十分、ＪＲ和歌山線の名手《なて》駅を出発して、徒歩五分ほどの「旧名手宿本陣」に向かう。門を閉じておられるので外からしか見ることができなかったが、ここは国の重要文化財の、紀州八庄屋として名をはせた妹背《いもせ》家の大屋敷である。有吉佐和子の小説『華岡青州の妻』で一躍有名になった青州の妻加恵の実家でもある。なお、青州の生誕地や旧居跡は現在「青州の里」として那賀町の公園となっている。

妹背家は大和街道に面しており、その門の前には「大和街道」と刻された歴史街道のあの石標がある。本日は、このお屋敷を出発点として、大和街道を西に向かい、続いて紀ノ川を渡り、麻生津《おうづ》峠を越えて、高野山の麓の花坂まで歩くつもりだ。

そこで、私は、現在では名手中央通り商店街となっている旧街道を進んで行った。名手川に架かる名手橋を通過したが、ここでも旧街道の石標が確認できた。橋より右手方向の和泉山脈を見上げたが、山頂付近の白い霧は晴れてきそうな気配だった。やがてＪＲ線を左に見て並行に行く。

間もなく右に四角の祠に祀られた地蔵尊の前に歴史街道の石標が見つかり、そこを左に折れる。ＪＲ線の踏切を渡って道なりに行くと。少し道幅が広くなった所が「高野辻」で常夜燈の道標が建てられている。「右　かうやみち　左　いせまきのを道」とくっきりと刻されている。「高野辻」で左に道をとり、紀ノ川方面に向かう。国道二四号線との合流点までに「大師の井戸」がある。紀州の名水百選にも入っており、汲みにくる人のためであろう、ひしゃくが三本かけられていた。「高野辻」からの道は、南東方向に戻るような形で進んでおり、国道二四号線を斜めに横切ることになる（合流点は高野辻バス停の東二〇メートル地点）。

高野辻　左には現代の石標も見える

国道から南東方向に斜めに入っている道を行く。大和街道を離れ、紀ノ川対岸の麻生津を目指す道である。もとに引き返す形になるので再び名手川を渡る（橋は後田橋）。国道より歩いて三〇分ほどで紀ノ川の堤に立った。麻生津橋は塗装工事中であったが、歩道は歩けるようになっていた。きれいな薄緑色に塗り替えられたばかりの橋を渡る。前方には山が迫っており、麻生津峠は左手奥の方向だ。上空の雲は厚くじっとしている感じなのは、前夜の雨の影響が残っているせいだろう。

　橋を渡り終えて直進し、県道一三号線に出て左に道をとると、ほんの一〇〇メートルほどで左手道脇に地蔵尊**【六地蔵の第一地蔵】**が祀られていた。さらにここには自然石の道標もあって、そしてその横には那賀町交通安全推進局製作の「とびだし注意！」の看板が掛かっている。その絵というのが「とびだし注意！」の旗を持ったかわいい「華岡青州」であるが、地蔵尊とほほえましい「青州くん」の組み合わせは、似つかわしく思えた。

「青州くん」と第一地蔵

［注］今後、私が通ることになる日高峠にも地蔵が祀られているが、そのそばには石標があって、「日高峠四の地蔵」とあり、そして、次のようにも刻されている

「高野詣での道は、紀見峠を越えて橋本、神谷より高野山に至る東高野街道と、ここ西高野街道とがある。西高野街道には古いお地蔵さまが六つあり、この地蔵はそのうちの四の地蔵と呼ばれるものである。一の地蔵は紀の川を渡った麻生津にあり、二の地蔵は横谷に位置する。さらに赤沼田の急な坂を登り終えた麻生津峠には三の地蔵。これより平坦な道沿いに田和の松跡からここ日高峠にかかると大師腰

掛石とともに四の地蔵がある。ここより少しずつ下りながら市峠、志賀を通り、梨の木峠を越えたところに五の地蔵、花坂から矢立に出ると『大師砂ごね地蔵』と呼ばれる六の地蔵がある。この街道にあるこれらの地蔵、道標、常夜燈は険路に疲れた参詣者を大いになぐさめたものと思われる。」

すなわちここ、県道一三号線脇の地蔵から高野山手前の矢立までに六体の地蔵が祀られているとのことで、今後、それら地蔵尊に会うたびに**【六地蔵の第〇地蔵】**と表記しておく。

地蔵尊前の県道を渡ると、まず白壁の土蔵が目に飛び込んできて光景は一変し、旧街道の面影をよく残す道となる。空に向かって伸びている槙の大木のある旧家や、格子戸も目につく。左にカーブして道なりに行くと、右折する箇所で石標が見えてくる。「右高野山」と大きく太い字で深く彫り込まれており、「大門へ五里」とも刻されている立派な道標である。寛政七年（一七九五）に建てられたものだ。

この道標のすぐ近くでは「釈迦堂」が祀られていて、ちょうどご婦人が花を入れ替えておられた。お堂背後を県道一二〇号線が通っているが、その県道を横切って、集落内を上り、次は「将棋石」を目指す。那賀町が設置したものだろうか、先ほどの地蔵尊から道案内の表示板があって、次の見所が示されている。これは非常に嬉しく有り難いことだ。以後、「麻生津峠」まで、私を案内してくれたのであった。

そして、嬉しかったことがもう一つ。道で遊んでいた二人の男の子がいて、私とすれ違いざまに元気よく「こんにちは」と声をかけてくれたことだ。リュックを背にしたハイカー姿の私に気軽に挨拶してくれたのだった。いわばよそ者といってもいい私であるが、そんなことにこだわらず屈託のない挨拶は、私をすがすがしい思いにさせてくれる一言であった。麻生津はいい所である。

さて、石積みの壁のある風格を感じさせる家々の間を上って行くと、確かに将棋の駒を形どった石があって、そこから四分後「かじやの辻」に出た。ここで「釈迦堂」そばを通っていた県道と再び合うことになる。旧道はこのまま県道を横切ってさらに上っていくことになるが、ここには自然石の道標が置かれている。もう判読不能になりつつあるが、大きいほうの石からは、「こかわ道」などと読める。

なおも上りを続けると、左手にわりあいと広くなったスペースに「第二高野街道六地蔵」の新しい石標とともに、こじんまりとしたこぎれいなお堂がある**【六地蔵の第二地蔵】**。そこから数分でまた県道に出る。そのまま横切って行くと、車除けかと思われるくらいの目立たない道標がある。自然石で高野山へ四里半と小さい字で彫られ民家の白壁の下に置かれている。そしてこのあたりから民家が途切れ途切れになっていく。柿畑が左右に見られるようになった頃、眼下には紀ノ川流域がよく見渡せるようになる。周りの山腹では梅の花が咲いているのであろうか、所どころ白く見えている。

大きなしだれ桜のそばを通過した。あと一ヶ月後にはどのような装いを見せてくれるのであろうか。時折車が下ってくる道をジグザクに上って行く。一本の梅の木に二十羽以上も群がっているメジロが花の蜜を競うようにすっている。まことに賑やかな光景である。名手駅周辺の梅の木は満開を過ぎて花が散っていたが、やはり標高差の関係でここは満開の様を呈している。

やがて十一時三十七分、「堂前の地蔵」に着いた。新しく造られたお堂に祀られていたが、ここは休憩所・トイレも設置して

第二地蔵

麻生津集落の中の道を上る

堂前の地蔵からの紀ノ川流域

あって、景色もよくいい眺めだ。はるか淡路島まで見通すことができるほどだ。付近の民家で飼われている犬が休憩している私に対して異様に吠えているので、一〇分ほどで早々に立ち去った。

これまで同様、舗装道をゆるやかに行く。頂きに厚い雲のかかっている和泉山脈もよく見えている。雲間からの日の光で山腹のある部分だけが照らし出されているのも都会の喧噪《けんそう》を忘れさせる光景だ。雄大な景色である。ちょうど正午に「ハイタ地蔵」前を通過した。そのうち民家の前を左に上るが、続いて那賀町の水道施設の横を左に曲がる。このあたりは農作業道が錯綜《さくそう》していて、どれが峠への道なのかわからなくなる。案内表示がなされているのでそれに従うことだ。

「大師の井戸」が道脇の杉の木の根元にあった。小祠も祀られている。続いて柿畑の中を上って行くが、このあたりまで来ると、淡路島近くの沼島まで見えている。夕暮れ時も素晴らしいものであろう。十二時三十八分、「麻生津峠」に着いた。ここには観音茶屋の建物が最近まで存在していたが、現在は工事のため更地になって、その茶屋の中で祀られていた石造の十一面観音像（空海の作といわれている）だけが残されている。覆いがされてあって正面よりわずか拝むことができる。この後どのような工事がなされるのであろうか。その観音像の向かいには地蔵尊も祀られている**【六地蔵の第三地蔵】**。高野山までまだまだ距離がある。巡礼者たちはこのお茶屋で一服し、紀ノ川に別れを告げ、高野山に気持ちを引き締めて向かったことだろう。

峠からは、まっすぐにゆるやかな下り道を行く。植林帯で薄暗い道だ。私はリュックから腰鈴（遍路・巡礼鈴）を取り出して右腰に吊した。「チィーン……チィーン」といい音色がした。実は数日前に仏具店で買い求めたものだ。現在私は高野山付近を取材や調査で歩行、または巡礼歩きの過程にあるといえるが、道に迷い、道を探すこと幾たびか。いわば彷徨《ほうこう》していると言い得るかもしれない。そして旧道には廃村・廃屋が多く、人に会うことはめったにない。寂しい道を行く私の友にということでこうして腰に吊したのである。それにこの音は動物除けにもなるであろうと思われたからである。

で、今回持参した鈴を今吊したわけだが、集落の中の道を行く時に鳴らすのは何となく恥ずかしく気がひけるので、そんな時にはポケットにしまい込んでいた。そして今回から長さが調整できるストックも持ってきた。鈴にストック、これは、次回くらいから挑戦する小辺路の難路歩き対策ということで実験的に用意したものであった。こうして一日鈴の音を聞いて私は頼れる友人の思いを強くしたのであった。

腰鈴の音色を楽しみながら下って行くと、右からの道と合流した。案内表示板によると、右は神路原神社や飯盛《いいもり》城跡になっている。麻生津峠への上り道、右手方向の山が飯盛山（七四六メートル）で、その山頂に見えていたのは復元された新飯盛城であった。飯盛山は織田信長の高野攻めの時の古戦場として知られている山だ。頂上付近には天然記念物の桂の大木が雌桂・雄桂と二本あって、樹齢は七五〇年という。

しばらく行くと、目の前が開けると同時に、ログハウス二十棟あまりが向こうの山に出現した。その下を広い道が通っている。県道四号線だ。十二時五十八分、県道に出た。すぐに横切って道の続きを探した。民家が二、三軒並んでいてその前を通って再び山の中に入った。荒れている道だが歩けないことはない。約二〇分余りで柿畑に出た。下には民家の屋根が見え、遙か向こうを眺めると、あの山並みは高野山のようだ。柿畑の中ほどに動物用の檻《おり》があって、私がこうしてやって来たので、何かごそごそと動き出したようだ。

予想通り、あまり大きくはないがイノシシが入っていた。たぶん母親でも撃たれ、そのイノシシの子を保護したのであろう。エサの容器であろうかガチャガチャやっている音も聞こえる。やがては山に帰されることになるのであろう。「さらば、イノシシ君」と言って下ると、舗装道に出た。ここには「日高峠四の地蔵」が祀られていた**【六地蔵の第四地蔵】**。

[注]「第四地蔵」への道について、県道四号線からの山道が通行困難の場合は、四号線を南に一〇〇メートルほど下ると、左に上っていく林道があるのでそれを利用してもよいだろう。

しばらく地蔵堂前で休憩した。民家から犬の鳴き声が聞こえてくる。普段には訪問者などいないこの地域への〝侵入者〟である私に向かって吠えているのであろうが、それが非常によくこだましている。どこかにもう一匹いるのではないかと錯覚しそうなほどの響き具合だ。ハイキングコースであれば、絶好のヤッホーポイントに違いない。

次の市《いち》峠に向かって出発する。地蔵堂前の舗装道を行く。約五〇メートルで分岐となる。墓地を挟んで二方向に分かれている。舗装道は左に曲がってゆるやかな下りとなっており、右手方向のもう一つの道は舗装道ではなく軽トラックがやっ

日高峠の第四地蔵

と通れるかというくらいの道幅で、柿畑があるので作業道の感がするが、旧道は柿畑のそばを行くこちらの道である。なお、これより市峠への山道はわかりにくく迷いやすいので、この分岐において左に舗装道を下り、国道四八〇号線に出ることをお薦めしたい。ただし、この舗装道を一〇分ほど下ると、右から合流してくる舗装道があるのでそれを下ること。そのままでも国道にはもちろん出るが、市峠よりずいぶん離れた所に出てしまうので必ず右に下ることだ。

　さて、旧道の話に戻ろう。墓地前の分岐より柿畑の横を通り、しばらくして山道となる。一〇分余り歩くと、道は三方向に分かれる。左方向は谷に下る道で、真ん中の道は尾根道であり、まずは右方向に道なりに行く。が、右に右にと行くので何か違う気がする。とって返して、今度は真ん中の尾根道を行くが、人があまり通らないような感じで、倒木もあったりで歩きづらい道だ。そのうちに「わなあり注意」と書いた札が出てきた。イノシシの通り道になっているのだろうか。道の上部で人の背丈の高さくらいの所に、わなに注意の札がぶら下がっているので気がつくことは気がつくが気味悪い嫌なものである。それを避けて進んでもまた連続して出てくるようになった。どうもこれはこのまま行くとまずい、危険であると判断してまた引き返した。

　今度は左へ谷に下るしかない。道は広く、私はどんどん下って行った。約一〇分で川沿いの道に出た。道幅は二メートルくらいあり、どうやら正解だったようだ。国道や民家が見えてきた。背の高いのと低いのと二基の道標が建てられていた。高野山や粉河寺とかの文字が見える。ここが「市峠」であった（ただし、実際の市峠は国道に向かって左手方向に五〇メートルほど上った所をいう）。私は何とかたどり着けてほっとした。しばらく道端で休憩した。

志賀の丹生高野明神社

十四時四十二分、国道四八〇号線に出て、右方向に道をとった。すぐに市峠公園のバス停を左に見て、一〇分あまりで下志賀交差点を通過した。さらに中志賀に入ると、右手に神社の杜らしきものが見えたので志賀小学校の方へ右に入った。校庭越しに神社が見えてきたので確かめに行く。鎌倉時代初期の勧請と伝えられている「丹生高野明神社」であった。全体に豪壮という感じはしないが、上品な落ち着きを感じさせる神社である。古めかしくもなく、かといって新しくもなくすべてにおいてよく整っている。拝殿から一段高みにある本殿にお参りをすませ、再び国道に出た。なお、境内の横には「地蔵堂」も建てられている。

上志賀に来ると、元学校と思われるようなたたずまいの上志賀集会所の手前で右に下る。鞆渕川《ともぶち》に架かっている小橋を渡って坂道を行き、最初の分岐で左にとる。ここからが聖《ひじり》峠への道となる。民家があって、どのように行けばいいかを尋ねようとしたが、お留守のようで仕方なく見当をつけて上って行く。果樹園となっている中を行き、山の尾根に出たが、下る道が見つからない。私は尾根を行ったり来たりしながらどこかに下る道はないかと探してみたが、結局見つからず、思案の末、思い切って道なき道を渓流に沿って下ることにした。植林帯でもあったし、尾根からは下に民家などが見えていたので何とかなるだろうということでかなりの急坂であったが、あえてそれも承知でどどっと下った。幸いに一〇分ほどで民家裏に出た。その前を通っているのは国道三七〇号線である。聖峠越えは完全に失敗だったようだ。もっと北に道があるはずで、また後日確かめようと思う（章末の［注］参照のこと）。

さて、国道を花坂方面に向かう。横を流れているのは貴志川だ。国道四八〇号線に出合う手前に花坂バス停があって、右に橋を渡って集落内に入る。旧道歩きをしている私の直感が働いて、この道はどうも古そうだなということで、キャッチボールをしていた親子に、この道は矢立に通じているかと訊くと、これが旧道だとの答えが返ってきた。もちろん新道は国道四八〇号線だ。で、もう一度旧道を眺め回すと、格子戸のある商店があって、「花坂名物やきもち」と看板に出ていて興味をひかれた。そこで、私が「やきもちありますか」と言いながらお店に入って行くと、「きょう焼いたのが三つだけ残っているよ」という返事があり、これを本日のお土産とした。ついでに聖峠の道について尋ねてみたが、やはり今回の私のルートは南に寄りすぎていたようだった。

お店を出たのが十七時二十分だった。矢立を目指して行くと、左手に花坂小学校があり、隣接している鳴川大明神社にお参りする。もう日は傾きかけている。私は急いだ。道なりに進んで行くと、舗装林道に出て、そのまま渡る。目の前にトンネルが現れるが、その横を上って行くとやがて国道四八〇号線に合流し、そこが矢立であった。矢立の六十町石の背後の石段を上って地蔵堂にお参りする。これが**【六地蔵の第六地蔵】**で「大師砂ごね地蔵」ということになり、本日の【六地蔵巡り】はここで終了した。

さて、ここからは南海紀伊細川駅まで下らねばならない。六十町石の向かい側にあって、国道より下っている道が細川への道だ。十七時四十分に出発したが、駅に着く頃には暗くなっているかもしれないなと少々不安を覚えつつ下って行った。やはりここも民家が少なく灯りが見えず寂しい道だ。二、三〇分ほどすると、暗くてはっきりしないが民家も多くなってきたようで、駅は近いなと思われる。が、紀伊細川駅に来たことがなかったので、いったい駅はどこにあるのかという疑問が生じた。これはどこかのお宅で駅への道を訊かねばならないなと思った頃に、T字路となって広い道に出た。

紀伊細川駅への右斜めの矢印の標識が見えてほっとする。それに従って坂道を上って行くが、これがけっこうきつかった。十八時十二分に駅に到着したが、ずいぶんと上って来たので見晴らしがよく、周辺の家々の灯りで「細川の夜景」を楽しんだ。夜景といえば、高野山駅の灯りも駅への坂道の途中で見えていた。

紀伊細川駅からの乗客は私一人だった。腰鈴さんにストック君、本日は支えとなってくれて有り難う。またいっしょに旅をしよう。

【歩いた日】二〇〇三年二月二十三日(日)　曇り

[注] 志賀から花坂へのコースについて

A 聖峠越え(約四〇分)

上志賀集会所の前を過ぎて山に向かい、鞆渕川の小橋を渡って最初の分岐を左に上る。そのまま舗装道の林道を谷に沿って行く。一〇数分ほど行き、左の山道に入る。林道より左方向を見上げると送電線の鉄塔が見えるあたりに赤い矢印があり、聖峠入口を示している。そこより鉄塔目指して上る。峠にも同じ矢印がある。峠より道はすぐに下りとなる。志賀側のように道は明瞭でないが、とにかく谷川を下って行けばよい。一五分で県道三七〇号線に出ることができる。上り下りにせよ、植林帯の道はわかりづらいので要注意。花坂から志賀への逆コースは入口がわかりにくいのと、最初が植林帯で道に迷いやすいので、志賀から越えるのが望ましいだろう。

B 梨子ノ木峠越え(約四〇分)

上志賀集会所のそばを通る国道四八〇号線を歩くコース。梨子ノ木峠までは約二〇分の急坂で車に注意が必要。峠からはゆるい下りとなり、花坂で国道三七〇号線を右にとる。御室橋を渡って一〇〇メートルほど行くと、左に入る道があり、北川に架かる西平橋が見えるが、この道が旧道。なお、梨子ノ木峠の手前(志賀側)に地蔵道標がある。**【六地蔵の第五地蔵】**は道脇には祀られていないので「當神社」の社殿(高さ約二メートル)を目標にするとよい。神社のそばには旧道らしきものが残っており、その旧道を横切って山側に入ればよい。祠もあるが小さいので見つけにくいが、社殿を背にして左手斜め方向と思えばよいだろう。なおこの地蔵道標については、「蟻さんの砂糖庵⑤の《峠の地蔵さん》を参照のこと。

蟻さんの砂糖庵④

【高野山へのおもな参詣者（経路）】

史料によっては慈尊院を「政所」と表記しているが、ここではすべて慈尊院とした。史料が手に入ったものだけ行程を記した。

藤原道長

治安三年（一〇二三）十月十七日出発。『扶桑略記第二十八』

京都→奈良→［大和街道］→吉野川を下る→慈尊院→［町石道・「山中仮屋」で一泊］→高野山（二泊）

高野山を辰の刻（午前八時頃）に出発し、翌日丑の刻（午前二時頃）に慈尊院着。続いて、法隆寺に詣で、河内の道明寺・摂津の四天王寺を参拝した後、十一月一日に帰京。

藤原頼通

永承三年（一〇四八）十月十一日出発。『宇治関白高野山御参詣記』（『続々群書類従第五輯』）

京都→［淀川下り］→石津→日根野→山崎荘〈現岩出町〉→慈尊院→［町石道・「半坂」（花坂?）で一泊］→高野山二泊

高野山を出発し、半坂が午の刻（午後〇時頃）で、途中日が暮れ、子の刻（午前〇時頃）に慈尊院着。その後、紀ノ川河口に出て、和歌浦を見物し、日根野で泊まり、同じコースで京都に十月二十日に着いている

白河上皇

寛治二年（一〇八八）二月『白河上皇高野御幸記』

鳥羽上皇

天治元年（一一二四）十月二十三日出発。『高野御幸記』（『群書類従第三輯』）

京都→東大寺（泊、風雨強い）→火打崎（泊）→真土峠〈現奈良・和歌山県境〉→慈尊院（泊）→天野社（丹生都比売神社）→笠木（泊）→高野山（二十九日に下山）→慈尊院（泊）→東大寺（泊）→京都

覚法法親王

久安三年（一一四七）六月『御室御所高野山参籠日記』

雄の山峠→［大和街道］→名手→慈尊院→［町石

道〕↓高野山（泊）高野山↓〔町石道〕↓六本杉↓笠松峠↓〔三谷坂〕↓妙寺↓〔大和街道〕↓雄の山峠

後白河法皇

仁安四年（一一六九）三月『兵範記』

後宇多法皇

正和二年（一三一三）八月六日出発。『後宇多院御幸記』（『続群書類従第四輯』）

町石を一本一本念誦しながらの参詣

京都↓四天王寺（泊）↓慈尊院（泊）↓〔町石道〕↓高野山（八月十六日に下山）↓天野社（丹生都比売神社）↓慈尊院（泊）↓河内観心寺↓磯長陵〈現太子町内〉↓四天王寺（泊）↓京都

豊臣秀吉

文禄三年（一五九四）三月三日

貝原益軒

元禄二年（一六八九）二月十七・十八日『南遊（己巳）紀行』

和歌山↓根来寺↓粉河寺↓高野辻↓名手市場（泊）妙寺↓〔三谷坂〕↓天野↓二ツ鳥居↓花坂↓大門（山内で一泊）高野山↓不動坂↓神谷↓河根↓学文路↓五條↓吉野

〔注〕参詣前の「**精進潔斎**《しょうじんけっさい》」の行について

日野西真定「真言密教の根本道場」〈『日本の聖域2空海と高野山』（佼成出版社刊）〉に所収。次にその一部を抜粋した。

霊場への参詣には、必ず精進潔斎の行が必要である。金の御獄参りの「御岳精進」、熊野詣の事前と道中は海辺での潔斎など、よくみられる。高野山も例外でない。寛治二年（一〇八八）参詣の白河上皇も、出発の十日前から潔斎に入り、御殿の西面御門には犬禦《ふせぎ》を立て、けがれをさけた（『寛治二年白河上皇御幸記』）。長承元年（一一三二）参詣の鳥羽上皇も御出門以前に、鳥羽顕頼中納言宅を精進屋として「御精進」されている（『中右記』同年十月十三日条）。久安四年（一一四八）に参った藤原頼長の場合をみると、当時の貴族の高野詣には、定められた「高野精進」の期間があったようである。

高野精進、先例は七日、或は五日熊野と日数同じ

とある。熊野詣の精進と同様に行われていたのである。この間、頼長は、新堂内御所を精進屋とし、沐浴後新物の白生絹の布衣と袴、綿衣の浄衣を着て、高野の方に向かい大

日如来の真言百返を唱え、終わって礼拝を七返している。この礼拝は先例になく、この頃の例であると註されている。

（略）

人びとの参詣のありさまをみていると、全く滅罪のための行であった。治安三年（一〇二三）に参詣した藤原道長は、政所、今の慈尊院からは、藁履をはき、雨のなかを歩き、帰りも同院までは同じように雨の降るなかを歩いて下っている。永承三年（一〇四八）参詣の藤原頼通も、後半の坂は歩いたが、これを「歩くことを勤仕《ごんじ》した」と行として捉えている。

このことがいちばんよく受け取られるのは、正和二年（一三一三）の後宇多上皇の御幸である。上皇は、平素使ったことのない草履というものを履き、慈尊院から壇上までを歩行された。途中の町卒都婆には、一本ごとに念踊したので意外に時間がかかり、花坂に着いた時にはすでに夜になっていた。雨にも会い、あまりの疲れから、ここで気絶した。春宮大夫師信が、この間は鳳輦《ほうれん》（鳳凰の飾りのある乗り物）は許されているので、差し進めると、これこそが多年の念願の抖藪《とそう》の行であると、頑として聴かれずさらに雨の中を歩かれた。それは、「物詣では穢土から浄土へ詣でる心なり」と一歩一歩を、日頃の罪垢を滅する思いで、また足下に浄土のなかを進む思いで歩かれた。大門に着いた時には、御衣の裾の半分は泥のためにどろどろになっていた。

ひとたび高野に参詣すれば、無始の罪障道中に滅す、と信じられている。これは、こうした行をした結果でなければならなかった。まさに、慈尊院から大塔までの百八十町の町石道は、たんに浄土へ導く道というばかりではなく、抖藪の行のためのものであった。

【弘法大師の入定《にゅうじょう》】『空海のことばと芸術』真鍋俊照（NHKライブラリー）より抜粋

高野山には弘法大師が入定されてから、いろいろな人が登っております。有名な藤原道長は、『栄花物語』の巻十五「うたがひ」の条にも登場します。弘法大師を入定留身《るしん》、つまり弘法大師空海は亡くなったとはいわないで、いまだに生きてご入定されている、身をとどめている、そういうお姿でいらっしゃるのだということで、道長は高野へのお参り、いわゆる高野参詣を行うわけです。『栄花物語』にも、高野にお参りするのだけれども、もし古来から聞き伝えているような弘法大師のご入定の様子をのぞき見するようなことができるならば非常にうれしいことだ。おそらく、おぐし（髪）が青々として、身に着けている衣も朽ちはてないで、なんとかお衣も残っているのではないか、という期待が述べられています。そして実際「ただ奉りたる御衣いささか塵ばみ煤けず鮮やかに見えたり」、大師の肉体の上にお衣がなんとか朽ちないで繊維が残っていて、お衣を着ている大師をその場で見たのだ、とここに記しております。そして肉体の色も衣の色などもまだ残っているようにも見えるし、まだ生きていらっしゃるのだという感じで見ることができる、そういうことを書いております。

道長の高野山参詣は、大師が入定されてから（没後）百九十年ぐらい後の一〇二三（治安三）年に行われたということになっております。

高野山の参詣については、のちに比叡山の従僧でありました皇円によってあらわされた有名な『扶桑略記』に別の話が記されております。道長が高野参詣を行う百年ぐらい前に、当時の有名な長者でもありました観賢僧正と石山寺の僧の淳祐内供《しゅんゆうないぐ》が、わずかでもいいから大師のお姿を見たいと、大師の廟前で一生懸命百日に及ぶ祈願をしました。

高野山の地蔵院に伝わる高野大師の六巻の絵巻物が残っていますが、その中にご入定されている様子がわずかながら出てまいります。これは同じように京都の東寺にある十二巻の『弘法大師行状絵詞』の第十一巻にも描かれております。そこでは、奥の院にあります、大師がご入定されている御廟は、岩窟のような岩屋になっており、その扉が動いたということなのです。実際にそのように岩窟の中の扉が動いたという確証はおそらくないのでしょうが、そういう厚い扉に閉ざされたところに弘法大師がご入定されているのだという設定なのです。

観賢僧正と淳祐内供が、大師の御廟の前で、大師を見たいがために扉に向かって百日間、一生懸命、「扉よ、開け」と祈ったところ、わずかに扉が動いた。そういう奇跡的な情景を『扶桑略記』はとらえているわけです。この話を藤原道長は高野参詣の途中に聞かされる。それに道長は大変感動したとみえ、深くその話を信じまして、観賢僧正と同じようにやはり自分も大師のお姿を見たいと、一心に大師の御廟に向かって念ずるわけです。ところが、観賢の場合のように御廟の扉がわずかながら自然に開くのではなくて、道長の場合は倒れかかったという、一つの奇跡がここにあらわれて、お付きの人々が大変驚いたということを『栄花物語』は記録しております。

この逸話で、大師が御廟の中でやはり生きておられるということが、道長が登山する頃にはやはり実話として存在していたことがわかります。なぜそのような話がこうまでして道長の心をとらえたのかということです。今でも高野山に登りますと、「南無大師遍照金剛」という大師のご宝号を唱え、奥の院前で一生懸命祈るわけです。これは私も経験がありますが、修行している人、それから高野山の大学、高等学校などの若い人たちも、必ず毎月二十一日に御廟の前に行きまして、ひたすら手を合わせて、「南無大師遍照金剛」を唱えて、それから『般若心経』をあげる行事があるのです。

私もその御廟の前で、無心のうちにご宝号を唱えていましたが、やはりあの御廟の前に立って唱えますと、弘法大師が目の前に何らかのかたちで奇跡的にあらわれるという気持ちになってくる。おそらく平安時代のこの当時には、うっそうと繁る原始林の中を少しずつ山に入っていくのですから、御廟の前に行きますと、やっと着いたということもあって、不思議な力がわいてくるような気が今よりもっとしたことでしょう。中国の敦煌に行ったときにも、私はちょうど同じようなことを感じました。むかしの人は砂漠の中を生きるか死ぬかの思いをしてたどり着くわけです。

そこには、絶対的な仏とか、大師とかいう何か不思議な力が、祈る側に、あるいは巡礼をする側に宿るのではないかという特別な期待があるのでしょう。

そういうことを総合的に考えますと、先ほども述べましたが、観賢僧正の逸話が私には非常に興味深くよみがえってくるのです。この観賢僧正は、九世紀から十世紀（八五三〜九二五）にかけて活躍した真言密教の高僧ですが、ちょうど空海の曾孫弟子にあたるとされています。この観賢僧正が淳祐内供を伴って、高野山に登りますが、この話はいろいろな物語に断片的に出てきます。十一世紀の前半に成立したとされます『今昔物語集』巻十一や、地蔵院の六巻の巻子本の中にも大師のご入定の様子が出ております。先ほど述べました『弘法大師行状絵詞』にも書かれているのですが、観賢が、弘法大師が入定された御廟の前で祈っていますと、岩屋がわずかに開きまして、中から煌々と光がさしてきて、その中を観賢がかいま見るのです。すると大師の髪が一尺ばかり、胸から膝にかけてずっと長く伸びている。衣は、繊維が朽ちているのですけれども、かろうじて体のところにこびりついているような状態で何とかついている。そこで観賢は、大師の髪を剃りまして、朽ちた衣や手に持っておられます水晶の念数の緒——珠をつないでいる緒——を整え直したといいます。観賢の後はだれも大師の御廟に入った者はいなかったのですが、御廟に参詣人があると、扉が自然に開く音が山に響いて、時には鐘の音が聞こえることもあったといわれております。

そのときに淳祐内供が観賢に、私もどうしても御廟の中の大師を見たいということで、許しを乞うて大師のいらっしゃる岩屋をそっとのぞくわけです。すると煌々と光がさしていたものですから、淳祐内供は観賢のように大胆に大師の髪を剃ったりするようなことはできなかったけれども、わずかに下のほうにお膝もとが見え、そっと手を伸ばしてお膝に触れることができたのです。お膝に触れたときに手に大師の神々しい香りがつきます。そして石山寺に帰ってから、淳祐内供は多くの書物を納めた聖教《しょうぎょう》の箱を開けて、中にある次第とか真言密教の理論書とかを整理いたします。ところが両手についた香りはずっととれないでいたものですから、聖教の箱に大師から得た神々しい香りが移ってしまうのです。つまり聖教の箱に大師の香りが淳祐内供の手を通してついてしまう。そこで、今日ではこの石山寺の聖教箱は、薫の聖教「薫香」と書きますがと呼ばれているわけです。

このように、大師の肉体、仏化した体を、真言密教の逸話の中では香りにかえて語らせております。しかし私は、これを信仰の事実、あるいは信仰の逸話というよりも、密教の祈りと融合した美学そのものとしてとらえたいのです。

弘法大師像

十一　根来寺でゆっくりできた私

―泉南ICもできて、より便利になってしまった道―

和泉砂川～根来寺～岩出（根来街道）

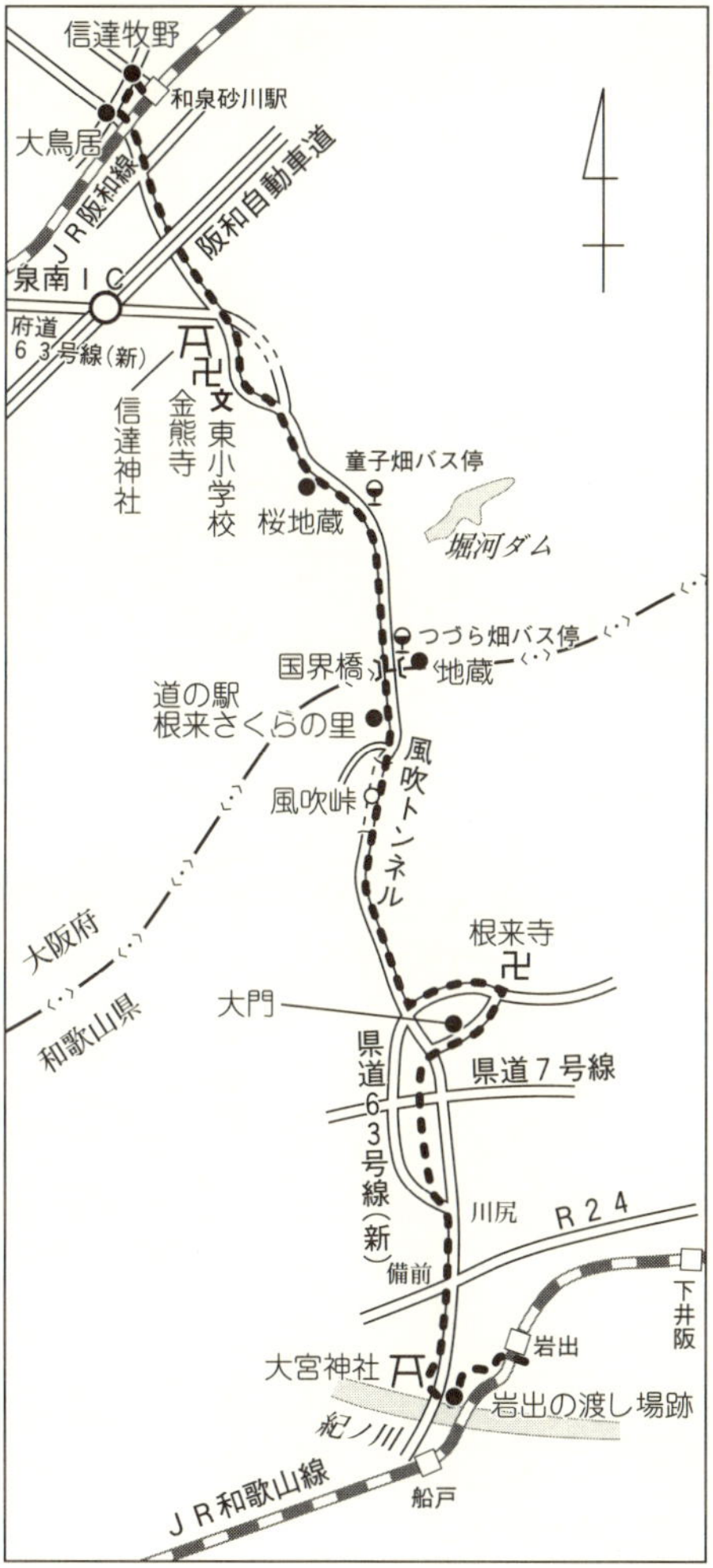

コースタイム

JR和泉砂川駅（5分）信達牧野（1時間）金熊寺（50分）国界橋（15分）風吹トンネル（40分）根来寺（10分）根来寺大門（1時間）大宮神社（5分）岩出渡し場跡（15分）JR岩出駅

高野山方面を目指す場合とは違って、今回の古道歩きは久し振りにJR阪和線乗車となった。思い起こせば、雲取越えのため紀伊勝浦駅まで乗車して以来のこととなる。

私は、熊野古道の紀伊路・中辺路歩きをしていた時によく利用した三国ヶ丘駅七時三十六分発の列車に乗車した。この関空・紀州路快速は日根野駅で切り離され、後部の三輌が和歌山行きとなり、和歌山駅に着くと、紀伊田辺行きの普通列車に接続している便利な列車である。
が、本日は日根野駅から三つめの和泉砂川駅で降車した。この駅の西を熊野古道（紀伊路）が通っており、まずは、駅より西に向かう。すぐに信達牧野の交差点となる。懐かしさを感じる。この交差点の駐在所では、泉南市役所の位置などを訊いた覚えがある。交差点を左折し、南に向かう。

大鳥居交差点を左折し、府道六三号線（根来街道）に入る。根来街道は、和泉の紀州街道の通っている樽井と根来寺を結ぶ道だ。この街道を選んだのは、「根来寺」から岩出に達し、その後、岩出からかつらぎ町の志賀に至る道（安楽川《あらかわ》道）を歩くためである。以下二回に分けて紹介しよう。なお、安楽川道については第十二章で詳述する。

さて、府道六三号線を東南方向に歩く。これより風吹峠まではずっと上り坂が続くことになる。まずは、ＪＲ阪和線の踏切を渡る。しばらく行くと、左に砂川高校を見る。佐田の交差点で府道三〇号線を横切る。目の前に低い山並みが現れ、一挙に山に近づいた感じである。この付近は歩道もあって歩きやすい。そのうちに阪和自動車道の真下約五〇メートルをくぐる。左には金熊《きんゆう》寺川が流れている。根来街道はこの金熊寺川沿いを遡っているので、風吹峠まではこの川を右に左にと見ていくことになる。

川の名にもなっているように、街道沿いには梅林で名高い「金熊寺」がある。八時五十六分に左に六尾橋を見て一〇〇メートルほど行くと、広く新しい道路に出る。新府道六三号線で、阪和自動車道の泉南ＩＣに連絡している道だ。この新道を渡って旧道を行くが、新道と旧道はいずれ合流することになる。新道を渡った所で、車の数がめっきり減って歩きやすくなる。約一〇分で金熊寺駐在所前を通過し、五〇メートルほど行って右折する。正面に「金熊寺」の甍が見える参道のだらだら坂を上る。「金熊寺」の本尊は如意輪観音で、役小角《えんのおづぬ》の開創と伝えられ、寺名は金峯山《きんぶせん》と熊野の両権現を鎮守として勧請したことに由

金熊寺への参道

来している。現在は塔頭《たっちゅう》観音院のみが残っている。

また、「金熊寺」の裏山は有名な梅林となっているが、今は梅花の季節でないので全く人影は見えない。お寺の甍に向かって右側にはモミの木がすっくと立っている。お寺の前まで来ると、お寺に隣接して「信達《しんだつ》神社」があるのがわかる。神社本殿近くには大阪府天然記念物指定のナギ（梛）の巨木がある。高さ約一九・五メートルで、大阪府内で最大という。ナギといえば、「熊野速玉大社」境内の国指定天然記念物のナギを思い出すが、特に紀州では熊野権現に因んで、権現と名の付く社名の神社に植えられたといわれている。「信達神社」は江戸時代に「金熊権現」と称されていたので、植えられたナギが今日このような巨木に育ったということだ。

再び根来街道に戻る。東小学校前を通過した。山中なので、クマゼミよりもミンミンゼミの鳴き声が多く聞こえてくる。今年の夏は盆の頃が雨続きの冷夏であった。ところが、八月末頃から猛暑となって、本日も残暑が非常に厳しく、まだまだセミは元気なようだ。

九時三十五分に新道と旧道が合流した。民家も見えず歩いている人影もなく、ただただ山の中の道だ。歩道もあるわけでなく、さらにどちらの車線も車はびゅんびゅん飛ばしているので、ほんとうにいやな道だ。泉南から岩出・貴志川を通って海南方面に出るには早くて便利な道なのだろう。結局根来寺に着くまでの約二時間足らずはこの府道を歩いている人を誰も見かけることがなかった。

桜地蔵バス停あたりから童子畑《どうじばた》集落までは緊張を強いられる道であった。そして特にこれといって見所もなかった。童子畑バス停でひと息いれ、水分を補給する。集落のあたりは平地となっているので、道も広くなっているが、集落をはずれると、やはり道は狭くなった。なお、桜地蔵バス停を少し入った所、桜の下には「桜地蔵」が祀られている。地蔵尊をかたどった板碑の地蔵さんである。秀吉の根来攻めの戦《いくさ》で亡くなっていった魂の救済のために祀られたといわれているが、確かでない。

左手山腹に赤い色の鉄道の鉄橋かと思える橋が見えだした。何だろうと見ながら歩いて行くと、やがてダムが見えてきた。橋はダムに通じている林道の橋であろう。ダムは堀河ダムといって、現在水を放出中であった。昨日も雨が降っていたので今は水量が豊富なのであろう。ダムのコンクリートは黒ずんでおり、周囲の山々と何となく調和しているダムであった。

依然として車の行き交う道を進んで行くと、石取橋があり、左に分岐している道があった。堀河ダムへの林道だ。ちょうど日陰になっていたので、林道の真ん中に陣取って休憩した。風吹峠までこのような道が続くと思うと、うんざりした気分になる。峠を越えて道幅が広くなることを願うばかりだ。

十時十八分に出発した。相変わらずの狭い府道を行くが、ツクツクボウシやクマゼミたちもミンミンゼミに加わって彼らの大合唱となる。五分後には道が広がってバスの駐車スペース分のある「つづら畑バス停」(地区名は葛畑)に着いた。そこよりつづら橋を渡って一〇〇メートルほど歩くと、気をつけていないと見落としてしまいそうな国界橋がある。

金熊寺川もここまでくるとさすがに川幅は狭くなっている。このあたりが府県境であり、道は泉南市に別れを告げいよいよ和歌山県岩出町に入る。岩出方面に向かって道路工事中で道幅も広くなっている。しばらく行くと、完成間もないと思われる「道の駅根来さくらの里」がある。風吹峠を越えた所でも大規模な拡張工事(または新道工事であろうか)が行われていたので、将来的には風吹峠一帯は道幅が広くなるのであろうか、そんな際にはぜひとも歩道設置を望みたい。

「右きしう道…」と彫られている地蔵尊

なお、国界橋付近についてであるが、国界橋を川に沿って左に入った所に府県境の石標と、川向きに祀られている地蔵尊があって、「右きしう道　左かつら畑」と台座に刻されている。

さて、府道から県道六三号線となった道を行くと、国界橋から二〇分たらずで風吹トンネルの出入口が見えた。トンネル手前を右に上っていく舗装道があり、トンネルの向こうに越えられるようにと願いながら上って行った。県道の左右両脇にあった採石工場の作業音が聞こえてくるが、車の心配のないこの道は概して平穏である。のんびりとした雰囲気に浸って行くと、目の前に閉じられているゲートが現れた。斎場のゲートだ。まっすぐ行けば斎場で、右にさらに少し上るとゴミ焼却場クリーンセンターだ。私はゲートの横から斎場に通じている道を下って行った。斎場から県道に出る道があることを期待しながらであったが、残念ながら斎場奥で道は途絶えていた。トンネルに出入りする自動車の音も下からよく聞こえてくるので、県道までほんの近くと思われたが、草も茂り勾配もあるようなので県道に下りることは断念した。これが冬であれば下ることは可能のように思える。が、何しろ下は車の往来の激しい道でもあり、やめるのが得策だろう。

ということで、こうなれば少々危険ではあるが結局風吹トンネル内を歩くしかない。私はさっき上って来た道を県道の方にまた下って行った。

トンネルに入るに当たってひらめいたことがあった。私は一応日帰りの場合でも懐中電灯を常に携帯しているのであるが、せっかく持ってきたこの懐中電灯を使わない手はない。トンネル歩行に際して、向かって来る車に対して人が歩いていることを示すための手段として灯りがあることは決してマイナスにはならないだろう。したがって私は、トンネル内の右側を歩くことにした（左では車は背中から走り寄ってくる）。

およそ五分ほどでトンネルを抜け、今度は下って行く。十一時五十三分には根来寺交差点に着いた。まっすぐ行けば県道六三号線。右の新道は国道二四号線へのバイパスとなっている。そして、左に曲がれば粉河加太線の県道七号線となり、「根来寺」までは約一五分の歩行距離だ。

十二時五分、「根来寺」に着いた。さっそくに自動販売機でスポーツドリンクのペットボトルを買って一気に飲み干してしまった。土産物店は夏の暑さで参拝客が少ないためか閉めていた。駐車場にも車は少ない。私は案内標識に従って、まずは国宝の「大塔」の方に向かった。

「大塔」と「大傳法《だいでんぼう》堂」それに「大師堂」は拝観料を必要とする（拝観券は他に光明真言殿・本坊との共通券）。受付の目の前にあるのが「大師堂」で、内部の須弥壇と合わせて国宝となっている。続いて「大塔」に向かう。高さ約四〇メートル・横幅約一五メートルのさすが日本最大の木造多宝塔であり、その偉容に圧倒される。立派の一言に尽きる。「大塔」の内部に入るとご本尊を一周できるようになっているが、ご本尊を囲むように畳が敷かれている。

私は、本日それほどお参りの人がいそうもないので、その畳の上でしばし休憩させてもらった。ちょうど隣の「大傳法堂」がよく見える位置に坐った。本日は蒸し暑いなかほとんど歩き通しだったので、こうしてゆっくりできるのは有り難いことだった。

堂内が涼しいので結局二〇分ほどそこにいたであろうか、古道歩きでこのように静かなひとときを持てたのはどう思い出しても初めてのような気がする。どのような神社・寺院でもこのように長くぼんやりと建物なり風景なりを眺めていたことはなかっただろう。

根来寺の大塔

まあ、私の古道歩きというのはいつも時間との競争になってしまい、昼食のおにぎりも歩きながら食べることや、坐って食べたかと思うとすぐに出発というような慌ただしいものであった。もし私のそばでビデオでも回す人がいたら、何と気ぜわしいウォーカーであろうと呆れることであろう。

しかし、実際このように落ち着けるお寺などは今まであまりなかったようでもある。ゆっくりするためには境内や建物の広さ・大きさが必要であろうし、また規模の大きいお寺などではお参りの人が多かったりとなかなか今までしばしの時を過ごすことができなかった。ほんとうにこの「根来寺」は歴史や自然に充分浸れるお寺である。したがって、ここでは約二時間の見学・参拝時間をとっておく必要があるだろう（実は、本坊でもこれまた部屋からお庭が拝観できるので、そこでもくつろぐことができる）。

さて、「大塔」から「大傳法堂」に向かう。お参りをすませ、ぐるっと縁を一周してみたが、ひんやりとした風が吹いてきた。一匹のセミの声も聞こえてくる。私は気分よく「大傳法堂」を後にした。いつか紅葉の頃にでも写真撮影に来たいものだと思った。しかし、その頃には紅葉狩りの人々で静寂さは失われているかもしれない。一人でこのような雰囲気を独占するのは難しいことだ。本日は幸せな時を持てたことに満足しようと思う。

拝観受付で岩出駅発のＪＲの時刻を訊いたが、本坊に行けばわかるとのことであり、どうぞお庭も見てくださいとおっしゃったので、そちらに向かった。本坊と連なっている光明真言殿にほんの数分で着いた。早速に根来寺開山の興教《こうぎょう》大師（覚鑁《かくばん》上人）のご尊像にお参りする。根来寺は、覚鑁上人が大治元年（一一二六）に石手《いわで》荘を寄進して以来、鳥羽上皇の庇護のもと隆盛したお寺である（覚鑁上人については、「蟻さんの人物紹介」に詳述）。

行者堂や聖天堂をめぐって再び光明殿に戻り、今度は本坊へと渡り廊下を伝って行く。本坊はアルミサッシのガラス張りで、雨の時でも気にせずにお庭（奥書院庭園）がこころゆくまで観賞できるようになっている。このお庭は江戸時代初期の代表的蓬萊式池庭で、廊下には赤い毛氈が敷かれ、冷たいお茶のサービスもあって「大塔」の時と同じくここでもまた私はゆっくりとお庭のそばでいい雰囲気に浸れた。小雨時の風情はまた一段とすばらしいであろうと思われた。

お寺へのお参りを終え、駐車場に戻った。そばには岩出町民俗資料館が建っている。ここでは岩出の歴史を知ることができ、大和街道の渡し場の様子などをわかりやすく説明している。時刻は十四時に五分前。ちょうど駐車場の県道を隔てた向かい側に和風のお店があったので、他の店も見当たらず、そこで食事することにした。構えは和風であったが、「フランス懐石料理」とあり、洒落たレストランとなっている。高野街道歩きでこのようにテーブルについて心静かに料理を味わうのは初めてだろう。これも「根来寺」で落ち着いた時を過ごせたせいだろう。本日は暑さの中のゆとりある旅となった。

食事をすませ、十四時三十三分、岩出駅方面に向けて出発した。県道を引き返すが、大谷川（根来寺境内を流れている）を過ぎてすぐに県道と分かれて左に道をとる。道なりに行くと、行く手に「根来寺大門」が大きく立ち現れてくる。嘉永三年（一八五〇）に再建されたもので左右に仁王像が安置されている。高さは約一七メートルと高野山大門には及ばないが、堂々たる風格である。「大門」をくぐると、写生している親子連れがいた。大きな「大門」に小さな子供たち、これもまたいい風景である。

「大門」から七分ほどで県道六三号線に出た。この県道をこのまま下ると岩出の中心街となる。が、私は県道を横切って、旧道と思われる道を行った。格子戸の家が何軒かある。根来川に架かる観音橋を渡って行くと、土壁の、それも一様の高さでなく、地面の勾配に合わせ段をつけている土壁を見ることができた。

ここより私は国道二四号線を目指して南下した。とにかくまっすぐに行ったが、あとで地図で調べてみると、県道六三号線とはずいぶんずれているのがわかった。とりあえず、川尻の交差点で県道六三号線に合流してここより「大宮神社」を目指す。

森の交差点に出た。これより道路は四車線となり、次に国道二四号線との合流点の備前交差点を目指す。とても古道歩きとは思えない道であるが、しかたがない。六枚橋を渡って備前の交差点まで来ると、「えらい街なかやなー」という具合に道の両側には店が建ち並んでいる。山から都会に舞い戻ったような感じである。

備前の交差点を渡り、さらに紀ノ川方面に直進する。高瀬の交差点で十五時四十一分だ。この交差点を渡ってすぐに右に細い道を行く。そのまま県道を行かないことだ。「大宮神社」はそばに見えても県道からは入れないからだ。本日は「いわで夏祭り」ということで、紀ノ川近くのこのあたりでは何かと人通りも多く賑わっている。駐車場の誘導係の人も立っている。そろそろ花火も上がりそうだという。

祭りに比して、神社は深閑としていた。もとは広大な敷地を有していたというが、秀吉の紀州攻めにより、規模は十分の一に減ってしまったという。和銅五年（七一二）日《やま》本武尊《とたけるのみこと》のみたまを尾張の熱田神宮から勧請したと伝えられ、以後村社として祀られている。総社明神と称していたが、明治維新後に岩出神社と改称し、一九六〇年（昭和三五）現社名となった。

さあ、次はＪＲ岩出駅だ。駅までは大和街道を行くこと

岩出の渡し場跡の川堤よりのＪＲ鉄橋

になる。まずは「大宮神社」を出て、左に県道の下のトンネルをくぐって紀ノ川の上流方面に行く。とにかく紀ノ川の堤に出ることだ。下流には岩出橋、上流にはJR和歌山線の鉄橋が見える。その中間点付近の堤を民家側へ下りると、あの和歌山歴史街道の石標を見つけることができた。石標の建っている位置は、対岸の船戸との渡し場のあった所である。

そのJR鉄橋は、和歌山線で唯一紀ノ川を渡る鉄橋であり、赤茶色の色が実にいい。バックの小高い山の緑、鉄橋の真下は川の流れ。これでSLでも走ってくれれば申し分のない風景だ。ただし、現在運行中の二輌編成のワンマン列車もそれなりに郷愁を感じさせ、自然の中に溶け込むのではないかと思われる。

さて、渡し場跡の石標の矢印に従い北に一〇〇メートルほど向かい、今度は右に折れる。旧岩出の本通りを東に進む。その昔は商店などが並んでいたことであろうが、今はひっそりとした雰囲気だ。古いお家も見える。まっすぐに行くと岩出地区コミュニティーセンターに突き当たり三叉路となって、左に曲がる。そして十六時二十一分、本日最後の石標を確認した。大和街道はここで右折し、少し先に見えているJR線の踏切を越えている。

私は、本日の古道歩きを終えてすぐそばのJR岩出駅に向かった。駅前の商店で冷たい氷菓子を買った。この岩出から自宅に帰るには、和歌山経由か橋本経由の二通りあるが、私は人が少ないほうを選んだ。時間はかかるかもしれないが、橋本に出て、南海高野線乗り換えとした。

冷房がきいている車内は気持ちよかった。本日はほとんどが舗装道歩きであったが、「根来寺」でのゆっくりした時間が貴重な体験のように思えた。暑かったし、車の往来も激しかったが、満足を感じつつ車中の客となっていた。次は岩出から志賀への安楽川道となる。できれば涼しい日であってほしいと願う。

【歩いた日】二〇〇三年八月三〇日㈯　晴れ

十二　県道をしっかり歩き、その後リンゴをかじった私

——高野山へは遠いが熊野古道に接近する道——

岩出～鞆淵～笠田（安楽川道）

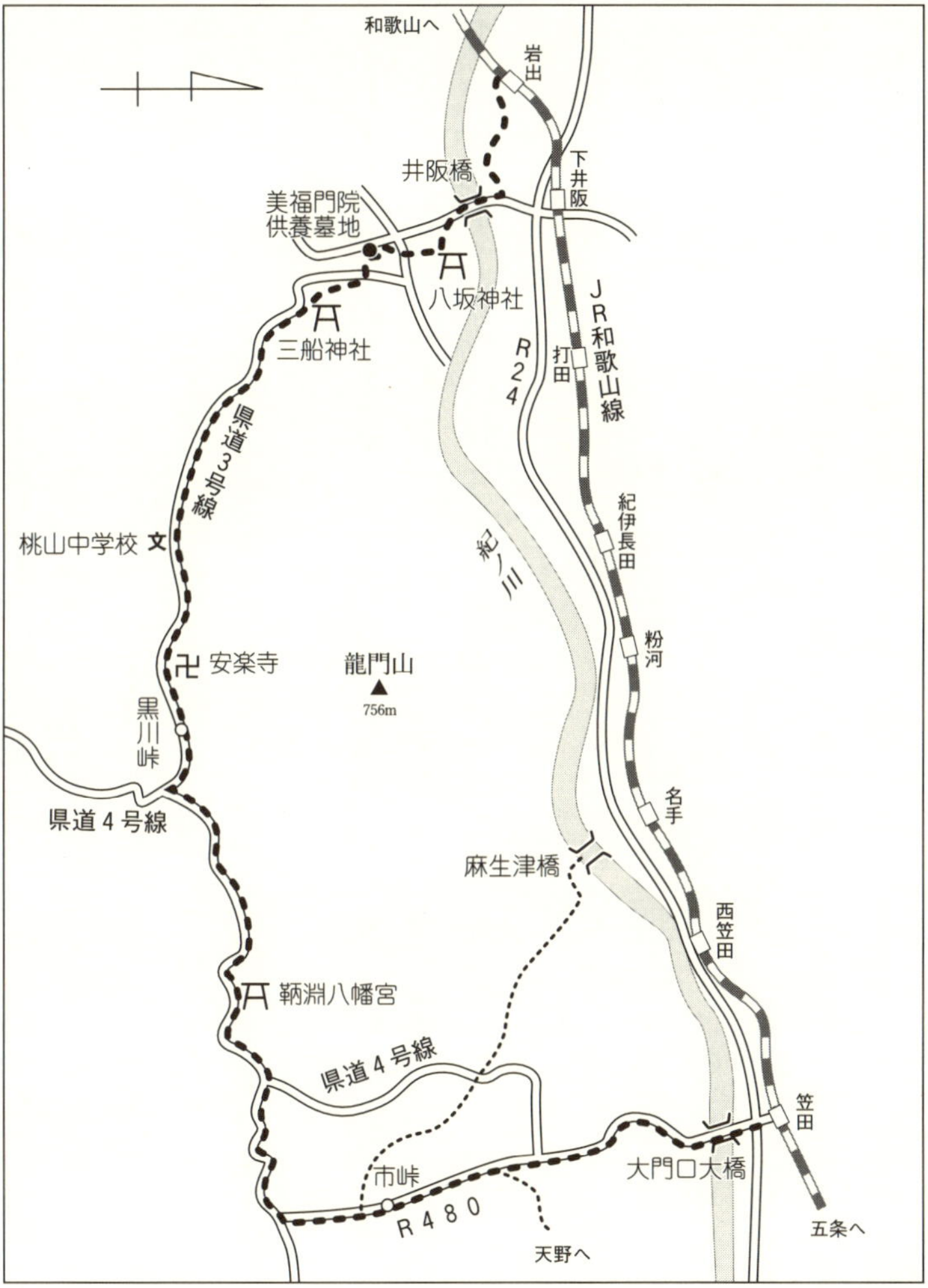

コースタイム

ＪＲ岩出駅（15分）船津八幡神社（30分）井阪橋（15分）八坂神社（20分）美福門院供養墓地（10分）三船神社（1時間10分）桃山中学校前（20分）桃山黒川郵便局（15分）安楽寺（20分）黒川峠（15分）県道四号線との分岐（1時間）鞆淵八幡宮（50分）下志賀〈国道四八〇号線〉（1時間30分）ＪＲ笠田駅

ＪＲ和歌山駅で和歌山線に乗り換え、橋本方面に向かって六番目の岩出駅で降車した。途中布施屋《ほしや》駅を過ぎたあたりで、熊野古道歩きの際、布施屋駅周辺の吐前《はんざき》・川端王子を巡ったことを思い出した。あの時は、この和歌山線に乗車したわけではなく、線路を渡ったにすぎなかった。ということで、私は初めて和歌山駅より和歌山線に乗車した。特に変哲もない車窓からの風景であったが、船戸駅を過ぎて左にカーブし、紀ノ川に架かる鉄橋を渡るのは気持ちよかった。紀ノ川は下流であるにもかかわらず川幅は狭かったが、深さはたっぷりとあるようで深緑色をしていた。

岩出駅では二十人ほどの客が降りた。まずは線路沿いに南下し、左に踏切を渡る。渡ると道は左に曲がっているが、すぐに歴史街道の石標が見つかり、そこを右折する。そのまままっすぐに行くと堤防にぶつかるが、ここにも石標がある。左斜め方向に堤を上る。春日川の土手道を上流に向かう。三〇〇メートルほど先には「船津八幡神社」の杜がよく見えている。

また、南東方向には、龍門山（七五六メートル）の特徴的な山容が望まれる。頂上が平らで屋根形をした格好で、紀州富士ともいわれている。粉河寺の庭園に使用された龍門石も産出している。

護岸工事のなされた春日川に架かる大冠橋を渡ってさらに東に進む。しばらく行くと、文政九年（一八二六）の銘のある「右　いせかうや道　こかはへ二り　左　紀三井寺　わか山道」と刻された道標が建っている（台石は古いが、道標石そのものは新しく建て替えられているようだ）。その道標からは道なりに行く。岡田スポーツ広場との分岐を左にとる。まわりに田園風景が広がるが、本日はどこも稲刈りである。何十羽の雀の群がいた。

「これより打田町」の石標を十時三分に通過した。さらに行って突き当たりを左にとり、坂を上る。上って右にカーブするが、二股となり、右にとって集落内の狭い道を行く。ほんの一〇〇メートルほどで県道一二八号線に出る。左手一〇メートル地点には、下井阪会館のそばに「住吉大神」が祀られている。

ここよりしばらくは、県道一二八号線を南に歩くことになる。歩道もあって安心して歩ける道だ。五分くらいで井阪橋に着いた。こうして紀ノ川に架かる橋を渡るのは何度目のことであろうか、下流方面から思い出すに、まずは熊野古道紀伊路歩きでの「川辺橋」、そして現在渡っている「井阪橋」。続いて、麻生津峠越え道での「麻生津橋」、三谷坂から天野に入ったときの「三谷橋」、高野口から慈尊院への「九度山橋」、橋本から学文路経由の道と黒河峠への道とを歩くため二度渡った「橋本橋」と、計六つの橋を渡っていることになる。昔は、それぞれに渡し場があったのだが、橋のなかった時代の川の風景はどのようなものであっただろうか、車が橋や土手道を行き交うそれよりも、帆かけ舟が紀ノ川を上り下りしているそれのほうがきっとのんびりしていたことであろう。

　この「井阪橋」の場合、わずか四分あまりで対岸に渡ることができる。私自身は屈強でもなく足も速くなく、ただの普通の男に過ぎないのにいとも簡単に川を渡っている。昔の男たちは客を乗せ、必死に舟を操ったことであろうが、便利な世の中だ。

　井阪橋を渡ると、そこは桃山町となる。先ほど橋から右手斜めの方向には貴志川町が見えていた。その向こうの山並みには熊野古道の矢田峠があることだろう。しかし、本日予定のコースは、熊野古道とはこれより徐々に離れていくことになる。まず「ようこそ桃と植木の町へ」の看板が目立つ。桃山町は町名のごとくに桃の産地である。季節は三月頃に訪れるのがよいのだろう。今の桃の木は残念ながら葉だけが茂っている。

用水路付近の風情ある風景

　県道から左斜めに下って行くと、旧道となって「八坂神社」に出るが、橋を渡ってそのまま県道を下って行くと、用水路を横切ることになる。この用水路と並行の集落内の狭い道が風情もありお薦めである。その用水路の両側には古いお家が建ち並んでおり、わずか数一〇〇メートルであるが、今までの新しい舗装道歩きを忘れさせてくれるいい道である。そして道は「八坂神社」の前に出ることになる。大同二年（八〇七）三月、最澄《さいちょう》の勧請で、京の八坂神社から分霊し、素戔《すさの》嗚尊《おのみこと》を祭神として祀っていると案内板にあった。

　この神社からまっすぐ南に進む。桃畑が出てくる。国道四二四号線にぶつかる。そこには半分道に埋まってしまっている和歌山県を示す道標がある。ちょうど国道の右手にコンビニがあったのでおにぎりを買った。実はこれが大正解。本日これより下志賀に至る道では店らしき店にはほとんどお目にかかれなかったからだ（自動販売機は道端にある）。

　さて、国道を渡って道なりに右方向に行くと、もう一度国道に出る。そこから約一〇〇メートルの地点に交差点があり、左の道に入る。そこから南東方向に大木が見える。その下が「美福門院《びふくもんいん》供養墓地」である。交差点からしばらく行って、小さな水門のある場所で右に折れるとあの大木に行ける。案内矢印も何もない。大木は楠であるが、その周りは桃畑となっていて、供養墓地への道はコンクリートである。

中央の大木の下に美福門院供養墓地

楠の根元に抱かれるように小祠があって、中には五輪塔が祀られている。美福門院得子は、鳥羽天皇の皇后で近衛天皇の生母である。この安楽川《あらかわ》の地の伝承では、晩年は安楽川に隠棲し、永暦元年（一一六〇）にこの地で生涯を終えたとされている。なお、高野山不動院前に御陵がある。

　美福門院供養墓地から東に一〇〇メートルほど行くと、県道三号線に出て右に道をとる。本日はこの三号線をここより、三号線の終点となる下志賀まで行くことになる。空を見上げると、雲はほとんどなくどうやら太陽を浴びたままの一日となりそうだ。

　県道を行くと、すぐにＪＡの撰果場があり、左に細い旧道らしきものがあるのでそちらを行くことにする。このような旧道ばかりを歩けたらいいのだが、残念ながらこの付近だけであった。間もなく左に桜並木の参道とともに「三船神社」の鳥居が見え始めた。

参道で散歩中の地元の人に会った。岩出から歩いて来て高野山方面まで行くつもりだと言うと、びっくりしておられた。さらに、自分は大阪からここに嫁いできたが、今ではどこに出かけるということもなく、ここが気に入っているし、人があまり来ないけれどいい神社だとおっしゃった。

「三船神社」は、安楽川荘の産土《うぶすな》神社で三間社流れ造りの本殿と春日造りの摂社丹生明神・高野明神の二社がある。いずれも国指定の重文であり、極彩色を施した豪華絢爛の桃山風様式である。極彩色で思い出したが、信達神社もそうであった。今回砂川から高野山方面を目指して歩いているが、この「三船神社」が最も広く周りの自然と調和している神社であった。「丹生都比売神社」とともに高野山の守護神として、また高野街道の西の玄関としての役割を果たしている神社は、本日の私にとってゆっくり休憩できるひとときを与えてくれた。

三船神社の鳥居

十一時三十九分、「三船神社」の鳥居を左方向に上って行くと、やがて県道三号線に雌滝橋近くで合流した。これよりずっと県道歩きとなる。雌滝橋下を流れているのは柘榴《ざくろ》川、本日はこの川とつかず離れずで遡って行くのだ。空を見上げると全く雲一つなく快晴で、厳しいアスファルト道歩きとなりそうな予感がする。オニヤンマが道路脇の草に留まっていた。黒い胴体に黄色の縞が入っている。たくましいオニヤンマを見たのは久し振りで、以前見たのがいつか思い出せないほどだ。このような〝遭遇〟はあったものの、やはり舗装道歩きは概して面白くないものだ。

県道を歩き始めて約一五分で、滝の平バス停を通過した。このあたりは柘榴川が近づいてきており、せせらぎが涼しさをもたらしてくれる。左手山の奥には三角形の龍門山が眺められる。中の宮バス停を過ぎると、左手にぽつりぽつりと民家が見えてくる。やがて大原口橋あたりで集落となる。お店はあったが本日休業で、とりあえず自動販売機でスポーツドリンクを買う。本日はこうしてあと三回水分を補給することとなった。

道はなおも舗装道が続き、照りつける日差しは厳しい。ただ吹く風は涼しく秋の到来を感じながら歩く。右手下に桃山中学校の校舎が見えた。その上には桃山小学校もある。時刻は十三時前。昼食をとるために右下の道を下って中学校の体育館前で腰を下ろした。何しろ「三船神社」よりここまで休憩に適した場所はなく、やっと見つけた日陰であった。一〇分ほどで昼食兼休憩を終え、また県道歩きとなった。道は時折狭くなって一車線になる所もあった。道が狭くなると日陰も多くなって歩きやすくなったものの、車によりいっそう気をつけねばならなくなった。ただし、車の数は予想に反して非常に少ないので救われる。どちらかというと、観光道路ではなく生活道路といえる道だ。

右下に柘榴川が見える。川沿いの一段上がった所に細い道らしきものが見える。旧道なのであろうか、そのようなことを勝手に想像しているうちに黒川集落に入った。集落内で急激に道が狭くなる。いかにも旧道然たる様子だ。ただし、現在この集落を迂回する広い新道が工事中であり、車の道として新しいのをつくったほうが集落にとってもよいのかもしれない。ただし、こうして道幅が広くなっていくと通行量も増えるだろうし、この静かな集落が騒音に悩まされる事態にならねばと案じられる。

桃山黒川郵便局前を十三時二十一分に通過した。その手前でも水分を補給した。道は上り坂となる。「安楽寺へ300m」の矢印があって、左に戻るような形でゆるやかな坂を上る道がある。どうしようか迷ったが、安楽という名にひかれて行ってみることにした。が、行ってみると小さなお寺で展望がきくわけでなくちょっと落胆したが、クロアゲハが二、三羽飛んでいた。なお、この真言宗滝本山「安楽寺」は天正年間に焼失し、元禄元年（一六八八）の再建という。

オニヤンマやこのクロアゲハは歩いている最中によく見かけたが、ここはやはり自然がよく残った所である。桃山町発行の観光案内パンフレットによると、「全国有数の桃の産地として知られ、4月上旬の開花期には、『ひと目十万本』といわれる桃の花が咲き誇り、辺り一面ピンクのじゅうたんを敷きつめた様はまさに『桃源郷』となります。」とある。が、ひょっとしてほんものの「桃源郷」は案外とこの近くにあるように思える。県道沿いにはないが、県道より少し奥に入った所に存しているのではないかと思えてくる。車の往来がこれ以上にならないことを祈るだけだ。

県道は林道のように狭くなったりしながら徐々に勾配をきつくしているようで、いよいよ上り切ったかと思える頃、黒川峠に着いた。ちょうど十四時だった。バス停があって「高原」とある。桃山町中心部から来たバスはここで引き返すようだ。私は、ひと休みしてから一気に鞆渕目指して下って行った。道端には水田もあったりと、ゆるやかな下り道だ。一〇分あまりで県道四号線との分岐に着いた。ここを左にとる。西側に山があり、しばらく日陰の道となって心地よい。

右下には鞆渕川が南に流れている。この川は貴志川の上流に当たるが、「三船神社」より県道三号線に沿っていた柘榴川も同じく貴志川の支流に当たる（柘榴川は、貴志川の紀ノ川合流点近くで貴志川に注いでいる）。黒川峠を越えて貴志川（柘榴川）に別れを告げたかと思うと、不思議なことに、すぐにまた貴志川（鞆渕川）とともに歩いている。ただこの鞆渕川に沿う道は起伏が少なく歩きよい。川を挟んで両側には民家が並んでおり、平地も多く住みやすく「丹生都比売神社」のある天野の里の感じがする。先ほど述べた桃山町の桃源郷とはこの地にふさわしい気がする。

だが、私はあまりそのような雰囲気に浸る余裕がなくなっていた。というのも、下志賀からJR和歌山線笠田《かせだ》駅までバスが出ているからだ。発車時刻が十五時五十四分。鞆渕は上・中・下と三地区に分かれているが、今現在、下鞆渕の中心と思われる所に入ったところで、これから中・上鞆渕そして下志賀へと歩かねばならない。時刻は十四時四十分。果して一時間あまりで下志賀まで行き着けるやらちょっと不安になってきた。

地元の人に訊いてみると、鞆淵八幡宮までは約三〇分、そこから下志賀までやはり約三〇分とのことであった。急げば間に合いそうだ。が、結局間に合わず、バスを逃してしまったのである。理由の一つには鞆淵八幡宮で参拝時間が必要であったこと。そして二つ目には、下志賀バス停（国道四八〇号線にある）の位置が下志賀地区のどちらかといえば東のはずれにあったことがあげられる。

とにかく私はがんばって歩いていた。十五時一分には粉河町鞆渕支所の建物を右下に見た。中鞆渕の中心部だ。道が狭くなって目の前に「鞆淵八幡宮」の石段が現れた。

青石の石段を約一五〇段あまり上って行き、朱色の鳥居をくぐると正面に本殿、右手に大日堂の境内に達する。本殿・大日堂ともに、国指定の重文であり、室町期の建築で、大日堂はもと八幡宮の神宮寺の本堂で、白木の寄棟造りである。この八幡宮の境内のベンチで五分休憩をとってすぐさま石段を駆け下り、下志賀への道を急いだ。

なお、八幡宮の神輿《みこし》は沃懸地螺鈿金銅装《いかけじらでんこんどうそう》神輿（国宝、和歌山県立博物館保管）といって、平安時代末期のものである。これについては次の伝承がある。この地方に源氏の落人が住んでいて鞆淵源氏と呼ばれ、その子孫の下司職荘司家《げすしきそうじけ》に鶴千代という美しい娘がいた。京へ上って後堀河天皇の寵愛を受けたが、郷里に帰るとき石清水八幡宮の神輿をいただいて持ち帰ったという。

上鞆渕では、左から県道四号線が合流してきた（この県道四号線を北上すると、麻生津峠と日高峠の間の道となる）。峠が町境となっていてかつらぎ町に入った。お地蔵さんが祀られていたので手を合わした。時刻はもう十六時近い。バスは間に合いそうにないので私は歩く速度をゆるめた。集落が現れた。国道四八〇

鞆淵八幡宮の鳥居をくぐって右が大日堂

号線はもうすぐだろう。田んぼの稲刈りの風景を見ながらタクシーでも呼ばねばならないのか、それとも、ヒッチハイクかなどとぼんやり考えながら歩いていた。左手側コスモスの花々の向こうに小さなお社があった。下司大明神と鳥居に書いてある。そしてその神社を回り込んだ所で国道に出た。

さあて、どうするか。私は手を挙げて誰か奇特な運転手にでも乗せてもらえないかとお願いしようと思ったが、車の通行量が多く、それも観光帰りの家族が乗っているものが大半であり、結局どうも停まってくれそうもなさそうなので早々に諦めた。では、もう歩くしかなかった。私は少し足どり重く歩き出した。この道は麻生津峠・日高峠と越えて反対方向、つまり高野山方向に歩いた道であった。本日はＪＲ笠田駅まで歩かねばならない。市峠へのゆるやかな坂道を行く。

やはりあの犬がいた。前回の時も激しく吠えられたが今回も同様だった。道沿いのお家で飼っている犬だが、いないほうがいいなと思いながら右手の方向を見ながら上って来たのであった。しかし、こうして吠えられてみると、前回はうるさく感じたが、今回は、「おう、お前も元気でいたか」という不思議な感懐にとらわれた。

車はどんどん前からも後ろからもやってきた。そのうちにタクシーが前から来て後ろに通り過ぎた。たぶん笠田駅あたりのタクシーであろう。帰りもこの道を通るかもしれないので、できればそのタクシーに乗りたいと思い、それからは後ろから来る車、タクシーが黒色だったので、特に黒の車に注意しながら歩いた。日高峠へ入る山道も確認できた。ここより国道は市峠を越えることになる。市峠には旅館「美嶋荘」があって自販機も多くあり、ここでもまた水分を補給し、しばらく駐車場で腰を下ろした。むろんタクシーに注意を払いながら。

道は下り坂で日陰になっているので歩きやすかった。「丹生都比売神社」のある天野の里からの道が右手方向から合流してくるあたり、星山橋の手前でリンゴとナシを農家の人が売っていたのでリンゴ数個を土産として買った。関西でリンゴは珍しいが、本日鞆渕でもリンゴ園は見かけていた。この紀ノ川流域は、カキ・ミカンはもちろんのこと、モモ・ナシ・リンゴ、それに果物ではないが、ウメも含めると果実の豊富な土地である。

紀ノ川を上流に行くと吉野・飛鳥に達する。飛鳥文化が誕生するまでに、ここ紀ノ川流域で大和文化の原型が形成されたような気がする。山に囲まれた飛鳥より、まずは川の流域の土地が栄えたのではないかと思える。古代の瀬戸内海から飛鳥への道として竹内街道が知られている。二上山付近を越える道である。これが飛鳥への最短ルートであろうが、その前に入りやすいルートとして紀ノ川を遡るルートがあったのではないか。こうして紀ノ川周辺歩きを重ねていると、そのように思えるほど、ここは豊かな土地柄である。

さて、リンゴを買ってしばらく下って行き、右に四邑小学校が見えるあたりで後ろから来たタクシーが通り過ぎ、私はすぐさま大きく手を振ったところ運転手が気づいてくれ、タクシーに乗車することができた。あとほぼ四キロ地点であったが、笠田駅には一〇分ほどで着いた。ほんまにラクチンであった。やはり車は有り難いものである。

十七時十五分に笠田駅に着いた。橋本方面行きは十七時四十一分。発車までまだ十分時間がある。私はまず洗面所で顔を洗い、汗がザラザラと白い粉状に浮き出ている手をゴシゴシこすった。思うにハードな一日であった。何かコンビニでもないかと駅付近を見回してみたが、何もなさそうだ。駅前の店も休日のためか閉まっている。食べ物は手には入りそうもないなと諦めかけたとき、ふとリンゴのことを思い出した。「そうや、リンゴがあるやないか。これを食べよう」

私は駅のベンチに腰かけてガブリとやった。色は赤みが少しかかった程度であったが、それに比して味のほうはけっこう甘かった。こうしてローカル線を眺め、リンゴをかじっていると、何となく信州に来た気分になった。風は涼しく秋の濃厚な気配のなかワンマン列車がやってきた。列車を待つ人は私をいれて二人だけ、そんな笠田駅であった。

【歩いた日】二〇〇三年九月十四日㈰　晴れ

蟻さんの砂糖庵⑤

【四つのむかし話】

「鎌八幡宮」「丹生都比売神社の鏡池」「梨子ノ木峠の地蔵尊」にまつわる話を次に紹介しておこう。すべて『かつらぎ町今むかし話』（かつらぎ町発行）より引用したものである。また「飯盛山と鶴千代姫」を『伊都郡の昔話』（那賀町図書館）から引用しておく。

《鎌八幡宮》

兄井の八幡というところに、鎌八幡宮がありました。

むかし神功皇后が三韓へ遠征したときの、のぼりと熊手が御神体としてまつられていました。その後、弘法大師が高野山を開いたとき、こののぼりは強い風で飛んでいってしまって、熊手だけが残されたそうです。

ある日、神主さんが鎌であたりのカヤ（ススキ）をかりはらっていました。さて、一休みしようとその鎌をイチイガシの幹へ打ちこみました。しばらくしてから、「さあ、もう一仕事……。」

と、鎌を引きぬこうとしたら、どうしても取れません。とうとうあきらめて、そのままにしておきました。

何年かたって、ある事情から御神体の熊手を高野山へ納めることになり、イチイガシを八幡宮の御神体としてまつることになりました。

このイチイガシは、根元の周りが一丈（約三メートル）余りもある大きなもので、下から二丈ばかりはすき間なくびっしりと鎌が打ちこまれています。まるでみのを着ているようなかっこうになっていて、なかには幹へ入りこんでしまっているのもあります。村人は、ふしぎな力のありがたい御神木に願いをこめて鎌を打ち込みました。

もし願いがかなうときは、鎌はしだいに食いこんでいき、

木に鎌が打ち込まれている

もしもかなわぬときはぽろりとぬけ落ちるということでした。お宮の参道には、鎌ばかり売る店もあったそうです。

この御神木は年々しげって大きくなりました。高野山からはお神酒料として、毎年大豆六斗が納められました。また、江戸時代の名医・華岡青洲先生もこのお宮に、お供えをおくりました。評判は村から村へと伝わってお参りする人が、後を絶たなかったといわれています。なんでも三百七十年ほど前に火事があって、古い記録文書は全部燃えてしまったそうです。

今は三谷の丹生酒殿神社にいっしょにまつられるようになり、ここは古い宮あとになっています。

《丹生都比売神社の鏡池》

丹生都比売神社の表参道、太鼓橋（輪橋）のかかる池を「鏡池」と呼んでいる。

むかし若狭の国（福井県）の八百比丘尼が、このお宮にお参りした。池のそばに立ち、水にうつる自分の姿を見た。八百歳にしては、あまりの美しさ、わかわかしさをなげき悲しんだ。

悲しみのあまり、ふところに入れてあった鏡を水にうつる自分のかげに投げつけた。それから「鏡池」といわれるようになったと伝えられている。

今から八十年前の大正時代に池の修理をしたとき、つぼに納められた鏡が発見された。そのつぼには木のふたがされてあり、その上に銅の鏡が重ねられていたという。

今、つぼは神社に保存されている。木のふたに書かれた字は「百比丘尼」とある。

《峠の地蔵さん》

むかし上志賀から花坂へこえる高野街道のな、長い坂道を上ったところを、梨子ノ木峠というんよ。もう今では街道のおもかげもほとんど残っておりませんわな。

なぜ、梨子ノ木峠ちゅうかというと、むかし弘法大師さんが貧しい村人のために、梨の種をまいて生やしてくれたということから、名付けられたもんらしい。

高野参りの人々で行き来も盛んだったようでね。峠の横には平らな屋敷のあと地もあり、茶店もあったそうな。

この花坂でも志賀でも、山の中やよって、いざ子どもが病気になっても医者は来てくれへんし、ある命も落とすことが多かったんよう。子どもが夜泣きする。高い熱が出る、腹が差しこむ、頭が痛いとき、夜の夜中でもちょうちんをつけ、花やせんこうを持って、「峠の地蔵さん」へお願いに出かけたそうな。

　そうすると、帰り道には少しずつ泣き止み、痛みも引いたそうですわ。また大人でも、歯がいとうていとうて、しんぼうでけへんときには、ほっぺたをおさえながら地蔵さんにお願いに行ったもんよ。とうみょうをともし、せんこうをつけて一心においのりすると、痛みも治してもらえたということや。村人はみんな地蔵さんにお参りし、毎月二十四日にずいぶん遠くの人もやって来たということですわ。

人目につきにくい素朴なお地蔵さん

　この地蔵さん、そんなことから「子育て地蔵」ともいわれてきたんやが、ある日気になったんで探しに出かけてみましたんや。くさりかけた柱、かべ板らしいものが、枯れ枝や木の葉の中から見つかり、ぼつぼつと取りのけていくと、やっぱり石の地蔵さんが二つもありましたわな。
　そいで辺りをきれいにそうじし、草もかって来たんですわ。それからあと志賀の人に話をしておいたんやが、その山林の持ち主さんらが思い立って、りっぱなお堂を建てて、今もおまつりしていますわ。

《飯盛山と鶴千代姫》

　麻生津の西南に、頂きが美しく盛り上がった飯盛山の南にある、鞆渕の里の下司、荘司氏の娘で鶴千代姫というみめうるわしい姫がおりました。

　ある時、後堀河天皇が、熊野詣での途中で、この姫をみそめられて、京の都へ連れて帰られました。その後、姫が里へ帰られるとき、石清水八幡宮にあった御輿を拝領して来られました。

　その時、大雨で紀ノ川を渡れなかったので、宿をとった後、飯盛山の頂上近くの谷間で水が湧き出る西の側に雄桂、東側の谷には雌桂の苗木を植えて帰られたと言われています。〔筆者注〕―熊野詣では天皇が行幸したことはなく、熊野御幸といわれるように上皇が熊野詣でをしている。

十三　山々を前に〝贅沢なランチ〟を食べた私

―舗装道だが静かな尾根歩きの道―

高野山大門〜新子《あたらし》（龍神道）

コースタイム
高野山駅（バス15分）千手院橋バス停（20分）大門（50分）湯川辻（1時間）辻の茶屋跡（1時間20分）新子

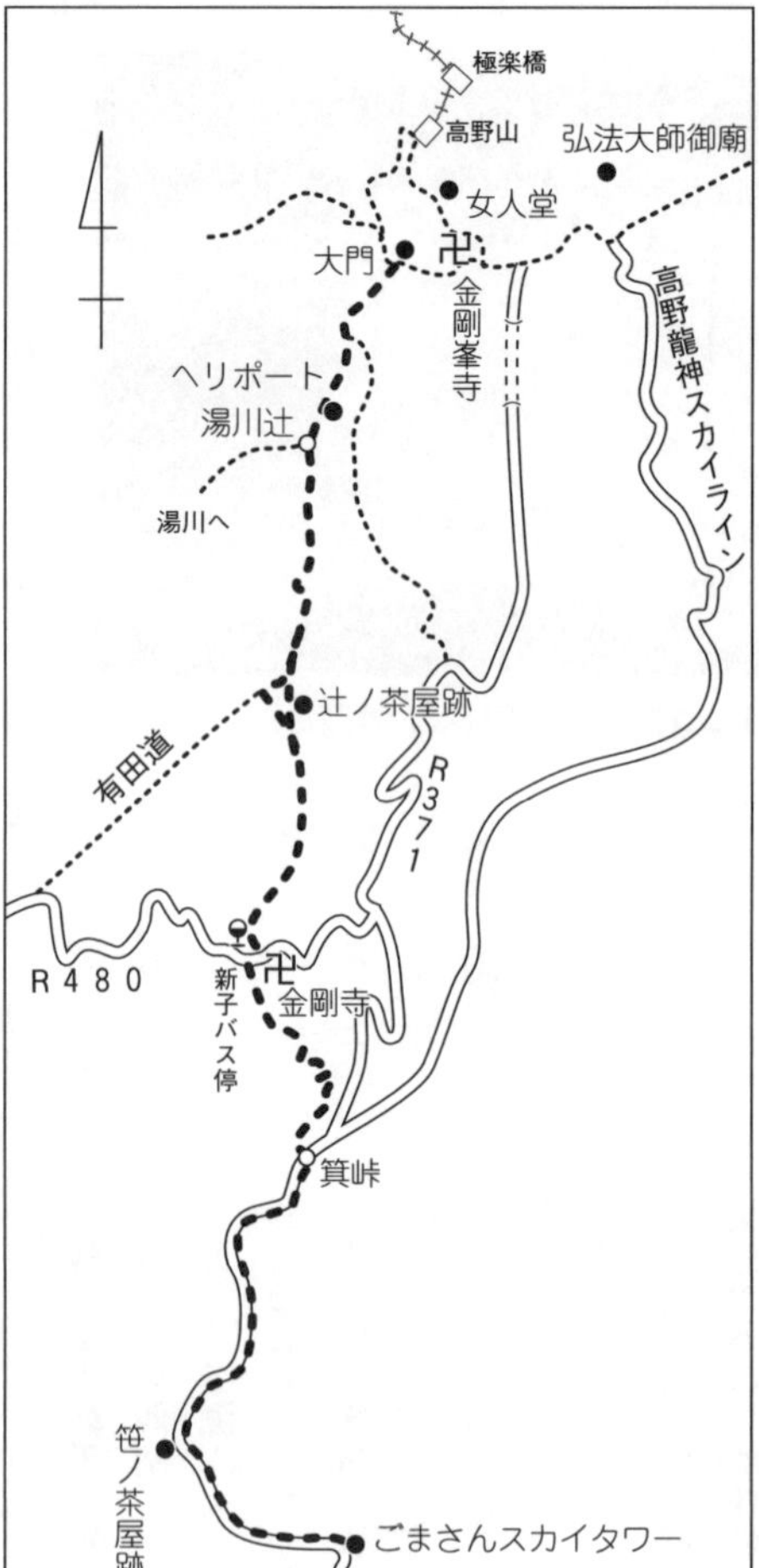

ケーブルで高野山駅に降り立ったのが午前七時八分（難波駅から高野山駅に最も早く着くのがこの時刻）。まだ夜の明け切らないうちに大阪狭山市駅発五時四十分に乗車した。私としても高野山方面に向かったなかでは最も早い電車に乗ったことになる。これは難波発の下り一番電車で、高野山へは河内長野駅で五時五十七分発の電車に乗り換えねばならない。林間田園都市駅を過ぎる頃には各車輌に二、三人程度となり、私は座席にごろんと横になった。結局極楽橋駅までの約四五分間は長く寝そべったままであった。

座席に腰掛けず、およそ不格好な様であったのは、実は理由《わけ》があった。というのは一週間ほど前から腰に痛みを感じていたからであった。整形外科医によると、重いものを持ったりして腰に負担をかけたからだという。私が、長距離を歩き過ぎたせいかもしれないともらすと、医師は重いものを持っていなかったら別に問題ないという。確かに古道歩きでは重いものを背負っていない。どうやら庭木の剪定《せんてい》等で腰を痛めたようであった。ただ、この数年間朝の通勤電車内で気にかかることがあった。いつも私が朝乗る電車では、約三〇分間立ったままであるが、ＪＲ線に乗り換え、空いている座席に腰かけようと腰を下ろすが、その時何となく腰にかすかな痛みが走ることが多かった。おそらくずいぶん前から腰は黄信号を発していたにちがいない。これからは、ほんとうに気をつけねばと思う。今回の歩行も無理は禁物である。

　奥の院行きのバスに乗車するが、その前に護摩壇山《ごまだんざん》から高野山駅までの高野龍神スカイラインバスの予約をしておいた。本日の予定とすれば、高野山から龍神道を歩くつもりで、まずは花園村の新子《あたらし》まで行く。そこから箕峠《みのとうげ》まで上り、あとはスカイラインを護摩壇山バス停まで歩く。そしてバスに乗って再びここ高野山駅に戻る計画である。バスの護摩壇山発車時刻は十五時三十五分だ。これが最終バスとなる（といっても一日二便であるが）。かなり長い距離を歩くことになるので、こうして一番電車で出かけてきたわけだ。

　さて、バスを「千手院橋」で降りる。すぐに「金剛峯寺・壇上伽藍《だんじょうがらん》」方面へと向かう。早朝の七時半頃であるにもかかわらず観光客と思われる一群が早くも動き始めていた。私は、壇上伽藍の「根本大塔・金堂」のそばを通って国道四八〇号線に出て「大門」へと歩を進めた。すると「大門」方面から一人また一人とマラソンスタイルの人と次々とすれちがった。高野山内の大会かと思ったが、ゼッケンを見ると和歌山城・高野山の文字が入っている。和歌山城から走って来たのかと思われるが、それなら暗い中を走って来たことになり、ずいぶんと危ないマラソンだなあと訝《いぶか》しく思えた。それでも、奥の院あたりがゴールであろうから、もう少しですね、おつかれさんというように見送っていた。そしてこの私はいよいよこれから出発だ。その時の私は、心を引き締めて行こうと思っていたが、後で判明したことには、何とこのマラソン、和歌山城からの高野山往復マラソンであった。すれちがった人々はまたこれからお城に向かって駆け下りるということだ。その気力と脚力には恐れ入るしかない。今の私にはとても真似のできるものではなく脱帽である。

　さて、「大門」に着いたのが七時四十二分。気温表示のデジタル電光掲示板があって「9・1度」を示している。今日は暖かくなりそうな予感がする。大門案内所前で左折し、花園村方面の道を行く（右折すれば国道四八〇号線で矢立・花坂方面）。山陰なのでひんやりとして心地よい。すぐ左上に「お助け地蔵」が祀られているのがわかる。女人道歩きの際は、地蔵尊手前を山に入ったことを思い出す。この道は車の往来もなく歩きよい。片一方の国道四八〇号線ではブンブンとバイクや車の音が響いている。ふと右手後ろを振り返ると「大門」がひょこり見えている。ここは大門の撮影ポイントになりそうだ。雪が降った後などはいい写真が撮れそうだ。

　「大門」に別れを告げ、なおも下って行くと、二方向に分かれる所に来た。左は内子谷を経て相ノ浦方面への道で国道三七一号線に合流している。花園村へはこちらの道が早い。そして、右の道が龍神道である。左は谷筋を行く道で、右は尾根筋を行く道である。右に行くと道は少し狭くなった。ゆっくりとした下り坂である。周囲は自然林であるが、紅葉にはまだ早いようで十日後には見頃のようだ。

　八時十三分花坂へ下る道を右に見送ると、今度は左手に広場が現れた。道はその横を通ることになる。ここが、高野町防災ヘリポートで、消防救助訓練場でもある。このヘリポートを過ぎたあたりから平坦となり、続いてまた分岐となる。右は湯川方面への下り。左は龍神道だが、一挙に狭くなる。ここが「湯川辻」と呼ばれる所だ。ここより「辻の茶屋跡」まではほぼ等高線に沿った約三キロの道となる。尾根筋の西側直下を進むので、西側の景色が堪能できるい

湯川辻　龍神道は左に行く

い道だ。ただ、舗装道であるが車も通らない道なので、雨の日には寂しい道になるかもしれない。

「湯川辻」と「辻の茶屋跡」のほぼ中間点と思われる所で、ぐるっと道を左に回り込むと展望のきく所に出た。正面には高野町と花園村の境界となっている山並み、右手には天狗岳がよく見える。そしてここからさらに行くと、今度は右手後方に弁天岳、そして和泉山脈もかなたに望めた。それにしてもどこを見てもすごい山々の重なりようだ。まだ高野から熊野への入口付近を歩いているというのに、さすが〝木の国〟である。それにしてもよくぞ昔の人は道を拓いたものだと思う。今と違って何の重機類もなかった時代の、人間のたゆまぬ力は偉大である。

九時四十四分、道が二股になった所に着いた。右にとれば有田道で、花園村の梁瀬《やなせ》を経て有田への道である。海岸沿いの人々や、四国からの人々が高野山参詣道としてよく利用したという。この分岐には「和歌山市北本山林」の石標があり、また「お山を美しく　金剛峯寺山林」の大きな案内板もあった。この分岐を左にとって少し下ると、行く手に広場と建物が見えてくる。その手前に左山側に入る山道がある。約一〇分上ると平坦な場所があり、そこが「辻の茶屋跡」である。この跡地を左に見て、さらに尾根道を進むと、約一〇分で先ほど通過した湯川辻からの道に出る。そこは、有田道への分岐より湯川辻に三〇〇メートルほど戻った所であるが、道脇をよく見ると、朽ちた材木が何本か転がっている。さっきは全く気づかずに素通りしていたが、ここが「新辻茶屋跡」であった。また同じ道を戻って、先ほどの広場に行く。

この広場は、花園村の家族向けのレクレーション施設（運動健康促進広場と名付けられている）となっている。案内板によると、ここは標高900メートルとのことだ。本日は子供たちの歓声は全くなかったが、ここはハイカーにとっては最高の場所である。トイレも設置してあり展望休憩所もある。何といっても景色がよい。先ほどの尾根道では西側を眺めることができたが、今度は東側である。とにかくどーんと目の前に山が迫っている。ここが九〇〇メートルであれば、山は間違いなく一〇〇〇メートルを超えていそうだ。龍神スカイラインは見えないが、あの山並みの中を走っているはずだ。東南方面にも山々が重畳と連なっており、先ほどの西側以上の奥深さだ。

種田山頭火《たねださんとうか》の日記で、昭和五年九月から九州の各地を行乞《ぎょうこつ》したときの日記に『行乞記』というのが残されているが、その十一月九日には次のような文章を記している。

「山はいいなあといふ話の一つ二つ――三国峠では祖母山をまともに一服やつたが、下津留では久住山と差向ひでお弁当を開いた、とても贅沢なランチだ、例の如く飯ばかりの飯で水を飲んだだけではあつたが。」

私は展望休憩所のベンチに坐って、東の山々を眺めながら、おにぎりとお茶、そしてデザートにミカンと、〝贅沢なランチ〟を気取って食べたのである。

さて、この広場からは新子集落まで一気に下るが、標高差は約四〇〇メートルあまり。この舗装道の急な下りはほんとうにきつかった。途中何度も立ち止まった。下の国道までの一時間あまりは非常に長く感じた。多分参詣者泣かせの坂道であったことだろう。高野や龍神・十津川の山々は概して一〇〇〇メートル前後と標高はさほど高くないが、切り立っている山が多く、いったん谷に下りてさらに上るのは苦行である。私は今年三月の高野山から野迫川《のせがわ》まで歩いたルートを思い出した。あの時も高野龍神スカイラインから大股集落への長い長い下り坂であった。

〝贅沢なランチ〟の前に広がる風景

左手方向にも山並みが続いているが、川を隔てた対岸に集落が見下ろせる。久木《くき》あたりであろうか、棚田も見えてすばらしい光景が展開している。が、あんな所まで降りねばならないのかと思うと景色に見とれているわけにはいかない。それにしてもずいぶんと下方に見えるので、先が思いやられる。

やっとのことで、右手山腹に池の窪《くぼ》の集落が見えてきたかと思うと、次に右下に川面の青色と堂原集落が見えてきた。こうして上方から眺めていると、なるほど新子から箕峠への道はあの谷をつめて行くのだなとよくわかる。

さあ、ここで私は考えていた。時刻は十一時十分。新子から箕峠までは「山と高原地図66奥高野」（昭文社刊、現在絶版）では二時間三〇分の行程。今の私の腰やヒザの状態からすれば三時間はかかるだろう。そして箕峠からはスカイライン歩きになるわけだが、護摩壇山バス停まで約二時間。高野山行きバスの発車時刻は十五時三十五分。どうも間に合いそうもない。よって、今回は最初の計画通りに事が運ばなかったので、新子までとした。

国道四八〇号線に出たのが、十一時十八分。高野山と花園村を結ぶ有田鉄道バスがあるのを知っていたので、国道に合流して左にすぐの所の金剛寺バス停に行ってみた。が、次のバスは十五時三十五分。約四時間の待ち時間だ。

いやあこれはかなわんなと思い、周りを眺め回すとお祭りの準備中なのか、お堂の前に人々が集まっているのが見えた。私はバス停の名前から「金剛寺」とはこのお堂を指すのだろうと察して、人々に「こちら金剛寺さんですか」と訊いてみた。ちょうど本日は新しいお堂の落慶法要とのことで、私がわざわざ参りに来てくれたと勘違いなさったようであったが、私は古道歩きしていることを述べ、お参りさせてもらい、しばらく休憩させてほしいと申し出ると、みなさんは快く承知してくださった。その際、箕峠の道を訊いてみたが、わかりにくいかもしれないとのことだった。やはり箕峠への道は時間的余裕が十分に要りそうだ。

そこで私はもう本日はここまでと腹を決めて、新しいお堂の縁側で休憩させてもらった。残っていたおにぎりを食べながら、ちょうどいま準備に来られたご婦人に話しかけた。

「こんにちは。ボク古道歩きをしているんですが、きょうは龍神道を通って高野山の大門から歩いてきました。ちょっと休憩させてもらってます」

「あらあ、高野山からね。よう歩いて来られたね。あんたどこの人」

金剛寺　新しいお堂は奥の方

「はい、大阪から来たんですわ」

「それであの山道を歩いて来たんですか。昔はバスも通っていたんじゃけど、今は何にも通らんのとちがうかな」

「一応、こうして新子まで来ました。ほんまは箕峠まで行くつもりだったんですが、スカイラインのバスには間に合いそうもないので、きょうはここで終わりにしましたけど、高野山行きのバスを三時すぎまで待たんとあかんようで、このあたりでゆっくりしておきますわ。」

「うーん、バスはないわな。このあたりは不便な所や、実は昭和二十八年の水害で家がたくさん流されてな、この金剛寺のお堂も流されてしもうてな。それできょうやっと新しいお堂が出来ましたんや」

「へぇー知りませんでした。昭和二十八年っていうたらボクが生まれて三年目ですわ」

「山津波がね、起こったんやな」

「確かに斜面は急ですよね。あの辻の茶屋からの下りはしんどかったですわ」

私はしばらく縁側に腰掛けていたが、次回の歩きの出発点を確かめておきたく、新子のバス停まで歩こうと思った。ご婦人に「ありがとうございました。法要の時間にお参りさせてもらうかもしれません」と言って新堂を後にした。


新子のバス停へ行くために高野山方面とは反対方向に歩く。すぐに開けた場所に出た。バスの停まるぶんだけ道幅が広くなっている。バス停そばには「一事《ひとこと》稲荷社」の看板もあった。北の斜面を見上げると数軒の集落になっている。まず私は箕峠への道を確かめたが、バス停より西五〇メートルほど行った所で左の有田川方面への道が出てきた。次回の歩行の出発点はこれではっきりした。さて、ここに来たにはもう一つわけがあった。今回の私の歩行ルートは、武藤氏の『高野街道を歩く』の「龍神街道湯川道　高野山大門より護摩壇山まで」によっているが、それによると、この新子の尾上氏宅そばに「かうやみち」の道標があるとのことで、したがってぜひともこれを確認

新子バス停より見上げた集落風景
鳥居（中央）の左が角兵衛さんのお宅

する必要があったからだ。

ただ、その前にもう一つやらねばならないことがあった。どう考えてもバスの発車時刻まで時間がありすぎるので、ここはやはりタクシーを呼ばねばならないだろうと「金剛寺」から新子まで歩きながら決めていた。タクシーは高野山から三〇分ほどで新子のバス停に来てくれるとのことであった。

あるお宅で訊いてみると、稲荷の鳥居のあるお家が尾上さん宅であることがわかった。バス停から見上げるとなるほど赤い鳥居が見える。そして私が尾上さんの玄関先に立ったその時、ネクタイに背広姿のご老人がちょうど玄関から出てこられた。私は、お出かけのようなのでタイミングが悪かったかなと思いつつ、自分が古道歩きをしており、今日は「大門」から歩いてきたが、道標があると本にあったというようなことを告げると、すぐにその場所に案内してくださった。

目指す道標は鳥居の柱の根元近くにあった。本来もう少し山を上った所にあったようだが、今はここに保存しているとのことだった。鳥居や道標と一緒に尾上さんの写真を撮らせてくださいとお願いすると、快く応じてくださった。よく見ると、尾上さんは長くて古い板、それも文字の書いてあるのを持っておられる。本日、「金剛寺」では落慶法要があるが、その昔大日堂を建てた古い札を保管しておられたのだ。今からそれをお堂に奉納するために持って行かれるという。

しばらく、鳥居の前で尾上さんとお話をした。ここは国道より数一〇メートル上がっているので周囲がよく見渡せる。尾上さん宅はもと宿屋をしていたそうで、新子には四軒あったそうだ。箕峠の方からホラ貝の音とともに山伏たちもよく来たが、彼らは龍神で泊まり、この新子で昼食をとった後、高野山に向けて旅立ったという。また紀州の殿様も泊まったことがあったそうだ。

鳥居から下っているのが旧道で、私たちはその細い道を下っていった。尾上さんはもちろん手に札を持っておられる。その札はバス停近くの知り合いの方に「金剛寺」に持っていってくれるよう託されて、二人はタクシーを待つことになった。金剛寺まで一緒に乗って行きましょうと私が申し出たので、しばらくバス停そばでまたお話をうかがうことができた。

私が旧道歩きをしていて高野山のことやらを調べているというと、尾上さんは名刺をくださった。角兵衛さんである。いい名前だ。年齢は九十歳だそうだ。研究のために来られる人が時々あり、私にいつでもまた訪ねて来られてもかまわないとおっしゃった。とにかく角兵衛さんの話には、いろいろな人たちが登場してくるが、大塔宮や野長瀬一族等『太平記』の人物が多く、角兵衛さんの心の中では、今も『太平記』の世界が鮮やかに生きている感じがした。

タクシーが十二時三十分すぎにやってきたので、二人は乗車し、尾上さんは金剛寺前で下車された、いかにも名残惜しそうな顔をされた。話したいことが山ほどあるようであったので、いずれゆっくりお話をうかがいに来ようと思う。角兵衛さん有り難うございました。

タクシーは相ノ浦の手前で左折し、「大門」方向に向かった。行きは尾根筋を歩き帰りは谷筋を車で走る。高野山駅には三〇分あまりで着いた。自宅に電話を入れ、今から帰るというと妻はびっくりしていた。予定より三、四時間早かったからだ。槇の木でも買って帰ろうかと言うと、少し必要だとのことであったので高野山駅売店で買った。高野山のケーブル乗車は十三時三十六分。半ドンで帰宅するような心境である。いつもなら薄暗い頃にケーブルカーに乗っていたのだから（スカイラインのバスのキャンセルは、駅前の営業所でしておいた）。

極楽橋で急行に乗り換える。身体はあまり疲れていなかった。私はタクシーでの運転手さんとの会話を思い出していた。

高野龍神スカイラインがこの十月一日より無料化が実施されたため、高野山にも人が多くなった。スカイラインは特にバイクが群がるように集まってくる。龍神温泉は泊まり客は増えそうだが、高野山では各寺院での宿泊者は案外と横ばいではないか。今は紅葉にもう少しで、十一月初旬頃が見頃になるだろうとのことだった。

そして、もう一つ運転手さんの情報で驚いたことがあった。それは四国遍路に関することだった。私が今高野街道・熊野古道歩きをしていると告げると、運転手さんから、四国遍路の経験はと訊かれた。私がまだ行ったことがないと言うと、四国遍路、それもタクシーで回る遍路について教えてくださった。

何と、この運転手さん、タクシーで回る四国遍路に何度も行ったことがあるという。しかも、出発点は関西で、普通のコースとして大阪湾を泉佐野からフェリーで渡り、淡路経由で徳島に入るそうだ。新大阪駅に迎えに行き、そのまま遍路に直行する場合や、この高野山までお客さんがお参りに来て、高野山から四国を目指すこともあるようだ。

最初回った時には、先輩の車を追いかけて走ったが、今はもう慣れて、だいたい十日間で四国一周するという。お客さんのなかには、前に世話になった運転手さんをと言って指名してくる人もいて、二回目の遍路もこの運転手さんが同行したそうだ。西国三十三所も四国同様タクシーで回る場合もあるという。四国と比べると、もちろん西国のほうが距離的には長いが、さらに西国の場合は最後に長野の善光寺さんにもお参りすることもあるという。

〝タクシー遍路〟、今まで聞いたことがなかったが、年配のご夫婦などにとっては、宿の予約もタクシー会社にまかせておけばいいし、効率的に回れる。料金はタクシーなので割高といえるが、運転手さんの案内つきで十日間の旅を楽しめる気がする。高野山のタクシー会社の営業範囲は、高野山近辺だけでなく四国にも足を延ばしていたのであった。これも弘法大師のおかげによるものだろう。運転手さん、これからもどうぞ気をつけて〝タクシー遍路〟がんばってください。私の足腰が弱った時には、その時にはよろしゅう頼んます。

【歩いた日】二〇〇三年十月十八日(日)　晴れ

【付録】

新子からの道について

後日、新子〜箕峠〜護摩壇山〜龍神温泉の道を歩いてみた。結論からいえば、あまり歩く意味がないように思われる。次に道の様子を箇条書きに述べる。

①新子から箕峠間について

- 『山と高原地図66奥高野』(昭文社刊現在絶版)や『アルパインガイド39近畿の山』(山と渓谷社刊)に示されているのは、旧道であろう。それらによれば、林道の途中で左に山に入ることになっているが、私が調査したところ、現在その道は不明であるとしかいいようがない。仮にあったとしても、その道をたどるのは困難であろう。
- 現在の地図ではその道は表記されていず、林道終点まで行って左に入る道が示されている。明治になって拓かれた牛車道である。ただこの道も峠近くまではいい道であるが、途中砂防堰堤があって通行は危険である。仮に箕峠に行き着けたとして、新子バス停から約一時間三〇分はかかるだろう。

②箕峠からのスカイライン歩き

- 護摩壇山バス停(ごまさんスカイタワー)まで二時間余りを要する。途中の笹の茶屋跡には休憩所があるが、そこから「日光神社」へは、下り二〇分、上り三〇分である。
- バス停(駐車場)より護摩壇山に上って、森林公園入口まで下りてくる。その間約三〇分。

③森林公園入口から六里ヶ峰林道を経て殿垣内・大熊へ

- 森林公園入口から遊歩道(または林道)を森林公園総合案内所に向かう。案内所手前約五〇〇メートルで右の六里ヶ峰林道に入る。その間約三〇分。
- 六里ヶ峰林道に入って、途中「弘法大師衣掛岩」を見て立石まで下る。その間約二時間。

・立石からは右に殿垣内に下る。その間四〇分。ここで城ヶ森山から清水へと向かう旧道（和歌山への龍神街道）と合流する。大熊までは約二〇分。ここには高野龍神スカイラインバスのバス停がある。

④大熊から龍神温泉へ

・これは全くの舗装道歩き。約二時間。

⑤龍神温泉から熊野本宮大社へ

・本宮へは山越えであったようだ。

・龍神温泉から東南方向に果無山脈に向かう。和田の森（一〇四九㍍）・安堵《あんど》山（一一八四㍍）などに取り付き、果無山脈を縦走し、本宮近くの萩集落（現在「道の駅奥熊野古道ほんぐう」のあるあたり）に着いていたようだ（『紀州路の歴史ロマンを歩く』による）。

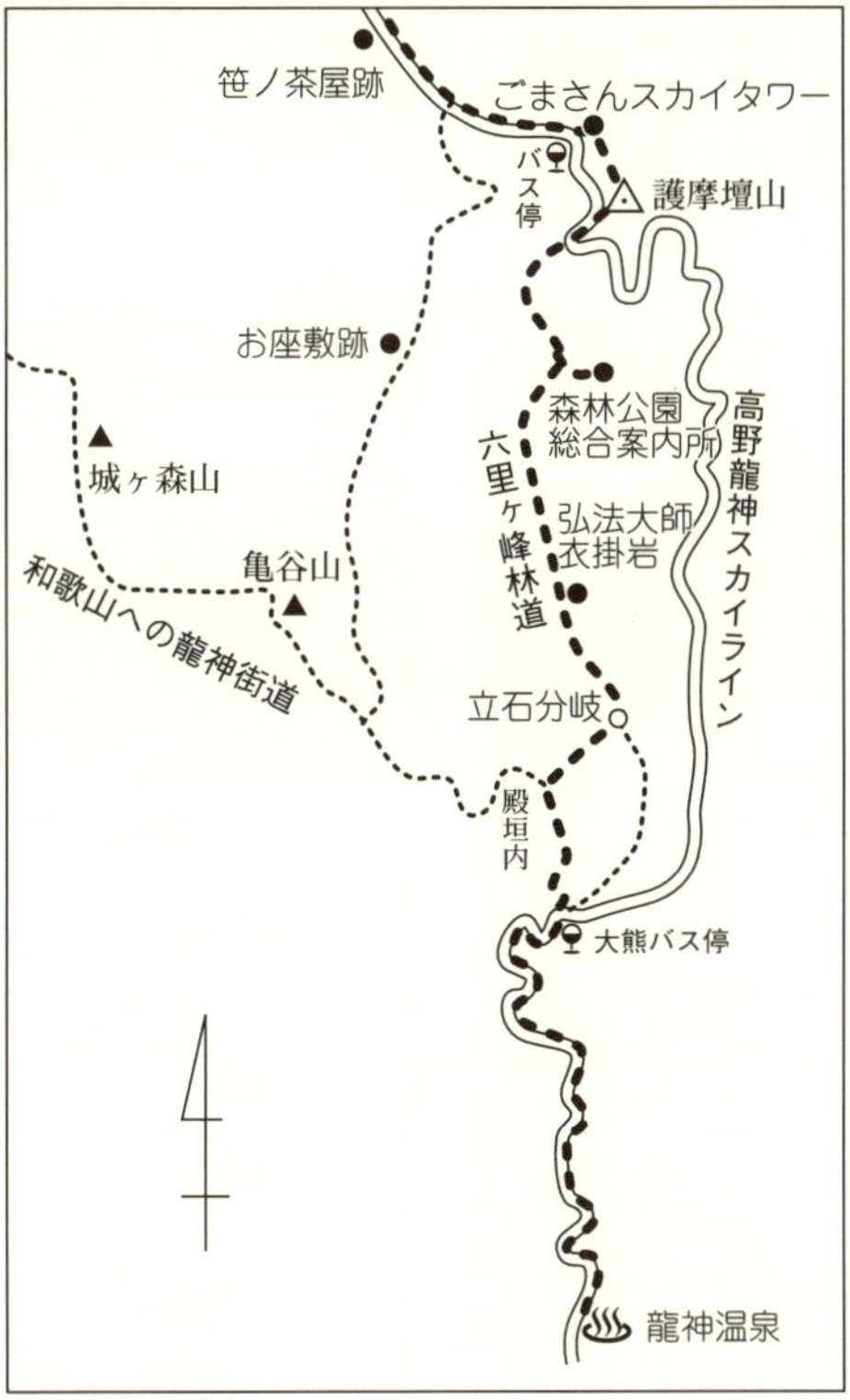

以上、古道らしい道なのは③だけであろうか。さらに、⑤については、これはもう縦走登山である。山中泊も必要であり、古道歩きではなさそうである。したがって、今回の私の古道歩きとしては、「第十五章」は新子までとしたい。なお、新子方面での時間の過ごし方（私の場合は、四時間もあった）として、次のような過ごし方を提示しておきたい。

【新子と梁瀬について】

有田鉄道バスの高野山行きは花園村役場そばの有田鉄道バス花園営業所から出る（高野山まで約五〇分）。新子から村役場のある梁瀬までは約一時間の国道四八〇号線歩きである。左の有田川と並行した道で車も少なく、歩きよい道である。右手上に北寺観音のお堂などを見ながらのんびり行くと、やがて梁瀬の集落に入る。左に観光案内所と「花園温泉」がある。ここでは宿泊も可能だが、入浴だけの利用もできるので汗を流すのにちょうどいい。場所的にも有田鉄道営業所まで五分である。ここ梁瀬は鮎のシーズンには釣り人が多く、また夏はキャンプの家族連れで賑わうそうだ。なお、梁瀬からの有田鉄道バスは、三路線ある。高野山、そしてJR藤並駅（紀勢本線の紀伊宮原駅と湯浅駅の間の駅。この路線の本数が一番多い）、さらに南海和歌山市駅ということだ。大阪に早く着けるのはやはり高野山経由である。いずれ高野山から有田・湯浅方面へのバスの旅を楽しみたいと思う。

花園温泉　有田川は右を流れている

十四　かなたの「白き大峰」に山格の違いを見せつけられた私

—尾根道を堪能し、御殿川の清流を渡る道—

高野山～大股（小辺路①　水ヶ峰越え）

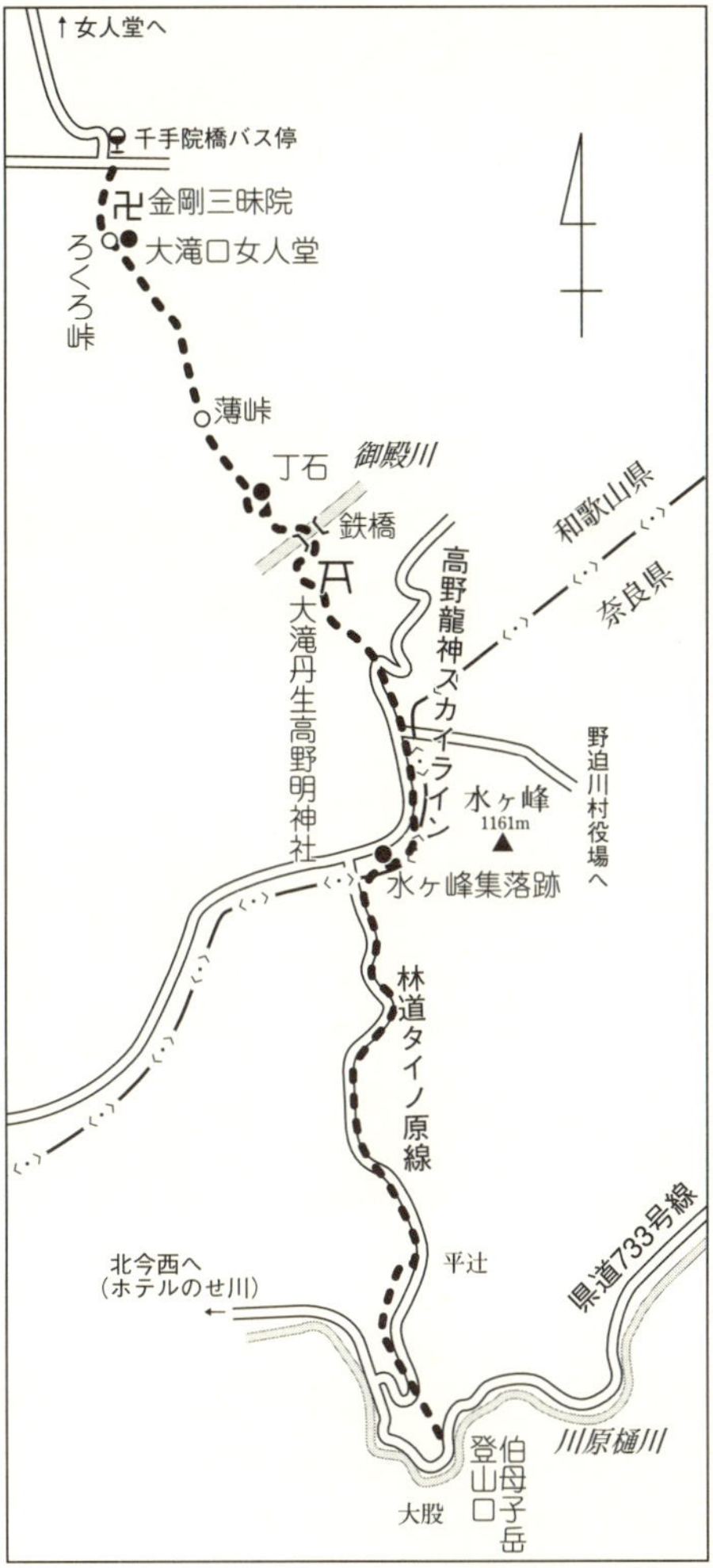

コースタイム
千手院橋バス停（15分）ろくろ峠（40分）薄峠（25分）丁石（10分）御殿川鉄橋（30分）大滝丹生高野明神社（40分）龍神スカイライン合流点（30分）古道入口（20分）水ヶ峰集落跡（15分）林道タイノ原線合流点（50分）平辻（50分）大股（30分）ホテルのせ川

ここ数回の歩行は、高野山を目指しての上り坂が多かったが、今回は高野山内よりの出発である。いよいよ「小辺路」に向かうことになったわけだ。一応四回で熊野本宮大社に到達する予定であり、今回は一泊二日で、その行程のほぼ半分を終える計算になる。

本日のコースは林道が大半を占めて、情緒に欠けるところがあるかもしれないが、そのぶん道に迷うことなく安心でもある。本日の歩行終了地点は伯母子岳《おばこだけ》の登山口でもある「大股《おおまた》」バス停（大股橋のたもと）だ。そして、宿はそこからまだしばらく歩かねばならないが、温泉ということもあって野迫川《のせがわ》村の「ホテルのせ川」とした。

本日は晴れているが、天気予報によると明日はどうやら雨のようだ。明日は伯母子峠越えということだが、これは標高一三四四メートルの伯母子岳への本格的な登山といえる。だから、もし明日が大雨にでもなれば、写真はおろか風景なども全く眺めることも不可能であり、かつ危険でもあるということで登山は中止せねばならない。それはよいのだが、大股から高野山への戻り方という問題がある。何しろ高野山と野迫川村を結んでいる南海りんかんバスは一日二本で、野迫川村役場までしか通じていない。役場から大股までは村営バスがあるというが、三月末まで運休中という。タクシー会社は村役場付近にあるとのことだが、大股付近は非常に不便な所にちがいない。だが、この「ホテルのせ川」では南海高野山駅との間に送迎バスを運行している。ということで、もし万が一にも、二日目の登山を断念した場合には、送迎バスで高野山まで送ってもらえるというのでこのホテルを選んだわけだ（結果的には、雨がそぼ降る中を登山したので、高野山に戻ることはなかったが）。

さて、高野山駅から約一二分間バスに乗車し、千手院橋で降車した。「高室院《たかむろいん》」の向かい側に「金剛三昧院《こんごうさんまいいん》」への道がある（「別格本山　金剛三昧院」の石標が立っているのが目印）。まっすぐに進んで行くと、数分で「金剛三昧院」の参道や山門が現れ、かすめるようにそこを右に行く。しばらく行くと未舗装の林道となる。いきなり静かな道となり、所どころ雪も残っている。千手院橋バス停より一五分ほどで「ろくろ（轆轤）峠」に出た。見晴らしのいい所で『紀伊国名所図会』に、峠より壇上伽藍を遥拝している女性の姿が描かれているように、ここはもと大滝口女人堂のあった所でもある。なお、ここより戻るような形で右に尾根道をたどって上って行くと、九四六メートルピークがあり、時間的に余裕があれば立ち寄ってもよいだろう。往復約一五分程度である。ピークから「ろくろ峠」の方向に転軸山や摩尼山などが眺望できる（「特別編Ⅲ」を参

ろくろ峠　大滝口女人堂跡（小辺路は左の道を行く）

照のこと）。なお「ろくろ（轆轤）」という峠の名称だが、宇江敏勝氏は、その著『木の国紀聞』（新宿書房）で、木《き》地屋《じゃ》の轆轤のことと推測されている。高野山から南にかけての奥吉野の山々には大正のころまで大勢の木地師が入っていたそうだ。

私は、いちおうピークまで行ってみて九時五十二分に峠を出発した。次の分岐点である「薄《すすき》峠」までは尾根の林道歩きとなる。峠から五〇メートルほどで、左手に上部の欠けた「不動明王石像」がある。注意しておかないと見落としてしまいそうだ。十時二分、奥の院への女人道の分岐を左にしてそのまま尾根道を行く。檜の大きな切り株が多く見受けられる。小辺路は高野山と熊野本宮大社を一直線で結んでいるいわば主要道であり、西国三十三所の参詣道としても栄え、この尾根道も大勢の人が行き交ったことだろう。その名残が檜の大木ということになるのだろうか。

明るい林の中の丁石

「薄峠」には「ろくろ峠」から四〇分ほどで着いた。「薄峠」では左折しなければならないが、まっすぐに五〇〇メートルくらい行くと関西電力無線塔がある。「薄峠」の位置を知るには都合いい建物だ。「薄峠」には一本の立派なヤマザクラがある。峠の目印にちょうどふさわしい大木だ。その前を通って下って行く。日陰のせいで風景は一変し、足元は雪道となる。明るい林道を歩いてきた者にとっては春から冬に逆戻りといった感じだ。私はここで前回から持ってきている腰鈴をつけ、ストックも長く伸ばして使用することにした。人の足跡も見られるが、だいぶ前のもののようで、どうやら最近はこの道を歩いた人の形跡はなさそうであった。寂しい道ではあったが、木漏れ日によって少しは明るく思える坂道であった。

そうしてゆるやかな坂を下っていくと、左に大きくカーブした所に「丁石」

が、地面より少し上に置かれていた。この「丁石」の左右の側面から大阪へ十六里、熊野本宮へ十七里とわかり（高野山へは四十丁）、本日歩いているあたりが大阪と熊野本宮の真ん中ということになるのだろう。本宮への先は遠いことを思い知らされる。

「丁石」の背後はアカマツ林であり松葉で台座は埋められているくらいだった。そしてこのあたりから、ほぼ同じ標高と思われる大滝の集落が谷を隔てて向こうの山に見えだしてきた。落ち葉が積み重なり、いいクッションとなって気持ちよく下っていける。まもなく左は高野槇《こうやまき》の植林地となる。槇の枝を剪《き》る音が聞こえてくる。お彼岸前ということで忙しく作業されている人を見かけた。

御殿川への下り道

御殿川の橋

ザァーという音とともに御殿《おど》川が見えだした。川近くまで下りてきて、槇の枝剪りの作業に向かうあるご婦人に会った。訊いてみると、真冬の雪のなかでも団体でこの道を通った人たちがいたそうで、秋には紅葉がきれいで、さらに川の水も美しく釣り人もやってくるそうだ。そして御殿川に架かる橋に出た。河原も広く様々な木々が川岸に生い茂り、家族で来るには最高の場所のように思えた。

さて、こうして川まで下りて来たからには、これからは上りが待っている。これから高野龍神スカイラインまで上らねばならない、本日最大の上り坂である。大滝集落を通過している舗装道までは急峻であった。舗装道に出て右にとって上って行った。気をつけねばならないのは、大滝集落からスカイラインへの道である。集落に入ってすぐに左折するわけだが、大滝の「丹生高野明神社」を目標にすればよい。古道はその神社の下で右に山に入っていくことになる。

「丹生高野明神社」は集落のなかでも高い所に位置し、そばには大滝集会所があり、その前は広場になっていてブランコなどもある。ここから自分の来た道を振り返ることができる。あの関西電力の無線塔が目の前の山並みの稜線によく見えていて、およそ「薄峠」の位置も推定できる。山全体は単純林ではないので、紅葉の時に訪れるのもすばらしいだろうなあと思われる。

高野槇が両側に植えられているゆるやかな坂道を行くと、民家が一軒現れ、そこからは植林帯の山道になる。道路工事中の看板（高野町教育委員会製作）が立てかけられていた。それによると、「平成14年度高野参詣道（小辺路）保存修理工事」とあり、おそらく世界遺産登録に向けて古道を整備しているのだろう。途中小型ブルドーザーなど二台が道に置かれていた。このような重機で道幅を少し拡げているようだが、危険な箇所だけ修復すればいいのではないかと思われる。人ひとり歩ける程度の狭い道幅でもいいので、まめに草取りなどを実施してほしい。それに道標を多く設置してほしい。そして案内・説明板なども多く建ててあると古道歩きの者にとって楽しみが増えるだろう。

さて、植林帯の道を行くと次第に平坦になり、右手にほぼ同じ高さで高野龍神スカイラインが見えてくる。やがて林道と合流し、三分ほど歩くとスカイライン横に出た。ここは、スカイラインより一段高くなった所にあって数十人でもゆっくりできるスペースがある。ここで昼食休憩とした。このような所に、ぜひとも休憩所・トイレを設置してほしいと願う。

十二時四十分に出発した。ここから水ヶ峰方面へはスカイラインを歩くこととなる。一五分後には左に野迫川村役場方面への道があった。この分岐点では、何となく野迫川という名につられて左に行っていまいそうになるので

水ヶ峰へはスカイラインの左から上る

気をつけねばならない。そういう点で、平成十三年に自然歩道調査員の小倉徳太郎氏が設置してくださっている「小辺路街道」と書かれた木製の道標は有り難い。その道標によると、まっすぐ行くようにと矢印がある。

さらに続けてスカイラインを歩いて行く。すると左手方向が開けて山々が見えだした。「立里《たてり》荒神社《こうじんじゃ》」(弘法大師が高野山の開山の際勧請したといわれている)で有名な「荒神岳」(一二六〇メートル)が近くに迫っている。そして目を凝らしてその荒神岳の左を見てみると、はるかかなたに青く白い山並みが見えている。雪もまだまだ深いようだ。あれが「大峰」の連山である。こちらの山では春の気配が漂っているが、「大峰」には春はまだまだ遠いようで、他の山々とは別格の存在感を示している。ちょっと誇張が過ぎるかもしれないが、そしてその経験はないが、ヒマラヤの奥深くエベレストを見る思いがした。まるでちがう。このあたりの山とは全然問題にならない。山岳霊場として今も多くの人をひきつけているのが納得できる。

その昔、こうして私のようにこの地から「大峰」を眺めた人々はその姿に神々しさを感じたことであろう。私の勝手な思いだが、「大峰」が人々の心をとらえたのは、こうして遠くから(ちょうど高野山や金剛・葛城連峰あたりから)眺めたためではないかと思う。近くだとかえって山頂まで見通すには難しいし、夏の「大峰」では高いというだけで周囲の山との圧倒的な差は感じられないであろう。やはり人を寄せつけない厳しさをもつ白い雪が必要だ。それには厳冬期が最適だろう。よく晴れ渡った一月末頃にもう一度ここに来て眺めてみたいとも思う。さらにいっそう神々しい光を放っていることだろう、「大峰」の峰々は。

行く手に水ヶ峰(一一六一メートル)が姿を見せた。よく見ると斜めに上って行く道がある。やがて「小辺路街道

（熊野古道）略図」の案内板が出てきた。スカイライン歩きは約三〇分で終了を告げた。ここからしばらくは山道となる。少し上っただけで吹く風が冷たい。そのうちに雪を踏むようになり、ほんの一メートルほどの高さであるが、凍った滝のようなのが幾筋も左に見られる。氷はかなり厚そうだ。一挙に冬に舞い戻ったような気持ちになりながら、一〇分あまり上って行くと、林道に合流し、右折してすぐの所に「水ヶ峰集落跡」の案内板があり、なるほどそのあたりは平坦な感じであるが、集落跡を示すようなものはこれといって目にすることがないままに、林道をゆるやかに下って行く。なお、水ヶ峰の集落は明治三十年代初めには八軒あったというが、昭和二十五年までに住民は北股・上垣内などの下方集落に移住したそうだ。

十三時四十二分、林道タイノ原線に出た。林道といっても二車線の舗装道であまり自動車の通らない広い道だ。大股へはこの林道だけを歩くわけではないが、およそ約七キロ弱の下りとなる。しばらく下って行くと東に展望が開ける。左手奥の荒神岳から始まる連山がよく見える。そしてむろんその山並みのはるか向こうには「大峰」の山々も望むことができる。目を山の麓に転じると北股の集落も見えている。後方に「大峰」が控えているので平面的ではなく非常に奥行きのある重厚な絵を見ている感覚にとらわれてしまいそうないい景色だ。

林道タイノ原線を三〇分あまりゆるやかに下って行くと、夏虫山（一三四八メートル）が見えだしてきた。その向こうに山頂をのぞかせているのは伯母子岳だ。十四時三十一分、「タイノ原線林道開設記念碑」の前に着いた。太《だ》宰治《ざいおさむ》の「富士には、月見草がよく似合う」ではないが、その石碑の背後には、夏虫山や伯母子岳が望まれ、「伯母子には、石碑がよく似合う」といった光景だ。その石碑からほんの二〇メートルほどで案内板に従って右に山に入るが、五分ほどでまた林道に合流する。その合流点から五分で「平辻」となる。このあたりは旅館などがあった所だというが、今は二基の地蔵尊像を残すのみである。大きいほうの地蔵には「くまのみち　これより本宮まで十四り半」と刻されている。木と木の間に、風景に溶け込んで二つの地蔵は祀られていた。その前を通って再び山中へと入る。

一五分ほどすると、旧道は林道の上方を並行にいくようになる。夏虫山は目の前に見えだしている。十五時六分、また地蔵尊が祀られていて「左熊野道」などとあり、道標となっている。このお地蔵さんの前にはシキミが自生していてちょうどお供えのようになっていた。さらにここよりどんどん下って行くと、右手に斜面いっぱいに広がったクヌギ林が現れた。葉をすっかり落としているので、非常に明るく感じられる。夏虫山にずいぶん近づいたなあと思われるこの場所でしばらく休憩した。眼下には川沿いの建物などが見えて大股は指呼《しこ》の間のようだ。一〇分間ではあったが、吹く風も心地よく春山の雰囲気に浸ることができた。

再び林道に出て下る。左に入るように案内板があった。よく整備された道であったが、二〇分ほどで県道七三三号線に降り立った。そこから右に川の上流方面に行くと、左に大股橋がある。橋を渡って向こう岸に行き、伯母子

夏虫山（左）、伯母子岳（中央）

大股集落と川原樋川

ホテルのせ川　右は勝手神社の杉

岳への登山口を確かめた。ここには駐車場やトイレなどもあって日帰り登山の人も多いことだろう。大股の集落は川原樋川《かわらび》の右岸に集中しており、その昔は宿場として栄えた所であり、今も旅館や民宿がある。

さあ、現在ちょうど十六時。本日私の宿は「ホテルのせ川」であり、ここより県道をさらに川の上流方面に三〇分くらい歩いた所、北今西にある。途中には、アマゴ釣り場やキャンプ場などがあったりして、春から秋にかけて四季おりおりに人々を楽しませてくれるだろう。川原樋川沿いの道から左手方向を振り仰ぐと、伯母子岳がひょっこりと顔を出していた。明日はあの山に上ることになる。せめて午前中だけでも晴れてほしいと思いつつ宿に向かっていた。

【歩いた日】 二〇〇三年三月十四日㈮　晴れ

【ホテルのせ川について】「ホテルのせ川」は二〇〇四年に『ホテル「ハイ・タトラ」』とホテル名を変更している。

十五　伯母子岳の春は遠かったと感じた私　―三田谷への下りが厳しく長い道―

大股～三田谷・三浦口（小辺路②　伯母子峠越え）

コースタイム

大股（50分）萱小屋跡（45分）桧峠（40分）伯母子峠（40分）旅籠上西家跡（40分）弘法大師坐像（1時間）三田谷橋（5分）五百瀬（1時間40分）川津

昨日はいい天気であったが、やはり天気予報通りになってしまった。朝から雨がそぼ降っている。今日はどうやら西日本全体が停滞前線のためにぐずついているようだ。和歌山・奈良県の降水確率は午前七〇%、午後六〇%となっており、そのうえ、本日は一〇〇〇メートルあたりを歩くのであるから、まず晴れることはなさそうである。ただ、雨としても強いものではなさそうなので、伯母子峠越えを決行することにしたのは午前七時頃であった。朝食をすませ、フロントで弁当を受け取った。大股橋まで送ってくださるバスは八時にホテル前を発車とのことで、ホテルの向かいにある「勝手神社」（吉野勝手神社の分祀社で、井戸杉と呼ばれる巨杉がある）にお参りした。本日は、

大股集落の道を上る

小辺路歩きのなかでも険路とされるコースなので、とくに念入りに旅の安全を祈願した。

ホテルの送迎用バスに乗せてもらっている私は、すでに雨ガッパを着用していた。朝からカッパの出で立ちで古道歩きに出発したのは今回が初めてであった。私は少々不安な思いで山にかかっている一面の白い霧を車窓から眺めていた。

そぼ降る雨のなか、登山口の大股には登山者の姿はなかった。八時十分、大股の集落内の坂を行く。しばらくは急坂が予想されるのと、まだ歩き始めということで、抑え気味のペースで上って行った。集落のはずれは墓地となっていた。そこから周囲の山々を振り返ると、そこには水墨画の世界が広がっていた。もう少し尾根筋が幾本かあればすばらしい絵になったようにも思われるが、ちょっと霧が濃くて全体的に白っぽくなってしまっている。この霧が果たして晴れてくれるのであろうか。しかし、それはどうも無理な相談のようで、まあ期待せずに上ることにしよう。

登山道は、立派な道がついていた。軽自動車なら上れそうな道幅がある。しばらくはジグザグの九十九折れの道で植林帯のなかを行く。所どころ雪を踏みながら山腹をゆるやかに上って行くと、八時五十三分に、「萱《かや》小屋跡」に着いた。材木の残骸もまだ残っていていかにも人の住んだ跡をしのばせている。案内標識によると、伯母子岳へは四・一キロで大股へは一・四キロとある。

本日の行程とすれば、伯母子峠を越え、三田谷《びただに》・五百瀬《いもぜ》に下り、そこからは県道を川津に出ることにしていた。川津は国道一六八号線沿いの集落であるが、そこから奈良交通バスに乗ってJR五条駅に出る予定だ。この五條方面（市名は五條市）へのバスというのが、午後は二本あるきりで、行程からみて十六時四十一分発がふさわしく、またこれが最終バスときているので、絶対に間に合わせなくてはならない。ガイドブックのコースタイムを参考にすれば時間的には大丈夫と思われるが、何しろこのバスを逃してはいけないのだ。とにかく、バスの所要時間は五条駅まで約二時間。バスに乗車できなかった場合には、タクシーを呼ぶか、それともどこか民宿を探さねばならないのである。いずれにしてもそうなれば大変な事態にはちがいない。ということでほぼ至上命令（誰から命じられたわけではないが）によって川津バス停着、十六時三十分を目指せということである。本日はとにかく早いめ早いめの出発が肝要であろう。

さて、「萱小屋跡」からの上り坂は比較的ゆるやかで周りは自然林となり馬《あ》酔《し》木《び》なども生えている。道に薄く積もっている雪には足跡がついている。先行者がいるようにも見えるが、そうではなさそうだ。というのも、道のある箇所では雪が一面に覆っているのに足跡が見えないからだ。つまり昨夜は麓では小雨が降っていたが、山では雪が降ったようで、その雪が足跡を消しているのであろう。大股からの登山者は私より前にはいないので、五百瀬側からの登山者に会えるかどうかであろう。私は距離の長い伯母子峠越えに不安を抱き始めていた。

九時四十分、尾根道に出て、平坦になったかと思うと、すぐに「桧《ひのき》峠」の案内標識が見えだした。ここからしばらくは散策気分の味わえるいい道となる。峠から五分後に夏虫山への分岐を通過した（「桧峠」付近から夏虫山が見えてくるそうだが、生憎《あいにく》の霧雨のためにまったく望むことができなかった）。

やがて道はコノ谷側の山腹をトラバースする道になるが、北面している谷なので雪道となっている。慎重に歩を運びながら行く。本日はアイゼンを持参していないが、雪面がこれ以上かたく凍っているようであれば必要かもし

桧峠　伯母子岳へは左の道をとる

れない。今年はとくに寒くて雪が多い年ではあるが、伯母子岳登山には、三月下旬まではアイゼンを持ってきたほうが無難なように思われる。

突然雪の上に矢印のような図形がいくつも一直線に並んでいるのに出くわした。どうやら鳥の足跡のようだ。こんな寒いときでも彼らは活動しているのであろう。足跡は道を横切って谷の方に消えていた。そのうちに道は平らになって二方向に分岐している所にきた。右は護摩壇山への遊歩道で、左の道は山小屋まで一キロと標識にある。山小屋とは伯母子峠にある避難小屋のことで、古道はそこを越えている。その二方向への道に挟まれた格好で、伯母子岳山頂への道もある。そして標識そばには角柱の道標も建てられていて、「かうやよ里・くま乃みち」と刻されている。木立のなかにあるのでつい見落としそうである。

私は、迷うことなく左に行った。もし本日が好天なら山頂を目指そうか、古道を行こうかと考えたかもしれなかった。早く小屋に着いて一服したいなあと思いながら、ゆるやかな坂道を行くと、一〇分あまりで伯母子峠の小屋に着けた。ここにも道標があるはずだと見渡したところ小屋より五メートルほど離れて建てられていた（小屋入口に向かって右側）。道標は大正六年（一九一七）に建てられたもので、十津川を経て熊野道というようなことなどが彫られている。

木の向こうが伯母子峠の小屋

山頂への分岐「かうやよ里・くま乃みち」の石柱も建っている

小屋には外から簡単に開けられるような錠が付いている。小屋内は真ん中が通路で両側が板敷きとなっていて一〇人程度が泊まれるようになっている。戸を閉め切ると暗くなってしまうので、戸を開けたままにして私はリュックを板敷きに下ろした。さっそくに弁当を食べる。「ホテルのせ川」のおにぎりは昔懐かしくタケノコの皮で包まれてあった。一つを食べて、あとはチョコレートを取り出し、カリカリかじる。温かいコーヒーでもあれば最高だが、それは贅沢というもの。冷たくなったお茶を飲む。

ほっとひと息つけたので、小屋内を見回すと、水場の案内書きなどが張り付けてあって、三田谷側へ五分〜七分下った所とわかる（三田谷とは五百瀬の手前の集落のことで、そこが伯母子岳への登山口ともなっている）。室内は登山者が整理整頓を心がけており、きれいに片づいている。片隅に宿泊者用のノートが置いてあった。私も昨日からの行程と本日の予定を書き込んだが、一番最近の書き込みでは三月十三日のがあった。埼玉県から来た大股からの往復登山の人であった。私と同様のコースをたどっている福岡県の人もいて、一月二十三日であった。行程を示した後「一人　雪max60㎝位　雨、小屋ありがたいです。」と書かれてあった。熊野古道（小辺路）に惹かれて遠くから来る人もいるものだ。それも厳冬期にとは恐れいる。さぞや雪道に難儀したことであろう。うん、私もがんばるしかないか。

そうして私は意気込んで、脱いでいたカッパを着ようと、小屋の戸の前でパサパサと滴をふるった。その時であった、何やら山の木々の間から音がしたのでそちらに目を向けた。一匹のシカがお尻の白い毛を見せて立ち去って行くのが見えた。小屋の方にエサでもあさりに来たのであろうか、その後しばらくシカの鳴き声を耳にすることとなった。古道歩きをして初めてシカに出会った私であった。

さあ、先を急がねばならない。十時五十分に小屋を出て左方向に下って行った。先ほどの大股からの登山道とはまるっきり様子が変わって細い山道となる。大股から上り、大股に下る人がほとんどなのであろう。ここで私は五

石垣も残る上西家跡

百瀬からの登山者と行き会うこともないだろうと予想し、あの腰鈴を出した。落ち葉を踏みしめ寂しい道を行くが、そのうちに雪が出始めた。木々のないガレ場などにはまだしっかりと雪がついている。先行者の足跡が残っているが数日前のもののようだ。ガレ場の道は雪があるうえに細くなっている。足を滑らせたら一〇メートルくらい下までズッーといきそうだ。ケガの心配より、また登山道まで這い上がってくるのが大変だ。いくつかガレ場を越えたが、一ヶ所危険な所があった。道はごく細く痕跡を残している程度で雪は春の雪で湿っぽくて滑りやすいので、私は四つん這い的に三点確保でカニの横這いのように慎重に渡り切った（三田谷への道は、十二月から三月の積雪期は避けたほうが賢明である。この時期は古道歩きというより登山と考えたほうがよい）。

　山腹を巻く道から尾根道になったので、もう危険な箇所はないだろうと思ったが、何の何の厳しい所に出くわした。このガレ場は崩壊が激しいのか、歩くに危険な場合は迂回してくださいとの指示が出ていて、迂回路として山側に上る道の標識もあった。ガレ場を確かめたところ、とてもじゃないが行けそうもない。私は迷わず迂回路に足を踏み入れたが、これもけっこう危険な道であった。しっかりした登山道となっておらず、人々がただ通っているに過ぎない踏み分け道程度のもので、勾配もかなり急であった。テープが張られているのでおよそ見当はつくが、どのルートを行けばよいかもわかりにくかった。

　やっとのことで、迂回路を越えて、そのままどんどんゆるやかに下って行く。大木が二、三本見えて、広場のような平坦な場所に着いた。ここが、「旅籠上西家跡」だ。大股から五百瀬へのコースは長く険しい道なので、山中の宿は当然必要であったろう。この「上西家」は、小辺路のなかでも非常に重要な位置にあったといえよう。しかし、今はただ石垣を残すのみとなっていて、栄枯盛衰を忍ばせている。なおここにはベンチも設置されている。「旅籠上西家跡」から、三田谷登山口まではほぼ植林帯であった。急ではないがだらだらとした下り坂で、沢筋を渡るときは、鉄製の橋が何ヶ所かあった。そんな時はかなり急な崖があちらこちらで見受けられた。十津川の山の険しい道であった。

同じような単調な道が山腹をくねくねとぬっていくなかで、ちょうど曲がり角に「弘法大師坐像」がコンクリート製の祠に祀られていた。寂しい山道を来たのでこの坐像に人のにおいがしてほっと安堵する。丸太のベンチもあるが、このあたりは昼なお暗い植林帯で丸太もじめっとした感じがある。

「弘法大師坐像」から約三〇分ほど歩くと、川の流れる音が左から聞こえてきた。道は次第にジグザグの急な下り坂となる。そのうちに見晴らしのいい場所に出た。植林はしてあるが、幼木のために目の前の展望がよくきく。前方には山がそびえているが、残念ながら霧のために稜線がかすかに見える程度であり、それに比べて、下方の谷を流れる川はよく見えている。私は本日の伯母子峠越えの難所は通過することができたなあと胸をなでおろした。時間的にも川津からのバスにも十分間に合うであろう。天候さえよければ、ゆっくりと山や谷を眺めて休憩するのにふさわしい場所であった。私は名残惜しくその場を立ち去った。

十三時二十一分、三田谷橋そばの登山口に出た。ここには円柱で「熊野古道小辺路　三田谷～伯母子登山口」と書かれたのが建てられていた。目の前には山中とは思えないほど広々とした神納《かんの》川が流れている。穏やかな流れで小さな石ばかりの河原も平坦だ。そしてこの登山口に出る手前右手側に「道標地蔵」が祀られていた。

川沿いの県道七三三号線を川下方面に向かう。十軒ほどの三田谷集落を過ぎると、五百瀬トンネルが見えてきた。長いトンネルのように見えるが、入るとすぐに明るい出口が待っていて、五〇メートル余りのトンネルで、これを抜けると五百瀬の集落となる。トンネルを出て右側に木製の案内板が設置されてあって、「平 維盛《たいらのこれもり》の墓」と「腰《こし》抜田《ぬけだ》」のことが書かれている。この案内板の背後の斜面中腹に「平維盛」の小祠がある。維盛は『平家物語』によれば、那智浦で入水して果てたとのことであるが、一方ではそこで死なずに熊野や吉野の山中を転々としてその生涯を終えたとの伝説も残っている。野迫川村にも同様の維盛伝説（維盛伝説については、「蟻さんの人物紹介」に詳述）が残っていて、現在では大股の東の平集落には、「平維盛歴史の里」という公園が村役場によって管理運営されている。「腰抜田」は「大塔宮護良《もりなが》親王」にまつわる南朝史跡であり、このあたりは『平家物語』や『太平記』の世界が色濃く残る歴史の里である。なお「腰抜田」というのは、大塔宮の家来の村上義光が、敵に回った芋《いも》が瀬庄司を投げとばし、そのため芋が瀬庄司の腰が抜けた所と地元では伝えられている（芋が瀬は五百瀬と同じ）。

　さて、私は携帯電話を取り出して自宅に連絡しようと思った。携帯電話は普通尾根に出ると通じるものであるが、伯母子峠では意外なことに「圏外」を表示していた。ここまで下りてきたし、平野部とはいえないが、ここ五百瀬は深い谷にあるわけでなく十分通じるであろうと思ったが、意に反してやはり「圏外」であった。雑貨店が道沿いにあったので、公衆電話でもあるかなと立ち寄ったところ、お店の人から一〇〇番通話に申し込んで使ってくださいと快く貸してくださったので、自宅に無事下山したことを伝えることができた。そしてこの携帯電話、川津大橋あたりからやっと通じたのであった。やはり国道近くでないと通じないようだ。お店の人は、私が川津まで歩くと知って、川津までは約二時間もかかるので、通りがかりの車に乗せてもらったらいいし、トラックならきっと乗せてくれるだろうと教えてくださった。私は舗装道歩きでかなりの疲れが出た場合にはそのことも考えようと思った。ただ、登山が終わってその山旅の余韻を楽しむという意味合いで歩くのもいいと考えていた。

　さあ、五百瀬より川津に向かっての県道歩きだ。右に「腰抜田」の石碑を見ながらしばらく進んでいくと、「三浦口」バス停（バスといっても村営バス）そばに「熊野古道小辺路　三浦～西中登山口」の円柱が建てられていた。県道をはさんで向かい側には自然石で「これより本宮へ十リ」と刻された道標が壁面に張りつけられたようにある。次回はここから西中を経て十津川温泉への山道を行くことになる。私はいちおう道を確認する意味で船渡橋まで行って引き返してきた。

もうここからは一挙に川津に向かうだけだ。が、おにぎり一つを伯母子峠の小屋で食べただけなのでここで残りの二つを平らげ、車が時折通る道を神納川に沿って下って行った。だらだらの下り坂かと気楽に構えていたが、予想以上にけっこうアップダウンがあった。目の前に見えるのは山ばかりで、もうあのカーブ角を曲がったら川津が見えてくるのではないかと期待しながら行ったが失望の連続であった。

三浦口を十四時頃に出発したので早ければ十五時三十分に川津に着けるだろう。五条行きバスの発車まで一時間以上もゆとりがある。これ以上速く歩いたところでどうにもならないと、私にはあまり焦りはなかった。というのもバスの便そのものがないからである（十三時頃に川津を発車するバスのあとはこのバスしかない）。

そのうちに左下に見えていた神納川がどんどん川幅が広く湖のようになりだしたので、国道も近いなと知れた。下流には風屋ダムがあって、今私が見下ろしているのはその風屋貯水池の端と考えればよい。水も青色が濃くなってきて深さを増しているようで、細長くなった貯水池のそばを

三浦～川津間の神納川

行く。やがて大きな赤い橋が見えだした。川津大橋だ。橋を渡り終えてしばらく集落内を行くと十五時三十分に国道に出た。右に一〇メートルの所に奈良交通のバス停があった。発車の十六時四十一分まで一時間あまりもある。通行の人に尋ねたが、喫茶店などなさそうである。

そこで私はバス停そばのお店に入り、お店の方のご好意に甘えて、厚かましくも一時間ほど待たせてもらえることになったのである。お店はお菓子や飲み物、日用品も置いてあったが、缶ビールがあったのでそれを飲んだ。そのお店ではストーブを焚いていたので、濡れた衣服も乾かすことができた。私はいすに腰掛けながら、お店の奥さん、そしてしばらくして帰って来られたご主人とあれこれ話をしたのであった。そのなかで印象に残ったものが二つある。一つは、娘さんと息子さんのこと。お二人ともに、高校から両親のもとを離れ、五條市や奈良市で学校生活を送ったとのことで、今では都会で家庭をもっているそうだ。私が古道歩きで出会うのがお年寄りというのも、このような理由によるものが多いのだろう。そして、もう一つは、奈良交通バスのこと。普段から五条行きのバスは利用客があまりないそうで、きっと運転手さんは、私の乗車を喜んでくれるだろうとの話。

缶ビール一つで一時間も長居させてもらい、私は乗車五分前にお店を出た。ズボンもかなり乾いたようだし、ほんとうに有り難いお店であった。次回はここからの始まりとなるが、その時にはひと声かけてから三浦口へ行こうと思う。

バスはやはり私一人であった。結局JR五条駅まで私一人であったが、もし私が乗っていなければ、運転手さんには空しい疲れが残ったことだろう。古道歩きの人にとって十津川を走るバスは貴重である。マイカーもたしかに便利だが、時には公共機関であるバスや電車に揺られるのもいいものなので、一般の人もどんどん利用してもらいたいものだ。このままではますます〝田舎〟から人は町に移り住むのではないか。〝田舎〟の活性化のためにもバスの存続は重要な問題ではないかと思う。車窓から眺めると霧が山肌を上っていくのがよくわかる。乗用車を運転中だとこうはいかない。こうして周りの景色を見る余裕がバスにはある。

ＪＲ五条駅には十八時四十三分に着いた。二時間のバス旅であった。十九時一分発の和歌山行きに乗車した。あとは橋本駅で南海高野線に乗り換えることになる。バスと同様乗客の少ない列車の中で私はある思いにとらわれていた。それは、また山に行きたくなったという思いである。普通古道歩きを終えたときには、すぐにまた行きたくなる気持ちにはあまりならなかったが、今回は、古道歩きというよりは実質上登山であり、その登山を終えたからそう思ったのかもしれない。登山をしているときは苦しくて、なんでこんな山に来たんだろう、ああしんどというように、私はよくぶつぶつ言いながら上ったりしている。そして上ったあとは、私という人間は忘れっぽいのであろうか、そのときの苦しさなどすっかり忘れて、涼しい顔してまた行きたくなるというのがいつものパターンである。ということで今回私は、〝一泊二日の登山〟を終えたのであった。次回もまた同じような感想をもらすかもしれないなとも思う。

帰宅後の私の行動はというと、私はさっそく川津方面行きの五条駅始発バスの時刻を調べていたのであった。

【歩いた日】 二〇〇三年三月十五日㈯　小雨

十六　いよいよ熊野本宮に近づいてきた私

—熊野古道の雰囲気が徐々に漂う道—

三浦口〜西中〜柳本（小辺路③　三浦峠越え）

コースタイム

三浦口（40分）吉村家跡の大杉（30分）二十五丁石（10分）三十丁の水（45分）三浦峠（15分）古矢倉跡（15分）出店跡（25分）五輪塔（30分）観音堂（15分）林道出合（20分）西中バス停（20分）川合神社（1時間）大津越の大師堂（20分）柳本

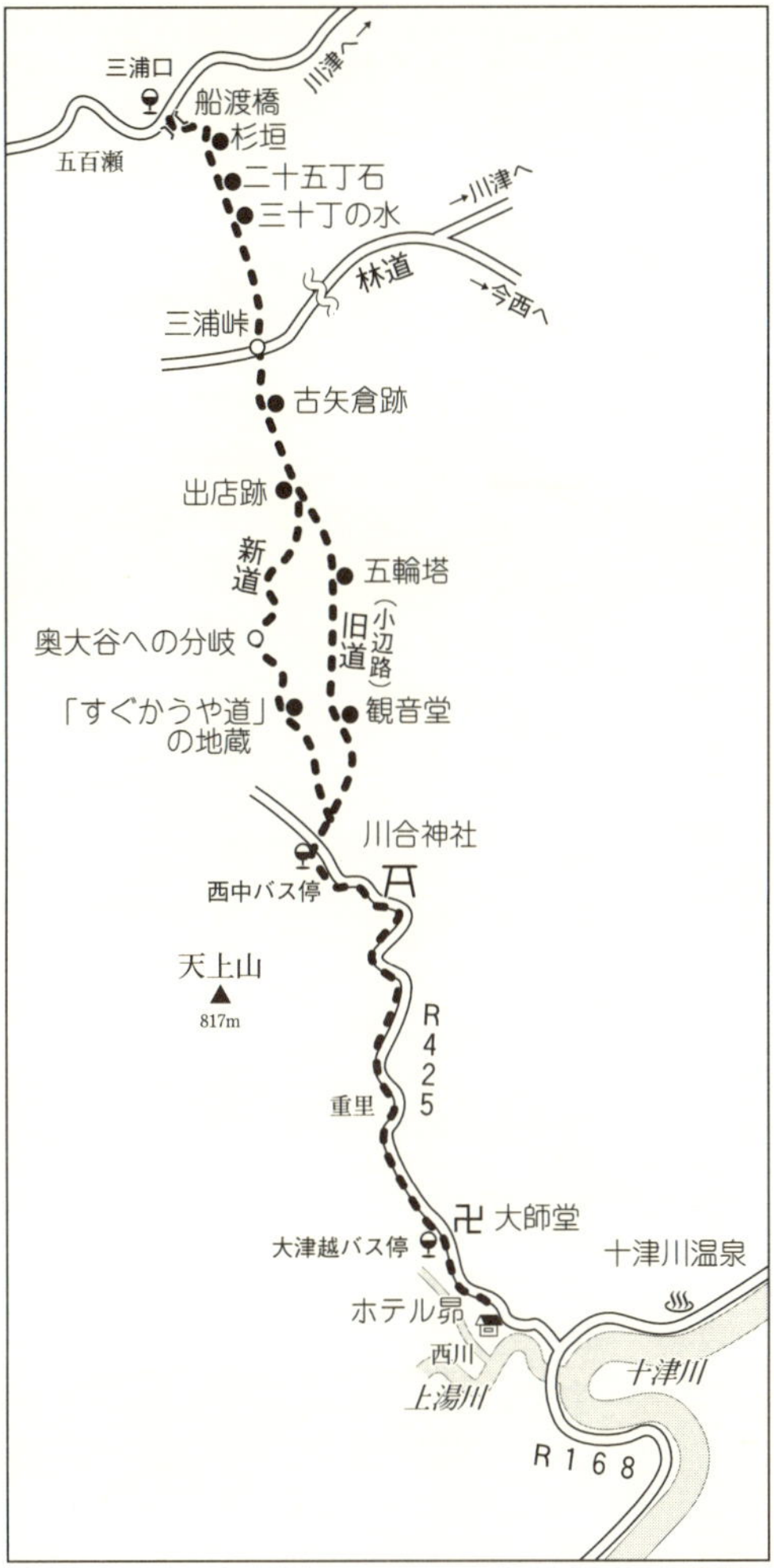

午前八時五分、JR五条駅から十津川温泉行きの奈良交通バスに乗車した。当初、三浦峠越えと果無《はてなし》峠越えは一泊二日を予定していた。十分に歩行可能な行程であり、熊野本宮大社に着けば、バスで田辺・白浜に出られるし、また新宮にもバスの便がある。ただ、新宮経由だとかなり遠回りとなって時間もかかるので、タクシーで栗栖《くりす》川まで乗車し、そこからはJRバスに乗り換えて田辺に向かう手もある（バス停は中辺路町役場付近で本数も多い）。これは新宮経由で特急に乗車した場合と比べると、費用的にもほぼ同じくらいで、かつ時間的には効率的である。

ところが、昨秋より腰痛が出てしまい、今回は無理をせず、本日は十津川泊まりとし、翌日はすぐに帰宅することにしていた。腰痛に関しては治まりつつあり、昨年末あたりから徐々に自宅近辺を二時間程度歩き、それなりに歩行準備はしていた。が、今回は三浦峠を越えることでよしとしたいと思う。宿泊は、ちょうど古道の通過点にある「ホテル昴《すばる》」としていた（この三浦峠は、前回伯母子峠越えを終えた後、三月下旬から五月上旬にかけて歩くつもりであったが、天候、宿泊、仕事などの関係から結局都合がつかず、それならば思い切って紅葉の秋にと考えていた。が、残念ながら腰痛のため今回の日程となってしまった）。

川津まで約二時間のバス旅である。二〇分ほどして乗客が私以外誰もいなくなった頃、ご婦人が乗ってこられた。一番前の席に坐って運転手と気さくに話しておられる。そのうちに新天辻トンネルを過ぎて大塔《おおとう》村に入ったあたりから、時おりバスの窓からビニールで覆った小荷物のようなものを投げたり、また郵便受けなどに置いたりしておられる。

そのうちに、バスは国道から離れて上野地集落内に入った。上野地という名ではなじみが薄いが、有名な谷瀬《たにぜ》の吊り橋（上野地から対岸の谷瀬へ架けてある橋。高さ五四メートル、長さ二九七メートルの日本一の鉄線の吊り橋）の架かっている所といえばよくわかるであろう。バスはいつも上野地郵便局の隣にある待機所で時間調整兼休憩で約一〇分間停車することになっている。

例のご婦人に確かめてみたところ、あの包みは新聞であって毎日こうして配達しているとのことだった。包みの大きい小さいは、一軒だけかそれとも何軒かまとめてあるか、ということであった。このバス配達以外には郵送されている所もあるようだ。奈良交通バスはこの地域では新宮・十津川と五條をいわば紀伊半島を縦に結んでいる路線である。決して乗客は多いといえないが、こうして地域の人達の生活と密接に関係している。本数は少ないが地域の人々の足になっている。

古道歩きしていてよく感じるのだが、公共機関であるバスに乗っている人が少ないということだ。日置川《ひきがわ》役場前から紀伊田辺駅まで乗った明光バスもそうであった。また田辺―本宮間のＪＲバス（今は龍神バス）や明光バスもそうであった。串本から袋港への熊野交通バス、花園村から高野山への有田鉄道バスも短距離であったが、少ない乗客であった。高野山内バスも決して多いとはいえないだろう。自家用車はそれなりによい点はあるが、このような電車も含めて公共交通機関利用については見直す必要がありそうだ。

さて、バスは定刻通り九時五十分に発車した。私の目指す川津はもうすぐだ。十時八分、一九五〇円を支払って降車した。向かい側でタクシーが待っていた。前日十津川温泉の「三光タクシー」に川津から三浦口への予約を入れておいた。川津から三浦口まで歩いてもよいが、そうすると、三浦口出発が約一時間半遅れとなる。なお、タクシーは十津川温泉からこの川津まで四〇分かかり、着いてからでは遅すぎるので必ず前もって予約しておくことだ。

十時二十八分に三浦口に着いた。まずは船渡橋のたもとまで行き、おにぎりを一つ頬張る。三浦峠まで約三時間の上りである。昨秋よりの腰痛もまだ完治してはおらず、久し振りの登山なので慎重に行こうと思う。

吊り橋を渡ると三浦である。三浦はその昔、大股・柳本とならんで小辺路の三宿ともいわれてきた。現在、大股には「ホテルのせ川（「ホテルハイ・タトラ」と改称）」、柳本には「ホテル昴」がそれぞれ建っている。ここに同様なホテルや旅館が出来れば小辺路歩きには最適であろう。「ホテルのせ川」は高野山に近く、高野龍神スカイラインも山上を通っている。また「ホテル昴」はそばに十津川温泉郷もあって、本宮からも近い（本宮は田辺より車で約一時間余り、かつ道も広く走りやすい）。したがって交通の便からいえば、三浦は取り残された「宿場」ということにな

船渡橋を渡って峠越えが始まる

るだろう。古道歩きの蟻さんとすれば、村営の宿泊施設が出来ればと願うだけである。

『熊野古道・小辺路今昔』（北尾清一・橋詰弘共著私家版）によると、三浦について次のように記載がある。「地形上水不足に悩まされ井戸水や取り水では事足りず、神納川の渡し場まで下り桶に汲んだ水を天秤棒で担ぎ上げるのが、ここに住む女性達の毎朝の仕事であった。そしてその水汲みの苦行は昭和の初め頃にはまだ続けられていたという。戦後過疎化が進み私たちが訪ねて行った時も目的とする家も既に無人となっていたが、〇三年三月現在では四戸十四人が住むだけである。」

私はゆっくりとゆっくりと上って行った。やがて行く手にお家が見えて、そのお宅の前を右に曲がり、左に上る頃から石畳が見えだした。集落のはずれのお家のそばをかすめるように行く。振り返ると山並みが見えている。伯母子岳はもっと西側であろうと思われる。

植林帯の中を十数分ほど歩いて行くと、目の前に忽然と巨杉が現れた。道は二本の巨杉の間をいっているが、よく見ると上方にも何本かある。地元では「杉垣」と呼ばれており、幹周りは五、六メートルはゆうにあろうかという太さである。決してまっすぐに天に伸びているのではなく、屋久杉と同じようにごつごつとたくましい太さで根元から何本かに分かれているのもある。周囲の植林されたひょろひょろの杉ばかりの中でひときわ異彩を放っている。〝立派な体格〟の杉である。山と渓谷社の『高野山を歩く』『吉野・大峯の古道を歩

石畳が出てくる

巨　杉

く』では「樹齢数百年を経ていようかと思われる吉村家跡の防風林」と紹介されている。
　左に岩がゴロゴロしている所を左上方に回り込んで行くと、左山側が自然林となり、右は植林帯となって、いくぶんか明るくなった。五百瀬小学校の児童たちのつくった「ごみを持ち帰ろう」という看板が道しるべとなっており安心感を与えてくれる。道は落ち葉の道となって歩きよい。「二十五丁石」がそろそろ現れてもいいはずだと思い、道の左右を注意して上って行くと、十二時四分左に曲がる所に自然石の「二十五丁石」があった。かすかに五とか丁の字が読める。文字は「川より二十五丁」と彫られており、神納川の渡し場からの距離を示しているという。この「二十五丁石」のそばは崩れていて、そのぶん展望が開けている。伯母子岳から東への連山が見えている。なかなかいい所に丁石はあった。

三十丁石と地蔵

　「二十五丁石」から道はゆるやかな坂道となった。「山道はむりをしない」という五百瀬小の看板が行く手に見えた。そこが、「三十丁の水」という水場である。私は片手に水を受けてちょっと喉を潤した。「三十丁の水」から少し上った所には、「三十丁石」と地蔵道標がある。この地蔵には「右本んぐう　左たまき山」と刻されており、熊野三山の奥宮「玉置《たまき》神社」がある玉置山への分岐であったようだ。
　さらに上って行くと、私と同じように動物除《よ》けの鈴の音がして作業服の二人の人が下りてきた。尋ねると三浦峠はすぐだという。腰の心配をしながらの登山であったが、どうやら峠まで来たようだ。三浦峠に近づくと左手にトイレが見え、一段上ると林道に出た。この林道を横切って下ると西中への道だ。

中央の旗の横から西中へ下る（三浦峠）

三浦峠でしばらく昼食兼休憩とした。林道には雪がいくらか残っており、車の轍《わだち》のあとも見られた。私は木の切り株に腰掛けた。時刻は十三時を回っている。かなりのスローペースで上ったので時間がかかっている。西中まで三時間として、西中からホテルまで八キロだというので急いで一時間半というところだろうか。とするとホテル着は十七時半頃。まあ、西中からは一般道なので安心だ。ただ懐中電灯はリュックから出す必要はあろう。

なお、この三浦峠だが、目の前の未舗装の林道を東に向かうと、約四〇分で舗装林道となる。そこで二股に分かれているが、左に下ると川津方面、右には今西集落を経て玉垣内（西中より約二キロ下った地点）に出ることができる。何かの場合には利用するとよいだろう。ただし、携帯電話は通じないので、今西集落で電話を借りることだ。

そして、もしこの三浦峠で時間的余裕があれば、林道を東に十数分向かうと、高野や熊野の山々の大パノラマが展開するのでお薦めである。標高約一〇〇〇メートルのすばらしい自然の展望台に立つことができる。

さて、休憩を終えると私はすぐに西中に向けて出発した。出発して二〇メートル、いきなりフェンスが現れた。出入り口と表示があって、開けたら必ず閉めるように注意書きがある。イノシシやシカなどの防御用のフェンスだ。赤木越えや伯母子岳からの下りでも経験したものだが、今回のは非常にしっかりした柵となっている。丁寧に開閉して細い道を行く。雪が見えてくるので慎重に歩を運ぶ。

やがてまたフェンスとなって開けて出てまた閉める。道は相変わらず狭く、さらに左はガレている。本日は年末に降った雪がかなり解けているのでまだ歩きよいと思われるが、大雪の降った後などは危険である。また、雪は付いていなかったが、崩落している箇所もあってロープを張ってあるが気をつけねばならない。三浦口からの上りではこのような箇所はなかったので、ずいぶんと道の様子が違っている。

これは私の推測にすぎないが、三浦口から峠への区間には五百瀬小学校の看板があったように、小学生が先生に連れられてよく上り下りしているのではないだろうか。しかし、今私が通行している峠の西谷側は小学生には危険な箇所があり、西谷方面から上る人も少ないのではないか。私は伯母子峠付近を思い出した。あの時も大股側は道も広かったが、反対の三田谷側に下るとなると道の様相が一転して厳しい道に変わったのであった。

緊張する所を抜けてほっとした。しばらく山腹を巻いて行くと、左に鋭角的に下りる道があった。まっすぐ進むとやはりフェンスにぶつかる。何となく先ほどフェンスを開閉して来たので、再び開けてもよいように思えるが、そこには立ち入らないことだ。手前に下る道がある。戻るような格好で下るのでわかりにくく要注意だ。

下ってすぐ平坦な所が現れる。「古矢倉《ふるやぐら》跡」だ。古矢倉というのは屋号で、昔は宿屋・茶店を営んでいたという。この「古矢倉跡」の西隅には、石造丸彫りの地蔵菩薩坐像が祀られてあり、またその前には下部が欠けた六字名号石柱が横たわっている。「古矢倉跡」からゆるやかに下って行くと、やがて、「出店跡」に着く。ここは今も石垣が残っているようにかつて家屋のあった所だ。出店とは今西集落の小字《こあざ》名であるが、明治中頃まで茶店が一軒あったという。「出店跡」からさらに数分下ると新道との分岐になる。左は旧道（小辺路）、右の新道も西中に至っている。私は当然のように左を選んだ。

分岐を過ぎると平坦な尾根道になった。しばらく行くと、今西集落がよく見える所に出た。そこから「五輪塔」

出店跡付近には石垣も残っている

までは数分だ。「五輪塔」は右手一段高くなった所にあったが、あまり高さはないのでつい見過ごしてしまいそうだ。ここには案内板がある。続いて自然林の中をどんどん下る。私としてもできるだけ急いで下りたかった。西中からバスや車なら急ぐ必要はないが、何しろ自分の足で歩いて熊野へということなので、交通機関に頼るわけにはいかず、歩くしかなかったからである。

そして、あっと気づいたことがあった。「すぐかうや道　右左在所道」と刻されている地蔵道標を見落としたようだが、もう一度上る時間は残されていないので、とにかく下った。後日調べることにしようと思った。新道も合わせて調査しよう。

［注］**「新道」について**

後日、新道を下ってみたが、ほぼ旧道（小辺路）と同じ場所に出る。時間的にもそう変わらない（西中まで約一時間三〇分）。新道は、尾根を通る旧道（小辺路）に対して、その西側斜面を行く道である。『木の国紀聞』『関西山越えの古道（中）』『熊野古道・小辺路今昔』『小辺路調査報告書』『高野への道』では新道を下っている。**新道については第十七章末で詳述している。**また、「すぐかうや道　右左在所道」の地蔵尊だが、新道に祀られていた。したがって右記の本はすべてこの地蔵尊についての記述がある。なお、今は、道標や案内板などにおいて旧道（小辺路）がメインルートとなっている。

新道コースタイム

出店跡（5分）旧道・新道の分岐（25分）四つ辻・奥大谷への分岐（15分）「すぐかうや道右左在所道」の地蔵（20分）林道との出合（25分）西中バス停

道は徐々に左に振るように下っていく。そのうちに植林帯となって自然林の尾根筋とは違う様相を呈してくる。薄暗くなった中を行くと平坦な道となり、左手に何基かの墓石が立ち並んでいる。その前を通過し、続いて左に回

観　音　堂

り込んだ所に「観音堂」が建てられていた。お堂自体は新しいが、堂内には享保十年（一七二五）の銘がある地蔵尊や観音像が祀られている。

もうここまで来ると西中へは指呼の間だ。時刻は十五時をすでに回っている。「観音堂」から約一〇分で民家二軒が並んで現れた。宿屋を思わせるようながっしりとした造りであるが、人が住んでいる気配はなさそうだ。そのお家の庭先を通って右に下る。五分も歩くと、一軒の家の前で舗装林道と合流する。ここが実質上の三浦峠越えの登山口である。林道に降り立ってひと安心だ。右に行けば新道への入口がある。左に道をとってすぐに林道を離れ山道を下って行く。また先ほどの林道に出合うが、右手からも新道が合流してきて、これで新旧そろったことになる。さらに林道を左に進み、すぐに右側の階段を下る。そのまま細い道を行くと、やがてあまり広くはないが、国道四二五号線が見えてくる。前が開けた所からは目の前に富士山のような天上山（八一七メートル）がよく見え、そのずーっと背後に果無山脈を稜線はかすんでいるが望むことができた。そして右下に赤い大谷橋が見えだした頃に国道に降り立った。

時刻はもう十六時十五分前。左に行くと西中のバス停だ。携帯電話の通じにくいこの地域において、ここには公衆電話も設置してあって便利だ。村営バスが日に何本か走っているので、山行計画によっては利用するのもよい（問い合わせは村役場か奈良交通バスの十津川営業所）。なお、バスの便がない場合は、「ホテル昴」に宿泊予定ならホテルに電話を入れると、時刻や人数によっては迎えにきてもらうことも可能かもしれない。なお、たいていの登山ガイドブックは「西中バス停」ではなく「西中大谷橋バス停」となっているが、西中には前述のように公衆電話もあり、お店もあるので、「西中バス停」に向かうほうがよい。「西中大谷橋バス停」はバスの終点であり、方向転換の空き地があるだけで特に何もない。

疲れている私には、「ホテル昴」までの約一時間三〇分あまりのこの舗装道は足にこたえるが、この道も、大幅に改変してしまっているとはいえ、一応小辺路には違いない。したがって私は歩かざるを得ないのである。いくつかのバス停を過ぎねばならないが、一つ一つ数え、地図と比べて進み具合を楽しむよりほかないといえる。

十六時七分に天神を祀る「川合神社」前を通過した。玉谷橋を渡ると永井だ。ここは河合曽良《かわいそら》が泊まったという。河合曽良は、松尾芭蕉の『奥の細道』紀行に同行し、随行日記で名の知られている芭蕉の門人である。その後も諸国遍歴を続けたが、元禄四年（一六九一）に高野山から熊野まで歩いたことを日記に残している。それによると、四月八日に河根から神谷に着き、そこに宿泊し、翌九日は高野山に上り山内を見物した後、小辺路に向かい、夜には大股に着いている。そして十日は、伯母子・三浦の両峠を越えて、ここ永井に宿泊し、十一日に熊野本宮に到着している。

さて、曽良に負けじとばかりに舗装道を歩いている私は、続いて、里を重ね合わせたという地名由来の重里に入った。ホテルまではあと四キロほどだ。もう十六時三十分は過ぎてしまっている。先を急ごう。バス停の椎平や大津越は確認できたが、十七時を回っており、闇が迫りつつある。このあたり、「大師堂」が祀られているが、今回は写真撮影もかなわないので、後日調査することにした。

［注］**「大師堂」について**

「大師堂」へ行くには、大津越のバス停を西中方面に二〇メートルほど行くと、山側にお店がある。そのお宅に向かって右隅に上り道があるので、それを上れば五分くらいで「大師堂」に着く。バス停から見

大　師　堂

ホテル昴　左が本館　右の道は西中からの道

上げて、斜め右の方向にあると思えばよい。大師堂への石段が始まる横手に「左大師道　是ヨリ一六五米」の石標が建っている。なお、この大師堂には文化十三年銘の弘法大師石像が祀られている。そして、このお堂を中心にして、四国八十八ヶ所めぐりが出来るようになっており、石像がそれぞれ造立されている。

真砂瀬《まさごぜ》を過ぎて道が大きく左にカーブした。すると右手前方に光が見えた。そこが「ホテル昴」であった。十津川温泉郷はここよりまだ三〇分ほど歩かねばならないので、古道歩きにはその道筋にあるこの「ホテル昴」が便利である。風呂はむろん温泉である。室内プールもあり、敷地内には観光用の「野猿《やえん》」（猿が木のつるを渡っていく姿に似ていることから名付けられたいわば人力ロープウェーのこと）も西川に渡してあるので、家族連れにも適している。場所的にも山々に囲まれており、その名の通り満天の星を眺めることもできる。ただ、今夜は旧十二月十三日ということで満月に近いので星の観察はちょっと無理かもしれない。本来ならば、翌日は果無越えに挑戦ということであろうが、本章冒頭に記したように、腰への懸念があったので、翌朝早くに帰ることにしていた。残念だがしかたがない。

翌朝、十津川温泉発八時五分の大和八木行き特急バスに乗車した。ＪＲ五条駅は十一時六分着予定だ。私は腰のためにも座席に深々と腰掛けていた。さあ、次は小辺路最後の旅になる。

【歩いた日】二〇〇四年一月四日(日)　晴れ

十七　三軒茶屋で中辺路に〝再会〟した私

―三十三所の観音さんと歩く石畳の残る道―

柳本～八木尾～熊野本宮大社（小辺路④　果無峠越え）

コースタイム
柳本（40分）果無集落（50分）
天水田（40分）観音堂（35分）
果無峠（40分）二十丁石（30分）
七色分岐（50分）八木尾（35分）
九鬼（10分）三軒茶屋（35分）
熊野本宮大社

一月十二日、十三日の連休に果無峠越えなどを計画した。宿は一週間前に泊まったのと同じ「ホテル昴」とした。

そして今回は久し振りに自家用車利用の古道歩きとなった。

十二日早朝六時二十分頃、私は本宮大社前の山村開発センターの駐車場に着いた。七時二十三分発の十津川方面行きバス（新宮発大和八木行き奈良交通バス）に乗車するつもりである。あまり休憩をとらず本宮まで来たので、運転席を倒して三〇分ほど体を休める。七時には車外に出て歩行の準備運動をしてパンと自販機のミルクティーで朝食とする。大社前でバスを待っていると、向かい側のバス停そばで朝市であろうか、おばさんたちがやってきて準備に余念がない。パチリと一枚写真を撮ったが、同時にバスがやってきた。

乗客は私を入れて三人、蕨尾《わらびお》着が八時過ぎということで、約四〇分のバス旅である。八木尾《やきお》バス停で二人乗ってきた。本日私は果無峠を越えて、いったんはこの八木尾で国道一六八号線に出ることになる。何時頃に国道歩きとなるかなあと考えているうちに、間もなく土河屋《つちごや》バス停を過ぎると、車内アナウンス（録音テープ）があって、和歌山県から奈良県に入ったことを告げている。七色《なないろ》集落を過ぎると、蕨尾まで家という家がほとんど見られなくなり、道も狭く険しい崖沿いの道となる。下に見えている十津川（奈良県に入ったので熊野川から十津川に名称が変わる）の水面からは高い位置を走っておりスリルがある。この国道一六八号線の五條・本宮間でも一、二を争うほどの危険な所で、運転に注意を要する区間である。それにしても十津川の水は海と見紛うくらいに紺碧の水である。もっとも渇水期なので水量は豊富ではないが。

バスは柳本橋を渡り、蕨尾に八時一分に着いた。降りてから頭に帽子がないのに気づき、すぐさま帽子をとりに戻る。バス停より少し本宮方面に戻ると、左は国道一六八号線の柳本橋で、右は「ホテル昴」への道（国道四二五号線）となる。柳本橋を渡って行く場合には渡り終えてすぐの林道を右に上ればよい。このあたりは西川と上湯川が合流し、さらに合わさった川が十津川に注いでいる所だ。

蕨尾から川を隔て、向かい側の南岸には柳本という渡し場・宿場がかつて存在したが、今はダム湖にほとんど沈んでいる。したがって橋の名にその面影を忍ぶくらいである。大股や三浦と並んで重要な宿場であったので、この小辺路紀行においては、あえて柳本の名称を使用することにした。なお、柳本は桑畑《くわはた》（集落）の小字名《こあざ》である。

さて、私は前回ホテル昴に宿泊した関係から、右に道をとった。しばらく行くとトンネルが見えてくる。このトンネルをくぐればすぐそこが「ホテル昴」だ。トンネルに入らずその前を左にとって、川沿いに歩を進めると、左手に吊り橋が現れる。三浦口にある頑丈な船渡橋に比べると弱々しい感じのする吊り橋だ。が、これがごく普通の吊り橋であろう。

敷いてある板も不安を感じさせるような板であり、よく揺れるのでへっぴり腰になりながら渡った。渡り終えて左に行くが、自然に林道に出る（このあたりの何軒かある集落が現在の柳本）。左からの林道は先ほどの柳本橋からの道であり、両者はここで合流する。林道を数分行くと、「熊野古道小辺路果無峠登山口」の案内丸太が立っているので、左山側に入って行く。すぐに石畳が出てくる。二〇分余りで果無集落に着いた。道なりに集落内を上る。民家の庭先を通り抜けると林道に出る。林道を二〇メートルほど行き、また左に山に入る。

右手に「西国三十三番観音石像」のうちの「第三十番観音石像」が建っている。そしてここより八木尾の「第一番観音石像」までの古道間に順次祀られている。では「第三十三番・三十二番・三十一番」は、どこに配されているかといえば、それは柳本からではなく、櫟佐古《いちざこ》の国道バス停そばを基点としている。十津川・本宮・新宮の篤志家が講をつくって大正十一年から十二年にかけて建てたものという。したがって本日の私は、この観音石像の順番を数えながらの古道歩きとなる。中辺路の滝尻から本宮大社までの五〇〇メートルごとの標柱や、高野山町石道の町石の順番を数えながら歩いたことを思い出す。まずは、

果無集落と三浦峠付近の山並み

第三十番観音と私のストック

果無峠には「第十七番観音石像」が祀られているので、それを目標に行こうと思う。

「第三十番観音」（以下このように表記）には、正月とあって、ウラジロやユズリハが供えられてある。その背後にはシャクナゲが植えられてあったが、ここより北方を振り返ると、山名はわからないが、六〇〇メートル余りの山があって、その右手奥には行仙岳（一〇九一メートル）が見えている。行仙岳より左に山並みをたどると三浦峠あたりもよくわかる。いい眺めである。

「第三十番観音」より石畳の残る道を上って行くと、一〇分くらいで民家の前の道に出る。左は民家、右に回り込んで行くと林道に合流する。林道をほんの一〇メートルも行くと、また「熊野古道小辺路果無峠登山口」と例の案内丸太が建てられている。一応、ここまで林道を通って車で来ることができる。一台のワゴン車が停めてあったが、私より先に上っている人がいるのかもしれない。なお、私が今いる林道を民家の方向に下る道（これが旧道だろう）があって、少し下ると、民家そばに「右くまのミち　左やまみち」の四角柱の道標が建っている。銘には元文五年（一七四〇）とある。

さて、先ほどの登山口に戻る。いよいよここから果無越えが実質的に始まるわけだが、すぐに「第二十九番観音」に迎えられる。道は自然林となり石畳の道となる。石畳の道については月刊大和路『ならら』（二〇〇三年十一月号）には、十津川村で長年防犯に携わり、自然国立公園の指導員もされてきた中南《なかみなみ》　重計《じゅうけい》さんの次のような話が掲載されている。「石畳を敷いた最大の理由は雨や土砂ですべらないようにするためでした。厚みがなく、平たい地元の石を使い、旅人から地元民が金をもらって石畳を敷いていたんです。それだけ多くの人が往来していたということでしょうね。石垣よりも石畳の方が難しいんですよ。石と石が〝思い合う〟ように敷いていかないといけないですからね。」旅人からの石畳建造の資金援助のための「道作勧進所《みちづくりかんじんしょ》」が地元の桑畑村にもあったという。

それにしても風が冷たい。本日は風裏となった場合は暖かく感じられたが、風にまともに吹かれた時には厳しい冷たさであった。冬山と春山の混在する山行となった。それにしてもイノシシの掘り返した跡が多い。三浦峠越えではあまり見かけなかったが、ここは多そうだ。

続いて「第二十八番観音」「第二十七番観音」と確認して行くと、「第二十五番観音」を過ぎて左に回り込むと平坦な場所が現れた。「天水《てんすい》田《だ》跡」だ。この先二〇〇メートルの所には山口茶屋跡があるが、その茶屋の人たちが耕作していたという。約三反（九〇〇坪）あって、畔を念入りに赤土で固め、雨水だけで米をつくったそうだ。南を望むと果無山脈の東端がよくわかる。これから上って行く果無峠も右手奥に見えている。休憩するにはちょうどいいので五分間小休止とした。

明るい天水田跡

〝自然のトンネル〟を行く

「山口茶屋跡」は左手に出てきたが、石垣が今も残っており、屋敷林の杉の大木が何本も確認できる。道は両側ともにウバメガシを中心とする自然林となり、どちらからも道の真ん中に枝を広げていて、ちょうど木々のトンネルの中を歩く気分である。そして右手に地蔵尊と「第二十四番観音」が並んで祀られてあった。「第二十五番観音」から「第二十三番観音」あたりまでは平坦な歩きよい明るい道であった。

行く手に「観音堂」が見えてきた。その昔、この果無越えには追いはぎが大変多く、命を落とす人もあり、そこで追いはぎを防止するとともに、亡くなった人たちの供養ということで、大津越の切畑家が観音像を彫り、「観音堂」を建てたそうだ。石像を運んだり据えたりする仕事はすべて桑畑村の人々がやったという。

ここにはトイレも水場もある。お堂の右には「第二十番観音」がある。案内板もあり、それによると果無峠まで三〇分とある。これより道は峠直下の坂道となるが、あと三〇分となると俄然元気が出てくる（実際には四〇分かかったが）。なお、この「観音堂」には十一面千手観世音菩薩立像など三体の石仏が祀られていて、堂の前にはかなり壊れて元の形が判別できないようになっている石灯籠が一基ある。

「第十九番観音」の手前には展望が開けた所があって、地面には雪がちらほらと見えている。年末に降った雪もほとんど解けたようだ。眺めはすこぶるいい。右手ずーっと奥には大峰の釈迦ヶ岳（一八〇〇メートル）が頂を雲に隠している。雪の白さもよくわかる。目を左に転じると、三浦峠の山並みとその奥には伯母子岳の連峰もどっしりとひかえている。天気が今日のように晴れていて、山々の白い雪化粧の様子などを見ることができたらそれこそ最高の贅沢というものだろう。私は伯母子峠越えを行った際、雪はあったが、残念ながら何も眺望できなかったので、いつかそのようなチャンスに恵まれたらなあと願いながらいたが、やっとかない、今目の前に展開している風景を楽しんでいた。陽は照ってはいるものの風が冷たいので、峠を目指してすぐ上って行った。

暗い植林帯の中を、これが最後の峠かという思いで一歩ずつ進んで行く。高野街道歩きの峠は、例えば紀見峠や麻生津峠や黒河峠、町石道の笠木峠に、大滝集落手前の薄峠。それに小辺路の代表的な伯母子峠に三浦峠。よくもまあ越えて来たものである。中原中也の「思えば遠く来たもんだ」の詩句がふと口をついて出た。

果無峠（一一一四メートル）着は、十一時十四分であった。ここは三叉路になっており、小辺路は峠を越えて南下するが、道を右につまり西にとると、石地力《いしじりき》山から冷水《ひやみず》山へと続いている果無山脈の縦走コースとなる。そしてここには「第十七番観音」と半壊しているが「宝篋印塔」が二メートルほどの間隔をあけて建っている。平坦な峠でしばらく休憩したいところだが、とにかく肌をさすような冷たい風が吹いてくるし、特に展望が開けているわけではないので、すぐに八木尾に向けて下りにかかる。

と、その時、八木尾の方から上ってくる人たちが見えた。しばらく待つことにする。小辺路歩きで初めて行き会ったグループであった。年齢は私よりも高そうな十人ほどの団体であった。リーダーの人がここで昼食にすると指示している。私は「ほんまにきょうは冷たいですね」とみなさんに言って出発した。しばらく行くと先ほどのグループで遅れた人たちとすれちがった。ずっと一人きりで歩いている私。それに比べてこのような話し相手のいるグループ登山もたまにはいいのではないかと、少し寂しい思いにかられる。が、観音さんがあと十六体いらっしゃる。今日は観音さんを友として下っていこうと思う。まさに〝同行二人〟である。果無の観音さん、ひとつこの蟻さんをたのんまっせ。

果無峠と第十七番観音

果無峠を越えると、冷たい風に吹かれることはなくなり、まるで冬からいっきに春になった気分である。「第十六番観音」を過ぎて五分ほど行き、石畳が現れたかと思うと、左手に「南無阿弥陀仏」と彫られた六字名号供養塔が建っていた。この下あたりにも屋敷跡と思われる所があるが、七色からの出茶屋があったようだ。

峠からは調子よくどんどん下ってきたので身体が温まってきた。私の柳本からの上りは寒いなかであったが、八木尾からのあのグループの上りはさぞや汗をかいたことであろう。本日は柳本から八木尾に向かうほうが楽かもしれないなと感じる。「第十五番観音」から「第十四番観音」にかけてはかなり急坂であった。先ほどの人たちは多分このあたりでは苦戦したことであろう。

「第十四番観音」を過ぎて五分後、道の左手山側に丸い自然石の丁石がゴロンと置いてあった。「とうげより二十丁」と彫られている。「第十三番観音」

は赤松の根元に祀られていた。しばらく休憩し、おにぎりなどを食べた。十二時十五分に出発したが、このあたりから時折、樹木の切れ目から景色を眺めることができる。十津川の川原もよく見える。熊野の山々も青っぽくかすんでいる。石畳道であり、周りは自然林で、いい道である。

「第十二番観音」を過ぎてしばらく行くと、左手にわかりにくいが、黒っぽい三角形をした「三十丁石」があった。「峠より三十丁」と刻されている。石屋さんが連れて来られて直接このあたりの自然石に彫ったものではないかと、宇江敏勝氏は『木の国紀聞』で推測されている（「第十番観音」を過ぎたあたりにも同じ数字の「三十丁」とだけ彫られた自然石が道ばたに置いてあるようだが、今回私は見落としていた）。そばにはウラジロが生えていた。「第十番観音」を過ぎたあるポイントでは左下に七色の集落が見下ろせた。集落の戸数とすれば多いほうかもしれない。「第九番観音」を確認すると、すぐそこが「七色分岐」であった。ここは平坦な鞍部であり、石垣や風除けの杉垣も残って屋敷跡（七色茶屋跡）となっている。「七色領」と刻された苔のついた小さな石柱も少し斜めに傾いて建っている。

道は左右に分かれるが、左にとると、七色に下ることができる。小辺路は右である。「第八番観音」は一段高くなった所に祀られていたのでわかりにくかった。十三時五分、「第五番観音」では、百前森山（七八三メートル）も目の前に迫っている。さらに南を望むと、伏拝王子跡付近の集落も目でとらえられる。もうここは本宮町に入っている。

七色集落と十津川

第五番観音

「第四番観音」あたりでは休憩用に木製のどっしりしたベンチがあった。そして林道に出たのが十三時二十六分であった。

　ここが果無峠への実質上の上り口である。むろんこのまま下って行けば国道に降りられるが、小辺路は林道向かい側の民家の庭先を通過しており、あっという間に国道に降り立つことができる。私は、しばらく休憩を、それも日当たりのよい所でとりたかったので、国道まで五〇メートルあたり上部でリュックを下ろした。石畳が残っている民家そばの道だ。ここで残りのおにぎりとチョコレートを食べた。もうここまで来れば安心なので、心にゆとりをもって休憩できた。

　十三時四十五分、八木尾バス停に出た。「第一番観音」は八木尾地区公民館に祀られているので、国道を熊野川上流方面に五〇メートルほど戻り、左に広い道を入る。右手斜め上に公民館が見える。細い道をいったんは下り、また上って行くと、公民館前広場に達する。その広場の山側に他の地蔵尊などとともに「第一番観音」が祀られていた。私は写真を撮り終えるとすぐにまた国道に引き返した。熊野詣での人々は一般的にはこの八木尾より船で本宮大社に向かったという。ただし、ダムや道路が出来た昭和三十年代には、船や木材運搬の筏は姿を消している。

八木尾バス停、果無峠へはこの石段を上る

　さあ、これからしばらくは国道歩きである。幸いなことに八木尾バス停からは川側に歩道が設けられていたので安心して歩ける。左手に熊野川の川風を感じ、また川面を見ながら歩いた。萩の手前で果無峠を振り返って見た。自分の歩いて来た尾根筋もよくわかる。萩に入り、三越《みこし》川の三里《みさと》橋を渡るあたりからは街に来たなあと思う。国道は渡り終えると左にカーブするが、右の細い道は「発心門《ほっしんもん》王子社」に通じている。

なおも国道を進む。左に「道の駅奥熊野古道ほんぐう」がある。道は上り坂となって九鬼《くき》に入る。左手は三里中学校だ。中学校を過ぎたあたりで国道を横切ると、平岩口バス停がある。国道と分かれ、斜めに上って行く道がある。この分岐点には地蔵尊二体が祀られている（古道との関係は不明）。

現在の時刻は十四時三十二分。本宮大社までは一時間余りといったところだろうか。もし、本宮大社前からバスで田辺・白浜に出るとしたら、龍神バスは十五時五分、明光バスは十五時三分に発車なので、とても間に合わないだろう。本日は車を本宮大社前に駐車しているので安心である。たいがいバスなど公共交通機関を利用している私は、ゴール地点で焦って必死の思いで歩くことがしばしばであったが、今回は歩行の終了をゆっくりと味わいながら歩ける。うれしいことだ。

振り返ると果無峠のあたりがここでもよく見える。最後の挨拶をしてくれているようだ。私が果無の山々から挨拶を受けていると感じるのは、本日の歩行の順調さを物語っているのであろう。普通ならば一月中旬といえば厳寒期に当たる。凍った雪などに悪戦苦闘の歩行は十分予想できることである。そうなれば、おそらく挨拶どころか厳しく突き放された思いで果無の山々を眺めることになったであろう。

雪の小辺路を歩きたいと願っていた人には、このような穏やかな天候に恵まれた場合、物足りない山行といえるかもしれないが、お正月からの好天は私にとって幸運であった。道標を確認する時や、石仏・風景写真の撮影は晴れていることが望ましいからだ。雨や雪では歩くだけで精一杯だし、自分の身を守ることに気をとられてしまう。

昨秋より腰痛のため古道歩きを断念していた私は、痛みからして十二月も山行が無理とわかった時点で、気がかりだったのが、腰痛の回復だけでなく、天候であった。荒天であれば、仮に腰痛が癒えて歩行可能となっても峠越えは困難になり、諦めざるを得ないだろう。私の高野・小辺路歩きも、三浦・果無峠越えを残すのみとなって、それが実行できずに私は昨年十・十一・十二月と焦燥の思いにかられていたのであった。こうして何とか冬の一月に目標を達成できたことは、すばらしい天気のおかげである。熊野の神々、そして高野の仏たちに感謝するよりほかないかもしれない。ほんまにラッキーであった。ツイていた私であった。

こんな気分で「三軒茶屋跡」に向かって歩いていた。国道より一〇分余りで到着した。ここが、中辺路と小辺路の合流点だ。二〇〇一年二月十二日に、「伏拝《ふしおがみ》王子」から「祓戸《はらいど》王子」に向かって歩いている時に通過した所だ。あの時はバスに間に合うようにと必死でどたばたと歩いていたので気づかなかったが、ここには重要な道標石がある。

この「三軒茶屋跡」は、また「九鬼関所跡」でもある。中辺路と小辺路の交わるここには自然石に「右かうや　左きみい寺」と彫られた道標が建っているのだ。復元された関所の木の門近くの将棋の駒形の道標である。厚く頑丈そうな石で、堂々と杉の根元にデーンと落ち着き払っている。まるで力士のような道標だ。私はこの立派な道標石に手をおいた。これにより「私の小辺路」歩きは終了したのであった。

小辺路と中辺路の分岐の道標

しばらく休憩して十五時に「本宮大社」に向けて出発した。途中展望台にも寄ったが、那智方面の山並みがよく見えていた。あの小雲取越えの「百間ぐらのお地蔵さん」のいらっしゃるのはどのあたりかなと眺めてみたが、特定できなかった。

「祓戸王子」で一礼してから「本宮大社」に着いたのが、十五時三十五分。連休ということでお参りしている人も多いように感じられた。私は本殿で小辺路歩きの終了を報告し感謝申し上げ、今後の古道歩きの安全と家内安全を祈った。また知り合いたちの大学合格祈願も合わせてお願いした。

「本宮大社」にこうして歩行終了を報告するのは三度目である。他の二回は、まずは、『蟻さんの熊野紀行Ⅰ』

で二〇〇一年二月十二日、紀伊路・中辺路歩きの時。そしてもう一つは、『蟻さんの熊野紀行Ⅱ』で二〇〇二年三月十七日、小口から小雲取越えでお参りした時である。この二回はその日のうちに大阪に帰り着いているが、今回は十津川での泊まりとなるし、また車を利用していることで少し雰囲気が違う。何となく余裕がもてる。

ここより十津川温泉「ホテル昴」までは車でほんの四〇分程度。空はまだ明るい。熊野川沿いの国道一六八号線を九鬼・八木尾と集落を確かめながら走らせた。このぶんだと明日も晴れるだろう。明日は西中から三浦峠の道の確認をするつもりだ。露天風呂を楽しみに私はハンドルを握っていた。

〔以上一月十一日の歩行はここまで、次に翌十二日の様子を簡単に記す〕

【三浦峠から西中への下りの新道歩きについて】 二〇〇四年一月十二日に歩く

※新道のコースタイムは「第十六章」の本文中にある

翌十二日もよく晴れ渡っていた。私は八時すぎにホテルを発って、あまり国道らしくない国道の四二五号線を車で西中に向かっていた。西中大谷橋手前の林道を上り、八時三十五分に小辺路入口に着いた。ここは道を挟んで上と下に民家が一軒ずつある所だ（新道入口へ行くには、まだこの林道を最終地点まで行く必要がある）。車を空き地に停めてすぐに出発する。民家のそばを山に入る。植林帯の中を徐々に高度を上げて行くと、八時五十五分に観音堂に着いた。続いて同じような植林帯の道を行くと、ちょうど鞍部になっている手前に墓石がいくつか見られた。今西方面に下る道を右に見てそのまままっすぐに進む。あとはほぼ尾根道となり、「五輪塔」を九時四十二分に通過した。それから約二〇分で新道との分岐に着いた。この分岐点から新道を通って西中へと引き返した（この分岐から少し上った所が「出店跡」である）。

旧道（小辺路）は概して尾根道であるが、新道は山腹を巻いていく道である。したがって等高線に沿ってゆるやかに下る道で、結局林道に出合うまで急坂と思われる坂はなかった。ただ、山腹を行くため、それも右手谷側は急

やっと会えたお地蔵さん

峻であり、時にはガレ場があって危険な箇所も出てきたりと、子供連れには不向きであろう。景色的には見晴らしのきく所があるが、林道との出合いに近づくとどんどん良くなる。道は植林帯の中を行く時もあるが、樹種は多彩である。

新道・旧道の分岐から二五分ほどで四つ辻になる。右はかつて集落のあった奥大谷への道、左は小辺路に通じている。新道はまっすぐ進む。なお、ここの山側には平坦地があって、「瑞雲山東光庵跡」の石碑があり、かつて寺院があったことがわかる。

さらに下って行くと、十一時五分、地蔵尊が左手山側に祀られていた。「すぐかうや道　右左在所道」と刻されている。実は今回私はこのお地蔵さんに会うためにもう一度上って来たのであった。私は、堺から高野街道で高野山に至り、さらに高野山から小辺路で熊野本宮大社へと一年以上かけて旅をしてきた。神社仏閣を訪ねお参りするのはむろん大事なことであるが、それ以上に私にとって大事なことは、様々な道標を確認することであった。道標を一つずつ確かめながら歩くことが、先人たちと一緒に歩くことにつながると考えたからである。旧道を歩くことによって、空海や西行や河合曽良もこの道を歩いたのかと素直に喜べ、少しでも先人たちの思いに近づけるのではないかとの思いもある。

ところが、このお地蔵さんを前回確認できず心残りになっていた。彫られているのが「かうや」であるからなおさらである。高野山から歩いてきた私にとってぜひとも会いたいお地蔵さんであった。どの文献またはガイドブックの類を見ても、このお地蔵さんが祀られていることを記載している。なぜ私は会えないのか、会ってもらえないのかと気がかりであった。そんな時、十津川村役場の観光課の方から新道に祀られていると教えていただいて、本日それを確かめるためにここにやって来たのであった。

お地蔵さんに出会えた私は、とりあえずすぐに小辺路の旅における最後のお祈りをしたが、「お地蔵さん、ここにいたはりましたか。探しましたわ。そうですかここにいたはったんですね」という言葉が思わず口をついて出た。声に出してお祈りしている自分に驚いた。続いてはいつものように心の中で、「堺から始めた旅もほぼ終わりました。何とか本宮にたどり着けました。有り難うございました。これからも古道歩きの安全よろしくお願いします。また家内安全もよろしくお願いします」と祈った。

お地蔵さんにはミカンが二つ供えられてあった。どなたか昨日か今朝にお供えされたのだろうか。大切にされている人がいるのかもしれない。その時の私には、疲れは全くなくミカンは必要でなかったが、山歩きで疲労困憊した人のためにどうぞ持って行きなさいというようなお地蔵さんからの有り難い贈りもののようにも思われた。私はリュックから、昼食用にと買ってきた「ホテル昴」のパンを取り出してお供えし、すぐにおさがりとして頂戴し、お地蔵さんの前で食べた。おいしかった。大安心のなかでの贅沢なパンであった。

なお、「右左在所道」と彫られているように、山側の道は今西に、谷側の道は奥大谷への道なのであろう。おそらく、ここより山側に上ればたぶん小辺路に合流していると思われる。が、かなりの急坂である。

これは全く私の推測以外のなにものでもないが、奥大谷は三十軒ほどの集落であったらしく、その奥大谷の人たちが西中に出る道、三浦峠に上る道、として新道を開いたのではないだろうか。そして高野山に向かう人、熊野に詣でる人がその新道を歩き出したといえるのではないだろうか。お地蔵さんが祀られているということはそれだけ通行する人が多くなったことを示しているのではないか。また尾根道である小辺路よりは、その西斜面を行く新道は迷いやすく、そのためにも道標としての地蔵尊が必要であったのかもしれない。

私は、この新道を歩く前には、新道というからには地元の人たちが上りやすく歩きやすいルートとして、最近新しく切り拓いた道であろうと勝手に思い込んでいたが、決してそうではなかった（新道は明治時代、旧道は江戸時代に拓かれたといわれている）。

林道に出ると、目の前に天上山　奥は果無山脈

今後、この三浦峠と西中を歩く人のために一言。各文献やガイドブックにかなりの誤りが見られるので要注意だ。というのも、このお地蔵さんの位置に誤りがある。まず、調査のための歩き方として二通りある。一つは旧道（小辺路）、一つは新道である。

（１）旧道を歩いて調査した場合、参考地図として二万五千分の一「重里」にあるように尾根筋を旧道として表している。これはこれでよいが、何とこのお地蔵さんは、その旧道の途中にありとしている。お地蔵さんは「新道にあり」が正しい。

（２）新道を歩いて調査した場合、お地蔵さんに出会った記載があるのはそれはそれで正しい。が、参考地図を載せた場合、二万五千分の一「重里」にある尾根筋の旧道を書き込んでしまっている。地図だけ見れば、お地蔵さんはやはり尾根にありとなり、誤りである。

ということで、いまのところ、筆者が調べたかぎりでは、文献・ガイドブックで解説以外に参考地図が載っていると、（１）（２）いずれの場合も間違っている（二〇〇二年三月奈良県教育委員会発行の『熊野古道小辺路調査報告書』は正しく記載されている）。「お地蔵さんは新道にいたはる」ということだ。

さて、お地蔵さんに別れを告げ、山道を二〇分ほど行くと、十一時三十五分、前ぶれもなくいきなり林道に出た。ここが林道の終点である。日差しがまぶしいくらいで、急に世の中が明るくなった感じだ。展望がどーんと開けた。目の前には天上山が三角形のきれいな稜線を描いている。その後ろには、昨日越えた果無山脈が青灰色にかすんでいる。暖かく春山を想起させる光景だ。ここは見事な展望台となって、絶景に圧倒されそうである。私はここでもしばらく休憩した。誰の足もここでは留めてしまう、そんな大パノラマである。私にとってちょっときざな表現かもしれないが、感動のそして大団円のフィナーレにふさわしい光景との出会いになった。あのお地蔵さんに会うために、この大パノラマを目にするためにここまで大阪から歩いて来たのかもしれない。私は大満足であった。

ここより林道を下る。すぐに林道から右に下りる矢印が出てくるが、ここを下っても、西中手前で旧道（小辺路）と合流する（別にこのまま林道を行き、民家前でも旧道に合流することができる）。民家前の私の車までは一〇分程度の距離だ。歩きの場合は、ここより斜めに西中へと下ることになる。

上り下りを入れて、三時間あまりの山歩きであった。昨日は一日中歩いていたので、これくらいがちょうどいい歩行時間だろう。私は西中から「ホテル昴」目指して車を走らせていた。ホテルには、あっという間に着いた。この「ホテル昴」の良さは、昨夜の泊まり客の場合でも、申し込めば無料で温泉に浸らせてくれることだ。これはほんとうに有り難い。ということで、私は露天風呂で昼の空を眺めることができた。

ホテルで山菜そばを食べ、知人へのお土産も買って、十四時四十分に五條に向け出発した。この国道一六八号線は、本宮─田辺間の三一一号線に比べて、道は狭くダム湖や川沿いを行くためカーブの連続である。暗い時にはあまり走りたくない道であるが、昼間であれば大阪・奈良方面へは、こちらのほうが早く着ける。途中十津川村役場前の「歴史民俗資料館」に寄ってみたが、特に小辺路に関する新しい情報はなかった。資料館を出た時、村役場の「大峯奥駈道・熊野参詣道小辺路を世界遺産に」の横断幕が目に入った。いよいよ世界遺産に決まるかどうかは今年の六月であるという。私としても朗報を心待ちにしたいと思う。

十津川村を出てからもずっとダム湖や川を横に見ながらの運転は続いたが、それも切れて山道にさしかかった。大塔村と西吉野村の境の天辻峠は近い。時刻はまだ十六時を回ったところ。「大塔村郷土館」に寄ることにした。左手の土蔵が郷土館になっており、右の大きな建物は茅葺《かやぶ》き民家を再現したもので、土産物販売や食事処となっている。私は資料館で「大塔宮物語」と題する映像シアターを鑑賞したあと、休憩のため民家のほうへ行った。もう時間的に食事は出せないが飲み物はどうぞということであった。靴を脱いで板の間に上がると囲炉裏《いろり》があり、その周りには丸いゴザも敷いてある。奥の方には座敷机があったりとかなりの大人数でもいけそうな広さだ。炬燵《こたつ》もいくつかあって、時間があれば横になれそうだ。

　十七時五分前に五條に向けて出発した。五條市内は渋滞もなく通り過ぎ、結局自宅には十八時十五分に帰り着いた。果無峠は無事越えることができたし、西中近くの新道のお地蔵さんにもめぐり会えたし、まずは満足いく成果が残せた古道歩きであった。あとは、なかなかすっきりしない腰痛が治ることだが、これからの古道歩きも慎重に行かねばならないだろう。ヒザと同様〝だましだまし〟いたわって、これ以上悪くならないよう気をつけねばと思う。何しろこれからもお付き合いいただく間柄なのだから。ヒザ君、腰さん、それにヒジや肩のみなさん、これからもヨロシク！

【歩いた日】二〇〇四年一月十二日㈷　晴れ
二〇〇四年一月十三日㈫　晴れ

【付録】

『明治日本旅行案内　下巻ルート編Ⅱ』アーネスト・サトウ編著（庄田元男訳）に、**「高野山から山越えで熊野へ」**の記載があるので、以下に抜粋する。なお、（　）内および＊印は、庄田氏の注であり、【　】内は筆者が現在と比較し、付加したものである。旅行は、明治十二年（一八七九）五月に行われている。

　著者の「アーネスト・メイスン・サトウ」であるが、彼はれっきとした英国生まれの英国の外交官である。文

アーネスト・サトウ

久二年（一八六二、十九歳）から明治十五年（一八八二、三十九歳）の間、英国公使館で通訳生、日本書記官などをして通算約十七年間にわたって日本に滞在した。ついで明治二十八年（一八九五、五十二歳）から今度は英国の駐日公使として約五年間務めた。彼は明治四年（一八七一、二十八歳）から明治十五年（一八八二）にかけておよそ三十一回にわたって日本国内を旅行し、日記を残している。

この経路は全区間を通して山岳部をたどるものですべて歩行に頼るしかない。南東側の大滝口〔高野山へ至る高野七口の一つ〕をあとにし、三二五〇フィートの高所まで登った後、美しい濃緑の「高野槇」のみに覆われている森の中を小一時間程進むと、突如として下降し、大滝の村に至る。当地は紀州の有田川源流部に近くあい鱒がよく獲れるところだ。【場所的には御殿川の鉄橋の架かっているあたりを指すのであろうし、あい鱒とはヤマメ等をいうのであろう】この沢を渡り再び四十分の山道を登ると平坦な尾根に達し、【現在、高野龍神スカイラインが走っている】雄大なブナの森を見渡しながらさらにかなりの距離を歩き続けた後、宿泊が可能な一軒の小屋がある水ヶ峰（三七〇〇フィート）にたどりつく。吉野地方の中でこの付近は十二村郷《むらごう》すなわち「十二の集落」と呼ばれている。この小屋からは周囲の高峰を望見することはできず、大峰山は十津川筋の丘陵にさえぎられて見えない。前述の尾根に向けて十分程登ると「鳥居」【今は、木製の小さな鳥居がスカイライン脇に建てられている】があり、そこを左に折れて荒神の山頂を経た後、さらにその先で本道に戻る山道が発している。水ヶ峰からこの尾根をかなり進むと、春にはあざやかな深紅色のツツジが咲き乱れる森を下降して行く。ブナと樫の木が最も多く、若干の木蓮や栃がこれに加わっている。山の下方では主として栂などの針葉樹が主に茂っている。幾重にも曲折する山道を下ると大股（二二九〇フィート）の小村の先で、東に向かって流れ十津川に合流する沢【川原樋川のこと】におり立つ。ここでは橋を越えて数ヤード先の右岸に二軒の小さな旅館がある。さらに長く険しい山腹を三十分登ると茅小屋（三一七〇フィート）にたどり着く。【茅小屋は現在小屋跡だけが残っている】後方を振り返ると渓谷の対岸に大股から登って行き、水ヶ峰の尾根へと続く山道を一望できる。ここから主として落葉樹がしげる伯母子峠（四〇〇〇フィート）への登りが始まる。峠の少し先の開けた所に十津川谷の境界線を示す標柱【現在、伯母子峠の小屋そばに石標はあるが、それは大正六年に建てられたもの】が立っているが以前はここに木戸があり当地域を外部とはっきりと区分していた。当地に居住する農民は「士族」に列せられており朝早くから巾のひろいズボン〔袴〕を着用し二本の刀を腰に帯びる侍の身なりで畠を耕作し荷を運ぶ姿を目にすることができるかもしれない。

＊十津川郷士　古くから南朝の勢力圏にあって太閤検地の時以来十津川郷には年貢が免除され農民には郷士の資格が与えられた。早く尊皇攘夷を唱え禁中護衛のため上洛している。

上西（三三三〇フィート）には宿泊用の小屋が一軒あるのみで、大きな相部屋でざこ寝をするところだ。【現在、その跡地は残っている】当地ではとても美味しい芋（朝鮮芋とよばれている）が収穫されている。少し休憩した後森を経て山をくだると五十五分で山の支脈にわずか一軒の小屋が立つ松平（二一四〇フィート）に至り、さらに二十五分で沢（一一二〇フィート）におりる。ここは神納川と左から流下する沢が合流する所だ。合流地点のやや上流で橋を渡ってその沢を越え川砂利の上を少し歩き浅瀬で対岸に徒渉した後また左岸に渡る。五分進んで沢が左に曲がると五百瀬である。ここで橋を渡って神納川を越え小ぎれいな旅館がある三浦村へとのぼる。当地は高野から熊野への山岳道の中間点に位置しているとともに、道筋の旅館よりもはるかによい施設を有しているのでここに一泊するのが適切である。丘を登り森に入る手前で振り返ると五百瀬の向こうに神納川へと下ってきた山道と、その上部にあって空地に近く位置する松平の山小屋【『熊野めぐり』・『三熊野参詣道中日記』（ともに作者不明。十八世紀中頃の小辺路の様子が書かれている）の両書では、「待平」と表記。位置は「弘法大師坐像」から半里（約二キロ）下った所。「大塔宮の腰掛石」の大きな石が二つあり、そしてそこには一軒屋もあったと記している。現在その大石はない。】を見ることができるとともに左手には神納川の谷が横たわりその湾曲部の陰には杉清の小村がかくれている。この沢の右岸丘陵を登っていく踏跡は十津川地区のはずれの小さな集落にたどりつくものだ。いくつかの沢筋をつめていくと紀州へと越える山道があるが、住民以外の者にはほとんど利用されていない。三浦峠のおよそ十五分前で十津川本流を経て玉置山方面に向かう一本の山道が左へと分岐していく。【現在も三十丁石と地蔵道標があり、玉置山への道を示しているが、廃道となっている。】

三浦峠の頂部（三三六〇フィート）は全くの裸山で、そこからは濃密な樹林に覆われた同じような高さの山並みが目に入るだけであるが峠を越えてくだりにさしかかるや南西方向により高い山々があらわれる。その間にはこの経路の峠越えの中でも最も険しいと言われている果無峠がある。下降するにしたがって景色は興趣を増し頂点から十五分ぐらいで今西の集落に属する古矢倉（一三三〇フィート）の小屋に至るのだが誠に御粗末なところである。さらにもう一軒の小屋を過ぎてくだると西川渓谷の上部に位置し二本の大きな山梨の木陰にたたずむ三番目の小屋に至る。ここには清潔な部屋が一つあるが、そこから五分下降するとさらに良好でよりきれいな林助定の居宅がある。山道はここにきて急激に下降した後沢の左岸に沿って進む。最初は平坦だがやがて沢が大きく湾曲するにつれて沢に突出する山裾を高くそしてさらに高く越えていかなければならない。川石の間を二時間半歩きさしたる村落ではない玉垣内《たまがいと》と永井を過ぎると、崖の端部にかかる渡し場の三百フィート程の高所に位置する六軒の小屋が並ぶ石楠部《いしくすべ》【現在の蕨尾】に達する。歩いて来た谷は誠に狭く、両岸に小村が点在しトウモロコシ畠が見られるものの、いずれも急な斜面に位置している。土壌もまた貧弱である。石楠部付近から熊野まで川をくだる舟を時々調達できるものの確実性にとぼしく、特に降雨後は水量が増加し小舟が安全に流下できない。

果無峠をめざして渡舟で沢を越えるとかじやの茶店までおよそ七百フィートの激しい登りがあり、さらに九百フィートあがると二番目の小屋【山口茶屋か。現在その屋敷林と跡地がある。】に至る。この途中で西川と十津川の渓谷の興味ある景観が時折目に入る。最初の小屋の下部の曲り角で立ちどまり、両渓谷が双方向から合流すべく勢いよく流下するさまを見下ろすのは価値あることだ。合流点とそれに続く川身は川に突き出す山裾に阻害されて視野には入らないのだが、この間にあたかも二つの急流が激突してお互いを全滅させてしまうのではないかとか、ともに大地の中に吸い込まれてしまうのではないかとの好奇心をそそられる。だが、少し上部にのぼると、合流した川身が再び姿を現し険しく木のしげる丘陵の間を静かに西に向けてくだっていく。二番目の茶店から三十分で今では見捨てられた観音を祀る御堂【現在も観音堂として祀られている。】へたどり着き、更に二十分程のやや険しい森の中の登りを経て頂上（三四五〇フィート）へ到達する。反対側へ一時間ほど下ると「左七色へ、右本宮へ」との標柱に出合う。この下方で大和から紀州への境を越えた後山道は再び二つに分岐【七色分岐のこと】するのでその右側をとって進むと八木尾谷（四〇〇フィート）に至る。下降するにつれて川の景観は誠に美しくまさに道中随一と感ぜられる。というのはそれ迄は山地以外の景色に接することがなく、時に奔流を渡る以外に水場もなかったためである。川身は石ころの多い川床を右に左にと屈曲して流下し本宮に近づくや広い渓谷を形つくって耕作地が認められる。【サトウはここで舟に乗り換えているが、歩く場合は、川より離れ、しばらくして三軒茶屋で中辺路と出会い本宮に達することになる。】

八木尾谷では、紀州の海沿いの新宮まで舟を調達し、途中本宮で三十分程右岸の水辺に接して森の中に立つ熊野本宮大社を参観して川を下るのが最も適切である。川の流量が多い時は六時間で全区間の川下りを容易に達成することが可能だ。

八木尾谷を出発し大居の村で大きく湾曲した後一時間で本宮に達する。森を抜けると社務所の前に着く。参詣の申し込みは簡単に受理され案内人が付く。左手には「能」と呼ばれる中世の舞劇が演ぜられる舞台がある。区画された社殿は毎年の出水を避けるべく本来の地山から数フィート嵩上げされている。境内入口には屋根付きの門が立ちその後部に神々を祀る七つの拝殿が木製の玉垣に囲まれて長く並んでおり、拝殿ごとに小さな門が置かれている。社殿は七十年前に再建され、当時は「純粋神道」派の影響が始まった頃であって古式の様式にかえった白木造りが採用されている。

【サトウが「参観」したのは、音無川と十津川の合流する中州（現「大斎原」）にあった旧社であるが、この後サトウの記述によれば、「音無川岸辺に立つ巨大な鳥居は完全に荒廃し崩壊寸前にある」としている。なお旧社は、明治二十二年（一八八九）の水害により、十二社殿のうち四社殿以外は流出し、社地は現在地へ移転し、規模的には八分の一になったという。】

特別編Ｉ　天野街道

南海金剛駅～天野山金剛寺

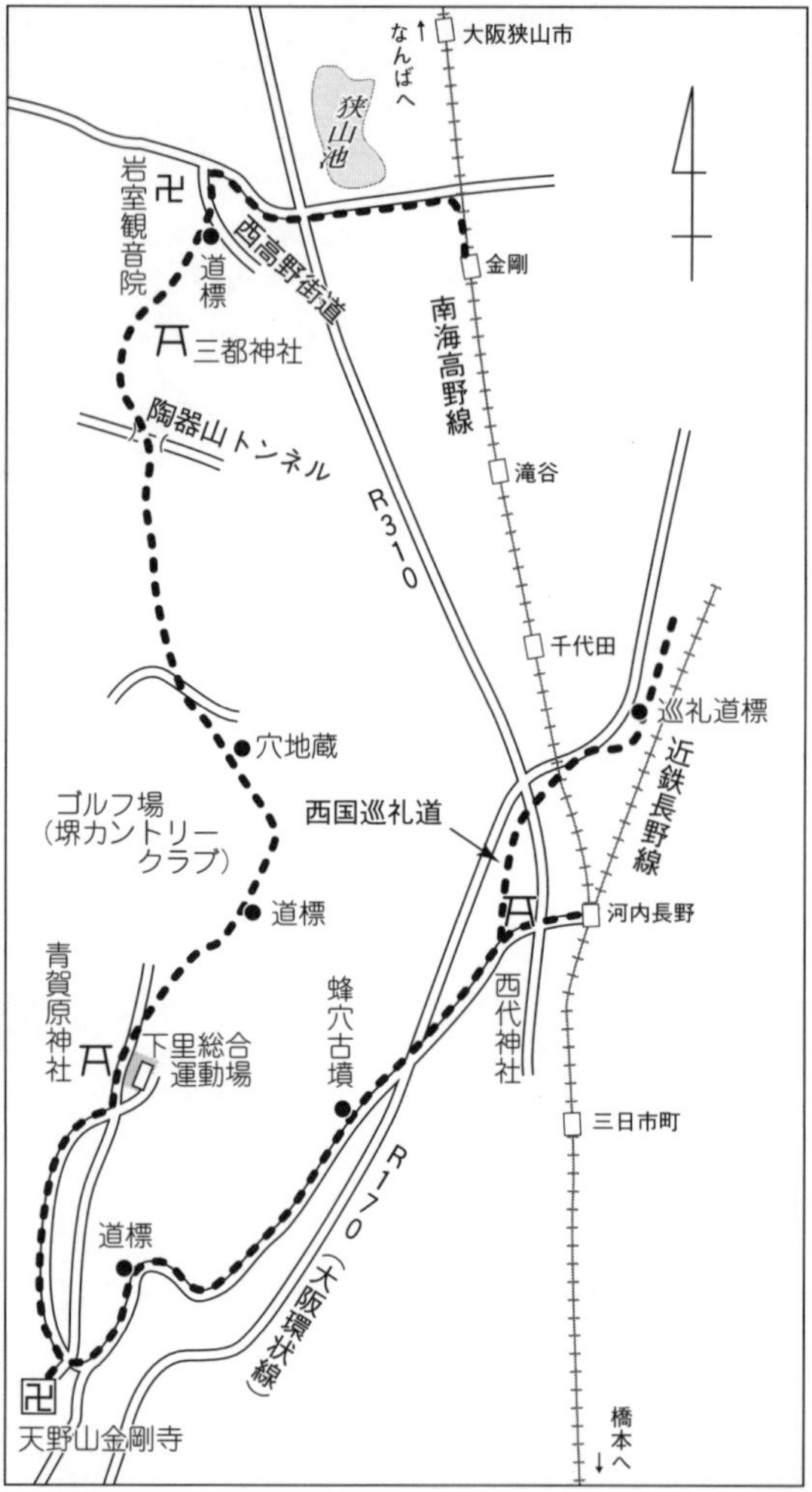

コースタイム

南海金剛駅（40分）岩室観音（5分）分岐道標（30分）陶器トンネル上（40分）穴地蔵（15分）分岐道標（30分）青賀原神社（30分）天野山金剛寺（1時間10分）南海河内長野駅

天野街道は、西高野街道との分岐点（大阪狭山市今熊七丁目）から天野山金剛寺にいたる道である。金剛寺からは和泉山脈越えで高野山・熊野を目指す参詣道としても利用された道である。

まずは、前述の分岐点まで行く必要がある。南海金剛駅の北約三〇〇メートルを走る府道二〇二号線に出て、西に進む。すぐに大きな下り坂となる。右には狭山池が見えている（「府立狭山池博物館」は池の北側に位置しており、立ち寄るなら大阪狭山市駅が便利で、池は遊歩道によって一周できる)。

下り切ると、今度は長い上り坂が待っている。ほぼ上り切ったと思われる頃、岩室交差点があって、左に入る。集落への上り坂となるが、その前に右手前方には「岩室観音院」の小高い杜が見えているので、お参りするのもよいだろう。集落の道を進んで行くと、やがて前方が二股に分かれており、ちょうどそこに「右あまの山二里　左かうや山十里」の道標が建てられている。ここからが天野街道のスタートだ。

道標に向かって右に進む。しばらく集落内の道を行くが、すぐに陶器山丘陵の山道となる。山道といっても幅広く、散歩する人を朝夕多く見かける遊歩道である。南に向かって、右が泉北ニュータウン、左が狭山ニュータウンということで、ちょうどこの道は堺市と大阪狭山市の市境と重なっている。陶器山という名は、『日本書紀』に「茅渟《ちぬ》の県《あがた》の陶邑《すえむら》」と見える。その当時は一大窯業地域であった。

一〇分程歩くと、右に「あまの街道」と刻された新しい石標がある。そこから約一〇メートルで左への分岐が出てくる。「三都《さんと》神社」への道だ。神社へはこの分岐より往復約一〇分である。「三都神社」は熊野三所権現を勧請しており、熊野信仰で栄えた神社である。所在地の今熊という地名はこの神社に由来している。なお、神社への分岐には案内標識があって、目指す金剛寺まで九・一キロとの表示がある。

左右にクヌギ林などが広がるなだらかな尾根道を行くと、トイレと休憩所がある。その手前は見晴らしもよく、陶器山トンネルの上部となっている。トンネルを通っているのは、泉北、狭山ニュータウンを結ぶ道路だ。トンネルの出入口付近にはこの遊歩道まで上る道がついており、そこから上って、しばしの丘陵散策を楽しむ人が多いと聞いている。

堺市と大阪狭山市の境を行く陶器山の道

さらに進んで行くと、いったん民家のそばの道となるが、また山道となる。左に西山霊園が見える頃、右手方向には大阪湾が眺められる。そして前方には和泉山脈もその連なりを現し始めている。道をゆるやかに下って行くが、二股に分かれている箇所がある。電柱には「大野西」とあり、またクスノキが道端にある。ここはまっすぐに道をとることだ。そしてすぐに府道三八号線に出る。道なりに斜めに横切り、池のそばの道を池を巡るように行くと畑集落に出る。集落内の上り坂を行くうちに配水タンクが迫ってくる。これがよい目印となる。タンク近くの平坦な道を行くと、正面に「穴地蔵」の祠が見えてくる。ここはちょうど道の合流点に当たっており（三ッ又の辻と呼ばれる）、地蔵尊はその真ん中に交通整理よろしく祀られている。

「穴地蔵」は、目でも鼻でも、穴という穴のすべての病気に霊験があるということで近隣の信仰を集めている。外からは見えにくいが、お堂の中には石柱があって天野山への道標だそうだ。この「穴地蔵」からは見晴らしがすこぶるよい。西は淡路島までよく見えるし、南は岩湧山、そして東はというと、金剛・葛城の山々が一望できる。これは想像だが、その昔、ここには茶店が営まれ、多くの旅人が景色を楽しんだように思われる。

「穴地蔵」より、堺市と河内長野市の市境の平坦な道を行く。右手下方にはゴルフ場が見えている。車一台の道幅の舗装道を行くが、下りになったかなと思える頃に田畑の広がる所に出る。このあたりまで来ると、紀見峠付近までそれとよくわかるようになる。分岐に道標が建っている。「右あまの　左かうや」とあり、高野山に詣でる人はここより左方向の西高野街道に向かったようだ。

山裾の道を行く。左手は天野川が流れており、ゆるやかな河岸段丘となっている。里山の風景とはこういうのを

穴地蔵の右を進む

いうのであろう。川があって田畑があって、林がある。この道は秋に歩くのがよさそうだ。左方向の風景を堪能しているうちに二車線の道路に出る。そのまま南下を続けると、左に下里総合運動場がある。この運動場の向かいの山手側には「青賀原神社」（四社大明神で、国津・丹生・高野・稲荷大明神を祀っている）があって、右に神社への自動車用の道を上ると広い境内に社殿が見えてくる。神社の参道を下り、右手方向に下里の集落内を行く。天野山までもう少しだ。

やがて左に回り込んだかと思うと、「天野山金剛寺」の東門が見えてきてそのまま寺の境内に入っている。駐車場の方に行くと、桜の木の下に案内標識があり、さらにそのそばには「左まき尾山道七十二丁　右葛井寺道四里」の立派な道標が建てられている。西国三十三所の「施福寺《せふくじ》」から「葛井寺《ふじいでら》」への巡礼道であることが知れる。

したがって、「金剛寺」より南海河内長野駅へは西国巡礼道を行くことになる。東門を出て直進すると右から旧国道一七〇号線が合流してきて、そのまま旧国道を進む。この道は和泉北部より南河内を経て奈良県五條に至る「河泉街道」と呼ばれた道である。

いったん下り切った所のバス停下里口そばの道端には地蔵尊の祀られた小祠があって、その脇に「葛井寺」への道標が建っている。そこから上り坂となって広野集落あたりからは長い下り坂となる。右手に金剛山が大きく見えている。やがて国道一七〇号線（外環状線と呼ばれ関西空港方面に至る道）に合流する。国道を横切り、道なりに行くと、野作南交差点のそばには「法界塔」と地蔵尊の祠があって、その場所に「葛井寺」への道標もある。しばらく進むと、「西代《にしんだい》神社」（もと西代藩の陣屋の西南にあり、主神は国常立命である。）が左手にある。神社横を通って下って行くと、やがて南海河内長野駅に着く（天野山から河内長野駅まではバスで約二〇分）。これで高野街道に合流したことになる。

なお、西国巡礼道であるが、「西代神社」西側の細い道を行くことになる（天野山から来た場合、神社手前を左に入る）。続いて長野小学校の西側を行き、広い道路を横切って進んで行き、ホームセンター前を通過して道なりに行くと地蔵道標があって、「葛井寺」を示している。その地蔵の右側を進み、さらに国道三七一号線を渡り終え、しばらく行くと、国道一七〇号線の高架下になる。下に南海高野線を見て、やがて道は右にカーブし、向野の集落となり、右下には近鉄南大阪線が走っている。少し下ると、二車線の道に出るが、「右まきのを　左かうや」の巡礼道標（第二章に記載あり）が建てられている。ここで東高野街道と合流することになる（西代神社より約二五分）。

【金剛寺】案内

「天野山金剛寺」は、奈良時代に聖武天皇の勅願によって、僧行基が草創し、その後空海も修行をしたといわれている（空海は「金剛寺」より南に約五キロの槇尾山「施福寺」で得度したともされている）。ところが、平安時代末期には寺運が衰え、高野山から阿観《あかん》上人が再興のために移住し、弘法大師像を祀って御影供を始めたり、金堂（現存）を建立した。

また、鳥羽院の第三皇女の八条女院は、高野山の「不動堂」を寄進したが、「金剛寺」にも深く帰依し、「金剛寺」の行事を高野山にならって同じようにするなどしたので、当時女人禁制の高野山に対して「女人高野」と呼ばれるようになったのである。

「金剛寺」が歴史の表舞台に登場してくるのは、南北朝時代の頃である。正平九年

本坊の庭

南朝行在所のあった摩尼院

（一三五四）、後村上天皇は山深い賀名生《あのう》から行在所を金剛寺内の摩尼院に移した。正平十四年に行在所が「観心寺」に移るまで、この「金剛寺」が南朝方の中心地であったわけだ。なお、不思議なことに北朝方からは人質の光厳《こうごん》・光明《こうみょう》・崇光《すこう》の三院も寺内の観蔵院を行在所としていたので、南朝・北朝が同居（四年間）していたことになる。なお、今は本坊の庭の一隅に「旧観蔵院」の石碑が建てられている。

拝観は十六時三十分までとし、本坊（奥殿・宝物庫）は拝観料が必要で、室町時代の作といわれる庭園もいっしょに鑑賞できる。摩尼院は日曜日・祝日に限り拝観（有料）を受け付けている。

特別編Ⅱ　観心寺から延命寺へ

南海河内長野駅～くずの口バス停前交差点～観心寺～延命寺～南海三日市町駅

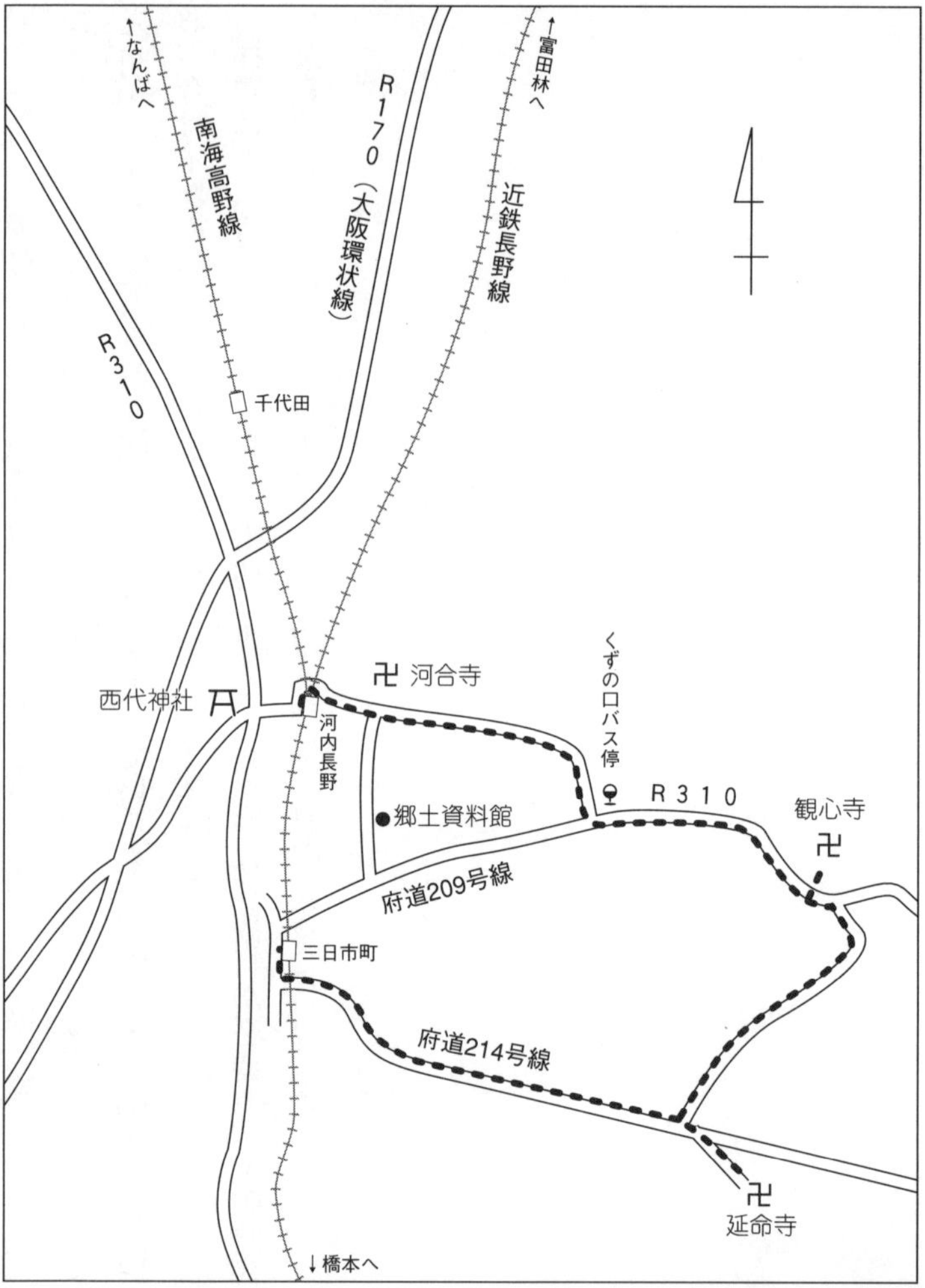

コースタイム

南海河内長野駅（40分）くずの口バス停前交差点（20分）観心寺（30分）延命寺（30分）南海三日市町駅

南海河内長野駅から、駅の西側に沿う東高野街道を富田林方面に少し戻ると、近鉄・南海線のガード下に出る。そのまま国道三一〇号線を下って行き、石川に架かる諸越橋を渡る。これよりしばらく三〇分あまりは上り坂となる。歩道はほとんど設置されていないので、自動車に気をつけねばならない道だ。この道は、五條へ通じている旧河泉街道である。河泉街道は和泉北部（泉大津市）から天野山を経て河内長野市から奈良県五條市に至る道で、五條街道とも呼ばれている。この道は、南北朝対立の頃には吉野と「観心《かんしん》寺」「金剛寺」を結ぶ重要な道であり、天《てん》誅組《ちゅうぐみ》も三日市村より五條に越えた道である。

くずの口バス停から望む金剛山

左手山側に「河合寺」の山門を見る頃、交差点となる。右折すると、市立郷土資料館に立ち寄ることができるし、またそこから「観心寺」方面へも新道で通じている（両道は「くずの口バス停前」で合流している）。「河合寺」からの道は上りとなるが、急坂ではなく、上り切った所が「くずの口バス停前」の交差点である。

この三叉路となっている「くずの口バス停前」交差点からは、目の前に金剛山がその姿を現し、ゆるやかに下って行くと「観心寺」に着く。「観心寺」は境内が広く、金堂は国宝のうえ、後村上天皇陵・後村上天皇行在所跡や霊宝館などがあって、ゆっくりと時間をとりたいお寺である。

「観心寺」から山門を出て、先ほどの国道三一〇号線をほんの少し左に行くと、右に石見川に架かる赤い色の南大門橋を渡る。道なりに行くと、太神宮石灯籠が建てられている。そばには道標もあって、かすかに「かうやみち」と読める。この灯籠から一〇メートル先で右折し、細い舗装道を上って行く。やがて上り切った所に老人ホームが左にあって、そこからは下りとなる。明るさをもつ植林帯を行く。

やがて民家が見えたかと思うと道に突き当たり、神ヶ丘の集落に出る。右に行けば南海三日市町駅方面だ。道は左にとるがすぐに分岐となり、「延命寺」の案内板に従って右の道をまっすぐに上って行く。五分ほどで「延命寺」に着く。「延命寺」の手前に南海千早口駅方面への山越え道がハイキングコースとしてあるが、美加の台ニュータウン地区で分断されているので、あまりお薦めできない。

「延命寺」は秋の紅葉で知られた古刹であり、西国三十三所巡りも設定されていたりと、「観心寺」同様に心癒される風情あるお寺なので、ゆっくり休憩するとよいだろう。なお、「延命寺」は真言宗御室派に属し、開創は空海と伝えられている。

「延命寺」からは、三日市町方面に石見川に沿って下って行く。約三〇分で南海線の踏切を渡る。渡って二〇メートルほど行くと、高野街道に行き当たる。駅は右手方向だ。合流点には道標があって「延命寺」の方向を示している。そこから高野街道を北に向かうと南海三日市町駅だ。なお、駅の北側には府道二〇九号線が線路を跨いでいるが、そのまま山側に進んで行くと、「くずの口バス停前」交差点に出る。したがって、「河合寺」から市立郷土資料館を経て「くずの口バス停前」交差点を目指す場合、資料館見学後は東南方面に府道二〇九号線を目指せばよいだろう。

【観心寺】案内

「桧尾山《ひのおざん》観心寺」は、高野山真言宗の寺である。文武天皇の大宝元年（七〇一）、役小角《えんのおづぬ》によって開かれ、初め雲心寺と呼ばれていた。平安時代の初め大同三年（八〇八）弘法大師空海が境内に北斗七星を勧請し、弘仁六年（八一五）には観心寺と寺号を改めた。弘法大師は弟子の実恵に寺院造営を委嘱し、実恵はその弟子真如とともに、天長四年（八二七）より造営工事に着手した。南北朝時代には後醍醐天皇の帰依が深く、南朝の勅願寺となる。また楠木正成《くすのきまさしげ》の学問所としても知られており、正成自身も報恩のため三重塔を誓願したが、現在「建掛塔」（重文）として金堂近くにある。湊川で討死後、正成の首級が送り届けられ「楠木正成首塚」として残っている。山に少し入った所には第九十七代天皇、後醍醐天皇の皇子である後村上天皇の陵もある。金堂は前述のように国宝に指定されているが、本尊の秘仏「如意輪観音坐像」も国宝となっている（四月十七・十八日に特別公開されている）。

観心寺金堂（国宝）

金堂への石段

特別編Ⅲ　高野山女人道と三山めぐり

南海高野山駅～女人堂～弁天岳～大門～大峰口（奥の院駐車場横）～摩尼山～楊柳山～転軸山～女人堂～南海高野山駅

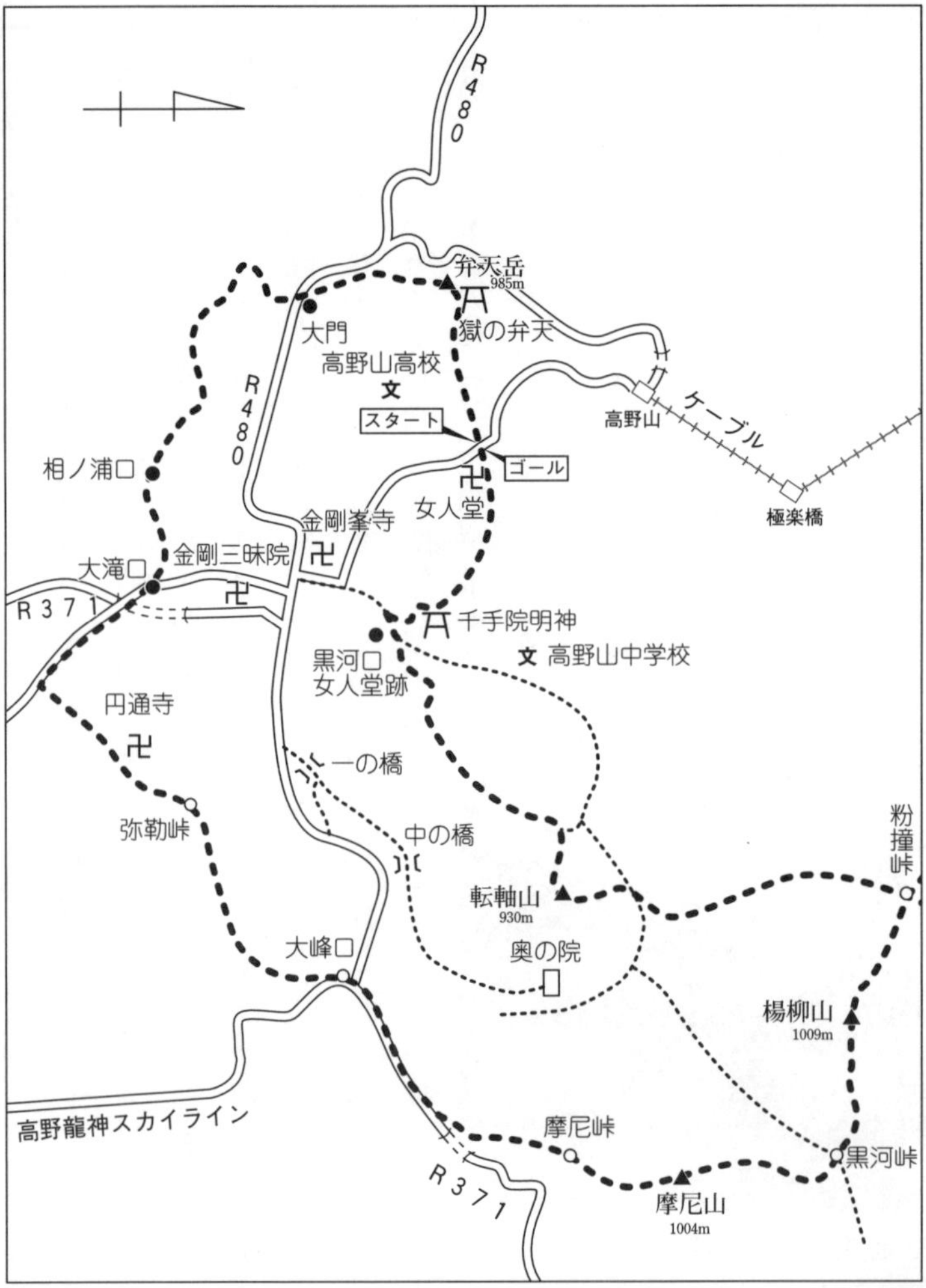

コースタイム

南海高野山駅（バス5分）女人堂（20分）弁天岳（15分）大門（30分）相の浦口（15分）大滝口（20分）円通寺（10分）弥勒峠（30分）大峰口〈奥の院駐車場横〉以上Aコースつづいて Bコースへ（30分）摩尼峠（15分）摩尼山（20分）黒河峠（15分）楊柳山（30分）粉撞峠（30分）転軸山（30分）黒河口（20分）女人堂（バス5分）南海高野山駅

このコースについて次の二つのコースを紹介する。

A　一般向け

高野山駅（バス）女人堂〜弁天岳〜大門〜相の浦口〜大滝口〜円通寺〜弥勒峠〜大峰口（バス）高野山駅

B　健脚向け

Aコースの大峰口後、続いて高野三山めぐり

高野山には高野七口といって参拝路が七つあったわけだが、それぞれ女人堂が設けられ、そこより高野山内には女人の入ることは禁じられていた。ただし、奥の院大師御廟に裏道を通って参拝することは許されており、山に登った女人たちは、それぞれの女人堂に籠ったうえで、けわしい裏道を通ってお参りすることができたという。その裏道が女人道である。女人道は七口を結んだ道であり、高野山の周辺を巡る道である。

高野山は「内八葉外八葉」と呼ばれる峰々に囲まれた標高約八〇〇メートルの高野（たかの）である。「葉」という言葉を用いているのは、この峰々を蓮花にたとえたことによる。「内八葉」すなわち内側の八峰とは伽藍地に近い小峰群を指し、「外八葉」すなわち「外側の八峰」とは、壮大な峰群を指す。高野三山と呼ばれる「摩尼《まに》山」「楊柳《ようりゅう》山」「転軸《てんじく》山」もこの中に数えられ、高野三山を結んでいるのが女人道である。なお、「根本大塔」は、「内八葉外八葉」の中心に建てられたものである。

女人道を歩くにあたって、交通の便のよい女人堂（不動坂口）から始めることにする。まず、女人堂の道を隔て向かい側のバス停の背後の山道が弁天岳へ

弁天岳山頂の嶽の弁財天

の上り口である。最初は細い急坂であるが、五分程でひとつのピークに達し、その後はゆるやかな尾根道の上りとなる。頂上までのほぼ中間地点に「谷上女人堂跡」という立て札があるので、ここにも女人堂があったようだ（江戸時代の「古絵図」に載っている）。

やがて鳥居が行く手に見え出した頃弁天岳山頂に着く。小祠があって、「嶽の弁財天」が祀られている。山頂からは見晴らしがよく、和泉山脈が望める。これより「大門」まで一気に下るが、かなり急な坂道である。「大門」が近づくと鳥居が連続して稲荷神社への参道のように何基も建てられている。

「大門」の西側は三叉路となっているが、南に花園・龍神方面へ下る道がある（龍神口）。その道の少し上部を並行して行く道があり、これが相の浦口への女人道。現在大門案内所が置かれているので、それに向かって左側を進めばよい。三叉路からの女人道は「お助け地蔵」への参道ともなっており、幅二メートルほどの砂利道である。が、地蔵から左へ行くと、山道となる。一〇分足らずで一般道に出るが、出る手前に愛宕大権現を祀る「愛宕《あたご》社」がある。一般道に出て右に道をとる。ほんの一〇〇メートルほど歩いて、また右に山に入る。高野山放送局の通信塔を右に見て下って行くと、一般道に出る。左に進むが、今度は右に小川を渡りまた山に入る。ここでは、小川に沿ってフェンスがめぐらしてあるが、一部人が通れるようになっている。

しばらく山道を行くと、左に急坂になる所で道標があり、「左くまの道」と刻されている。堺宿院の文字も見える。堺から熊野に向かう場合にはこの道が利用されたのであろう。西高野街道を経て「大門」に至り、高野山内に立ち寄ることなく熊野を目指すにはこの道が最も早いように思われる。というのも、あと少しで熊野古道小辺路の大滝口（ろくろ峠）と合流することになるから

参道の向こうに円通寺の山門

だ。

先ほどの道標から数分で尾根道となり、「根本大塔」が樹林の間から見えてくる。そしてやがて林道に合流するがここが「相の浦口」で、「くまのみち」と彫られた地蔵尊が祀られている。林道を横切り、さらに山道を行くと、九四六メートルピークが見えてくる。ピークを越えて下って行くと、もうまもなく大滝口である。

ここから熊野古道小辺路を行くことになる。約一〇分足らずで真別所分岐となり、小辺路と別れ、左に下って行く。一〇分ほどで地蔵立像に出会う。左手には「円通寺（円通律寺）」の参道及び唐風の山門が五〇メートル先に見えている。しばらく未舗装の一般道を行き、五〇〇メートルくらいの所で左折し、山に入る。ゆるやかな坂を上って行くと弥勒《みろく》峠に達する。ここには弥勒菩薩が祀られている。道は下りとなるが、すぐに右に上る（そのまますぐに下って行けば、恵光院の横に出る）。

尾根道をどんどん下って行くと、車の音も聞こえ、霊園の墓石群の灰白色が見えてくる。下り切ったと思われる頃、御殿《おど》川沿いの道となり、目の前に奥の院駐車場が突如現れる。ここには大峰口の案内板がある。駐車場内を歩いて国道三七一号線と高野龍神スカイラインへの分岐（奥の院バス停より一〇〇メートルほど東寄りにある）に行く。このあたりは大駐車場や食堂が何軒もあって団体客の多い所だ。山道を歩いて来た者にとっては大都会の喧噪に突然出くわした感じがする。

一般向けとすれば、女人堂より所要時間約二時間二〇分（正味歩行時間のみ）であり、ここで奥の院を参拝して、バスで高野山駅に戻るのがよいだろう。健脚向きには続いて高野三山巡りの道となる。

【これよりBコースにつづく】

さて、高野龍神スカイランへの道をとらず、左に三七一号線のゆるい上り坂を行く。前方に摩尼トンネルが見える頃、左に山に入る道がある。高野三山道の上り口だ。ほんの数分でトンネルの上部近くの尾根道に出る。いよいよこれより摩尼・楊柳・転軸山への道が始まる。もちろんこの道は女人道でもある。なお、女人道は、国道三七一号線から右に上り、こうして摩尼トンネルの上部に達している道が残されているようだが、どうやら道は荒れているようであり、先ほどの上り口から歩くのがよいだろう。

まずは摩尼山を目指す。植林帯の道を進んで行くと、左に舟形光背の「役《えん》の行者像」があって、奥の院と大峰山山上ヶ岳を結ぶ古道の道しるべと説明板にある。この像からすぐの所に摩尼峠（奥の院峠）がある。四つ辻になっていて、左に下れば奥の院、右にとれば摩尼村への近道、まっすぐ行けば摩尼山頂だ。

峠を過ぎると自然林となり、大木が目立ち始める。ブナやスギ、それにモミもある。豊かな森だ。初夏には、チゴユリやホウチャクソウなどが可憐に咲く道となる。ただし、峠から山頂までは一五分程度であるが、かなりの急勾配である。

摩尼山頂（一〇〇四メートル）は少しばかり平坦で、如意輪観音菩薩が小祠に祀られている。山頂からの下りは、やはり急坂であるが、しばらくして歩きよい尾根道となる。二〇分程で黒河峠の小祠が見えてくる。ここも十字路となっており、黒河道を横切る形となる。したがって右は、黒河村（廃村）・青淵を経て橋本への山道であり、左は奥の院方面への下り道である。

黒河峠よりいくつかのピークを越え、十数分して最もきつい上りを迎える。上り切った所が楊柳山頂（一〇〇九メートル）である。ここにもやはり小祠に楊柳観音菩薩が祀られている。ブナの大木もあり、さすが高野山の中での最高峰であり、明るい山頂だ。

山頂から一〇分程下ると、左に奥の院方面への道があるが、右に進む。その分岐から一〇分で本日一の急勾配の下り坂となる。ここは注意を要する箇所だ。きつい所を下り切るとやがて粉撞《こつき》（子継）峠に達する。右からは久保

楊柳山山頂の観音堂

方面からの山道が合流している。ここより左に下る。次は転軸山を目指す。峠より少し下ると道幅が広くなり、約二〇分で二車線の舗装道に出る。右斜めに道を渡り、転軸山の上り口に向かう。上り口付近は広い道となっているが、すぐに山道に変わり、三山最後の上りとなるが、他の二山よりも勾配はゆるい。杉林の転軸山頂（九三〇メートル）には、やはり小祠があって、弥勒菩薩が祀られている。

ここからの下りは「転軸山森林公園」内を通ることになるので、標識に従って行かないと迷いやすい。やがて右下に池が見えてくる。鳥の池と名付けられた池のそばが出口となるが、女人道入口の案内がないので逆コースの場合は気をつけることだ。この出口から一歩踏み出すと、もうそこは新しい家が立ち並ぶニュータウンの様相を呈しており、高野山とは思えないほどだ。池から左にとって道なりに行く。この道は黒河道と重なっている。森林学習館の建物を左に見てだらだら坂を上って行くと、今度は右に高野山中学校や高野山大学のグラウンドが見えてくる。「大門」から見る夕陽は有名であるが、ここからの夕陽もよいのでお薦めポイントだ。

続いて道を下って行き、最初の曲がり角を左折する。やがて鶯谷バス停そばに出る。そこから一般道を高野山町役場方面に行く。役場方面に向かって道の左側一段高くなった所に「黒河口女人堂跡」と案内板がある。ここより役場方面に五〇メートルほど進み、今度は最初の右への曲がり角を入るが、集落内の道で車一台分の道幅である。わかりにくければ、「千手院明神」を尋ねるとよいだろう。

さて、右に道を折れて少し行くと、案内板があって、左に明神への道を入るが、民家と民家の間の狭い道で、見落としてしまいそうだ。ここでまた山道となり、すぐに明神の鳥居とお堂が見えてくる。その左横を進む。「徳川家霊台」の裏手に当たるであろう山の尾根道を進む。明神より一五分程度で女人堂裏に着く。これで高野山の外周を巡ったことになる。先ほどの「黒河口女人堂跡」からの道はわかりにくいので、そのまま町役場前を通り、高野山警察前の三叉路に出て、右に道をとって女人堂まで歩いてもよいだろう（警察前にはバス停もあるので利用するのもよい）。

蟻さんの砂糖庵⑥

【昭和十年の観光案内書で紹介されている高野山】

『近畿日帰りの行楽』昭和十年十月五日、大文館書店発行（定価一圓五拾銭）より抜粋

（仮名遣いや漢字の旧字体は原本のままとした）

高野山　（1）大阪から‥難波から南海電車高野線（五四・〇粁）、高野電車（高野下—極楽橋、一〇・三粁）、同ケーブルカー（極楽橋—高野山〇・八粁）の連絡運輸に依り、二時間と十三分、賃片道二圓三十三錢。往復四圓三〇錢。

（2）奈良及び和歌山方面から‥国鐵和歌山線に依り橋本驛で南海高野線に乗換える。橋本—高野山間片道一圓二〇錢。ケーブルカー高野山驛から「女人堂」迄バス連絡、片道一五錢、往復二五錢。同ハイヤー四人乗一臺八〇錢。

高野山は古義眞言宗の總本山金剛峰寺の通稱であり、また地方でもあるが、正確にいふと高野山といふ山は無いのである。紀州山脈の一支「長峰山脈」の東部、楊柳山一〇〇九米陣ヶ峰一一〇六米辨天岳九八五米等の峰巒《ぼうらん》に圍《かこ》まれた山間の平坦地が即ち高野山で、東西一里半、南北約三〇町に亘る地域。標高は海拔八五〇米内外、夏はとても涼しく、関西地方切っての避暑地である。が高野山の涼しいのは標高の關係ばかりではない。一千年の昔弘法大師に發見されて、眞言密教の大道場となると同時に七里四方を結界とし、森林保護のために伐木を禁じたので、老杉《ろうさん》・巨槇《きょしん》森々として全山を覆ひ、山内の風致を添へると共に渓水多く避暑の候も日光の直射を許さないことが與《あづか》つて力あるのである。

高野山駅のケーブルカー（現在）

高野山が最も隆盛を極めた慶長から元祿年間にかけては、一千八百餘の堂塔が山内に充滿してゐたと言はれる。今日はそれ程の盛觀はないが、現況を數字的に解剖して見ると、

山内面積	三三〇、〇〇〇坪	山内戸数	一、三七五戸
同人口	七、九七五人		
寺數	一一三箇寺	僧侶の數	七八五人
寺院所有林	三五〇町歩		
同上保安林	二、六〇〇町歩（内風致林に属するもの七〇〇町歩）		

〔筆者注〕平成元年調査によると、山内世帯数一、五三五で人口は四、九二三人と、人口は就職などの関係で減りつつあるとのこと（『高野山』高野山出版社による）。なお、寺院数は変化していないが、現在五三ヶ寺が宿坊となっている。

特別編Ⅳ　高野山内の歩き方ガイド（山内の「町石」を求めて）

南海高野山駅〜大門〜金剛峰寺〜奥の院　奥の院〜千手院橋〜女人堂〜南海高野山駅

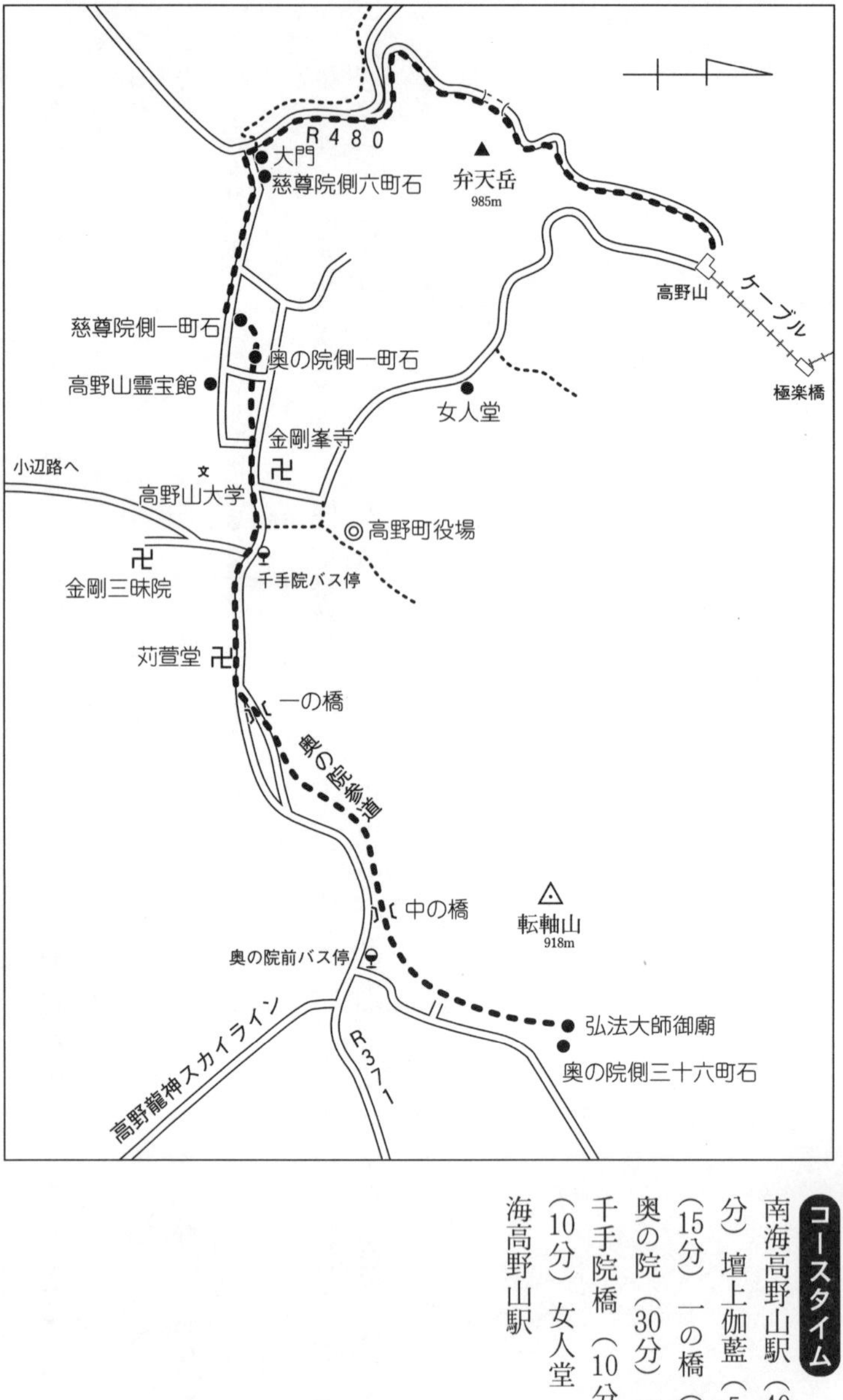

コースタイム

南海高野山駅（40分）大門（10分）壇上伽藍（5分）金剛峰寺（15分）一の橋（30分）奥の院

奥の院（30分）一の橋（15分）千手院橋（10分）徳川家霊台（10分）女人堂（バス5分）南海高野山駅

南海高野山駅から女人堂方面へは、南海りんかんバスの専用道となっており車両ならびに人の通行は禁止となっている。したがって高野山中心部や奥の院方面へ行くには、ふつうこのバスを利用することになる。ただ大門方面へは一般道が駅より通じていて、タクシーや送迎の車はこの道を頼りにしており、高野山駅から歩いて山内に入るにはこの道を通るしか方法がない。

その大門方面への道だが、歩行距離三キロの舗装道ではあるが、アップダウンはほとんどなく、通行する車の数も少なくて静かでいい道だ。見晴らしもよいのでお薦めの道である。金剛山や和泉山脈が望まれ、眼下には南海高野線の電車もよく見える。紀伊高原カントリークラブのゴルフ場も見えて、町石道のルートもよくわかる。

なお、大門手前約五〇〇メートルで国道四八〇号線と合流するので、そこからは車に気をつけねばならない。大門は左手にいきなり立ち現れる。誰でもその大きさに圧倒されるに違いないだろう。

さて、町石であるが、この大門の東側の境内には六町石が建てられている。そして大門より西側付近には八町石・七町石がある。大門前の三叉路（東に行けば高野山中心部）を南に下る道が有田・龍神道であり、大門から五〇メートル下った右道脇に八町石がある。七町石は弁天岳登山口の鳥居をくぐってすぐ左手道脇にある（国道四八〇号線からも注意すれば見える）。さらに、大門バス停横には五町石とあって、四つの町石が集まった格好になっている。道路工事等でこのようになったかと思われる。

大門バス停からはいよいよ高野山の町中を歩くことになる。町石も残すはあと四基となる。四町石は西南院の向かい側にある。そのまま大門通りを行く。愛宕前バス停そばには三町石が見い出せ、続いて二町石もそこからほんのわずかな距離にある。そして、

慈尊院側の一町石

慈尊院側の一町石が金堂前バス停そばにあり、慈尊院を百八十とする町石もここで終了する。

続いて道を左にとり壇上伽藍へと進む。鮮やかな色彩の根本大塔が迫力満点で迫ってくる。高野山のシンボル的存在の根本大塔の前で右に石段を下る。下りて左側に奥の院側の一町石が建てられている。根本大塔を仰ぎ見ているとつい見落としてしまいそうだ。向かいには、大塔に比べるとはるかに質素で地味な国宝の不動堂がある。

ここからまた町石が現れてくる。奥の院まで三六基建てられている。両側にびっしりと植えられている並木の参道（蛇腹道）を行くと、右から先ほどの大門からの通りに合流し、そのまま進むと、やがて左に金剛峰寺への広い石段が見えてくる。右手には高野山大学の建物もよくわかる。

さらに進んで、千手院橋の交差点を渡る。左に行けば、女人堂方面だ。渡り切った所に七町石がある。ここには観光案内所もあり、また土産物店も軒を連ねていて、高野山内では最も賑やかな所だ。奥の院方面への千手院橋バス停そばの高室院の向かい側の、金剛三昧院への細い道を入って行くと熊野古道小辺路に通じている。なお、多宝塔が国宝である金剛三昧院はぜひ訪れてみたい所だ。

高室院の前を通って大通りを行く。苅萱堂を右に見て行くと、やがて道は二方向に分かれる。左に道をとると一の橋に出る。ここが奥の院の入口となる。町石では一七町石が建てられている。奥の院御廟まで往

奥の院側一町石　後ろは根本大塔

奥の院内の町石（二十町石）

復約一時間である。その間両側には二十万基をこえる墓石や供養塔が立ち並んでいる。樹齢五百年といわれる杉の巨木もずっと続いており見事なものである。

中の橋にはあせかき地蔵が祀られているが、ほぼここが中間地点と思えばよいだろう。やがて右手に何体もの水掛地蔵が見えてくると、玉川に架かる御廟橋を渡る。橋の手前に三四町石が道の左側にある。灯籠堂は目の前だ。灯籠堂への石段そばに三五町石が建てられている。灯籠堂で参拝後、左に回り込むと御廟前の線香やろうそくの炎が見えてくる。正面で参拝をすませ、灯籠堂の裏に回り、御廟のある左を見ながら進むと、よく目を凝らさないとわかりにくいが、三六町石が目の高さより上部に建てられている（御廟に向かって右側）。

これで高野山の町石をすべて確認したことになる。ここよりまた一の橋に戻る。一の橋からさらに千手院橋交差点まで行き、右に道をとる。二〇〇メートルあまり行った所で三叉路となり左折する（そのまままっすぐ行くと高野町役場となる）。高野警察前のバス停を横に見て、次の浪切不動前バス停まで行くと、右手浪切不動の奥に重要文化財の徳川家霊台がある。

浪切不動前・一心口バス停を過ぎて女人坂と呼ばれる坂を上りつめた所に、右手に女人堂がある。かつて女人禁制の時代には、ここより山内には女性は入れなかったのである。バス停は女人堂の向かい側にあるが、ここよりバスに乗車しなければ高野山駅には行けない。なお、極楽橋駅へは、女人堂から一〇〇メートルほど高野山駅の方へ歩いて行き、右に下る道がある。不動坂と呼ばれる道で、極楽橋駅まで約四〇分かかる。

蟻さんの寺社紹介

A　高野山の寺院

金剛峯寺《こんごうぶじ》

〝八葉の峰〟とよばれる峰々に囲まれた、霊峰高野山上の中心部にある。全国に末寺をもつ高野山真言宗の総本山で、歴史的には一山の総号をいい、明治以後は、山内寺院の本坊としての伽藍をいう。真言宗の宗祖空海がここに堂塔を興して以来約一二〇〇年間、いく度か興亡隆替を経てきたが、今に法灯が守り継がれ、宗派を越えた霊場として多くの参詣客を集めている。

金剛峯寺の山門

　その起源は、弘仁七年(八一六)、空海が弟子泰範・実恵の両人に草庵を建てさせ、翌年みずから登山。伽藍地鎮の式を執り行い、ついで同一〇年、地主神として丹生・高野両明神および十二王子・百二十番神を勧請、大塔・講堂(金堂)・僧坊などの造立に着手して、一山を金剛峯寺と名づけたのが始まりである。(略)

　戦国時代にいたると天下統一をめざす織田信長は、天正九年(一五八一)八月、宿仮聖《やどかりひじり》および高野僧一三八三人を斬殺。一〇月には総勢一三万人の大軍を擁して高野七口を塞ぎ、山麓を焼き払って高野山を攻めた。これに対し高野山側は、三万七〇〇〇の僧兵・浪人で山内を固めたという。戦いは長期戦の様相を見せたが、同一〇年六月、本能寺の変で信長が倒れ、危うく難をまぬがれた。

　しかし、これを受け継いだ羽柴秀吉は根来雑賀の一揆を制圧、熊野を帰順させ、粉河に高野攻略のための大軍を結集。高野山へ使者を派遣して『御手印縁起』に記入以外の寺領をもとの所有者にかえすこと、寺僧は武具を捨て学問にはげむこと。朝敵・国敵を山内にかくまわないこと、などを要求した。そこで高野山側では衆議の結果、客僧木食上人応其らを使者として秀吉に服従することを申し入れ、寺領一七万石を返還した。これによって高野山は経済的にも危機に立たされたが、のちに応其は秀吉の帰依を得、山内に興山寺と青岸寺を建て、諸堂を修理し、寺領二万一〇〇〇石を寄進されるなどして、次期興隆の礎をきずいた。

こうして江戸時代を迎えた金剛峯寺は、徳川家康から寺領を保全され、家康が当寺を徳川家の菩提所と定めたことにより、諸大名も高野の各子院と壇縁を結んで、代々の供養寺に定めた。これにより諸大名間には山内に堂宇を建て、あるいは墓石を建てることがさかんになり、庶民の信仰と相まって、高野山は「天下の総菩提所」の観を呈することになる。このころが高野山の全盛時代で、山上には、二〇〇〇あまりの堂舎が充ちていたという。その後は、伽藍の炎上・再建をくりかえし、また学侶《がくりょ》（学問僧）と行人《ぎょうにん》（学問僧のもとで雑役に従事した者）の対立で、行人方の僧約一〇〇〇人が流罪・追放となり、九〇〇余ヶ寺が取りこわされるという事件などがあった。

明治にいたると、学侶・行人・非事吏《ひじり》（聖）の三派を解消し、青岸寺と興山寺を合して金剛峯寺と改称。金剛峯寺は山内寺院を統轄する総本山となり、同五年（一八七二）には高野の七里結界をといて女人禁制が解除された。

現在境内には、東西約四五㍍、南北六三・五㍍に及ぶ主殿のほか、奥殿・別殿・経蔵・鐘楼・阿字観道場・勅使門・上門・下門などが建ち並び、背後の一段高い所に真然堂・護摩堂・新奥殿がある。これらの諸堂の周囲は、シャクナゲや高野槇の老樹・巨木がとりまいている。

主殿の大玄関を入るとまず大広間で、襖には画面いっぱいに、狩野探幽の筆になる「松に群鶴図」が描かれている。その奥が歴代天皇の位牌を祀る持仏堂、左側が柳の間である。柳の間は秀吉の怒りにふれ関白の座をおわれた豊臣秀次が、文禄四年（一五九五）、二八歳で割腹して果てたところ。正面板戸の雪持ち柳、襖の白鷺に青柳の絵は、狩野探斎の筆になるという。

『郷土資料事典30和歌山県』（人文社刊）より

金剛峯寺

徳川家霊台

徳川家霊台は、寛永九年（一六三二）、二代将軍徳川秀忠が没すると、三代将軍家光が一〇余年の歳月をかけて、寛永二十年（一六四三）に完成したものである。二棟の三間四面の建物は、右が徳川家康霊屋、左を秀忠霊屋と呼称するが、双方ともに東照宮形式の建物としては、高野山に現存する唯一のものである。
家康は周知のとおり寅年の生まれだ。守り本尊が薬師如来だから、家康霊屋を古くは薬師堂といったそうである。正面の蛙股には寅が彫られてある。左の秀忠霊屋には兎が彫刻されているので、秀忠は卯年の生まれということになるのであろう。

『南海高野線歴史散歩』中井一水（鷹書房）より

根本大塔《こんぽんだいとう》

真言密教の根本、高野山伽藍の中心となっている建物です。下層の屋根の上に、鉢を伏せたような白塗りの亀腹をつくり、その上に、まるく欄をめぐらせて、「ひさし」を設け、更に屋上に、塔として九輪の宝珠をそびえさせたもので、これは、あちらこちらの寺にある三重塔や五重塔など違った、印度の覆鉢形塔《ふくはちがたとう》にもっとも近い形式で、形からいえば、各地の古い寺にある多宝塔とほぼ同様なものですが、ただ多くの多宝塔では、本尊は法華経からきた釈迦仏、多宝仏の二尊を安置することになっていますが、この塔では、胎蔵大日如来と、金剛界四仏とが安置してあります。これは、真言密教の根本経典である大日経、金剛頂経によってなされているもので、そのため多宝塔といわず

根本大塔

「根本大塔」とよばれ、国家の基柱《もとばしら》、密教の源泉《もと》であるという思想のもとに、建てられているものです。
大師の開創時代、すでにその柱の木組を終っていたという当時の大塔が、どのような大きさのものであったかは今日では知るよしもありません。その最後の改築のものは天保十四年（一八四三）に焼失して、それ以来百年も近く、この一山の中心建築は再建をみるに至りませんでした。それが昭和七年（一九三二）になり、折りからの一千百年御遠忌報恩事業の主要なものとして、はじめて再建の大工事が始められました。（略）

こうして、同年内に、鉄骨づくりの基礎工事が終り、八年から木材工事にとりかかって十月からは柱立ての仕事がはじまり、一方では、礎石、地覆、石工作り、錺《かざり》金物の工事、丹塗、胡粉、緑青塗、下層の軒先の銅瓦葺など、全工事の六分通りが出来上がって、仮入仏式の盛大な大供養が行われたのは昭和九年（一九三四）四月三日、残された屋上の九輪の取付け、屋根葺の工事、基壇の御影石張付けなど、全工程が終ったのは昭和十二年（一九三七）、この年四月二十日から五月十日に至る二十日間、国をあげての落慶法要が営まれました。（略）

完成とともに、内部壁面の檜板全部に胡粉を塗り、その上へ、上部に真言八祖像、下部に花鳥の絵を描き、なお内陣の柱十六大菩薩を十尺四面の麻布に描き、これを漆で塗り固めた上に貼りつけられております。筆者はみな故堂本印象画伯の努力によるものですが、この柱絵は、湿気で汚損のおそれがあることを発見したので、一時とり除かれていましたが、しかし、最近はその湿気止めの良法を考え出し、もとのように柱に貼られています。

いま、こうして眼前に建ち上った大塔の偉観をあおぎみますと、こんどこそ大丈夫という一種の安心感が湧き起こってきます。恐らく、今後幾千年もの長い歳月、変らず虚空《おおぞら》にふりさけていることでありましょう。永劫の力を思うとき、人の世の短さ、果敢《はか》なさをしみじみと感じないわけにはまいりません。

『高野山』（高野山出版社）より。なお、『高野山』は昭和二十八年初版。

［筆者注］大塔の高さは約四八・五メートル。

その他壇上伽藍の建築物を『郷土資料事典30和歌山県』（人文社刊）より次に要約

金堂

壇上の中央南よりに建つ。古くは講堂・御願堂ともいわれた。現在の建物は昭和七年の建立。本尊の阿閦《あしゅく》如来は高村光雲の作。脇侍として金剛菩薩・普賢延命菩薩・虚空蔵菩薩などの諸像が並ぶ。

雪の不動堂、奥に金堂

御影堂《みえどう》

金堂の後方に建つ、三間（五・四メートル）四面、宝形造、桧皮葺きの御堂。空海在世中は持仏堂あるいは念誦堂といったが、空海入定後、真如親王（平城天皇の皇子）の筆になる大師御影を祀ってから、御影堂とよばれるようになったと伝えられている。現在の建物は天保一四年（一八四三）に焼失ののち、弘化四年（一八四七）、紀州藩徳川家を檀主として再建されたものである。屋根の勾配を浅くゆるやかに流している姿は、いかにも優雅で美しい。内陣には、秘仏の大師御影と飛行三鈷杵を安置し、中陣には両界曼荼羅が、外陣には十大弟子と祈親上人・真然大徳の絵像がかかげられている。

御影堂

飛行三鈷杵は空海所持品と伝えるもので、国の重要文化財に指定されている。全長二三・八センチあり、唐時代の製作である。

毎年正月二日、奥の院とこの御堂で挙行される大師正御影供《しょうみえく》は、山内でも最も厳重に修められる法会で、当日は大師御影の開扉がある。

不動堂（国宝）

愛染堂と道を隔て、東方を正面にして建つ。鳥羽天皇の皇女八条女院の発願により、建久九年（一一九八）、行勝が建立したと伝える。高野山に残る最古の建物で、当初山内の一心院谷にあったが、明治四三年（一九〇〇）、現在地に移された。

全体に平安朝住宅様式を加味した瀟洒優美な仏堂で、おおらかな屋根の勾配が美しい。高野山で二つしかない国宝建造物（一つは金剛三昧院多宝塔）で、本尊の不動明王坐像と脇侍木造八大童子立像（霊宝館に常時出陳）も、国の重要文化財に指定されている。

西塔

壇上伽藍の北西隅にある。仁和三年（八八七）、真然が空海の図記をもとに創建したと伝えるが、その後五度も火災にあい、現在のものは天保五年（一八三四）の再建。五間（九メートル）四面、高さ約二七メートルの多宝塔形式の塔で、三昧堂右隣の東塔と一対をなしている。本尊は根本大塔の本尊に対する金剛界大日如来と胎蔵界四仏で、中尊の木造大日如来坐像は国の重要文化財に指定されている。製作は九世紀末で、高野山に残る仏像の中でも最古に属する。

大門

かつての表参道口（町石道）を登りきった所、西院谷の西隅に建つ。高野一山の総門で、ここから大門通りという広い道路が、山内に向けて一直線に延びている。

開創当時は現在地より五〇〇メートルほど下った九折谷に鳥居を建てて、高野山の総門としていた。その鳥居が現在のような楼門にかえられたのは、平安時代後期の保延六年（一一四〇）のころという。

大　門

その後山火事や落雷で焼失し、現在の建物は宝永二年（一七〇五）の再建である。国の重要文化財で、五間（九メートル）三戸の二階二重門。高さは四一・八メートルあり、屋根は入母屋造、瓦棒銅板葺きとなっている。

両脇の仁王像は法橋運長の作。門前からの眺望は広く、南方の山並みをへだてて遠く阿波の国から、紀州の加太岬、淡路島までの景観が楽しめる。

金剛三昧院《こんごうさんまいいん》

高野山大学から南へ入った、小田原谷枝谷の閑静な地にある。建暦元年（一二一一）、二位禅尼北条政子が夫頼朝の菩提のために建てた寺で、開基行勇が師の栄西を推して開

金剛三昧院

金剛三昧院内のシャクナゲ

山とした。

はじめは禅定院と称したが、貞応二年（一二二三）、政子は、非業の死をとげた実子実朝追福のために、堂塔・経蔵・鎮守社などを増築し金剛三昧院と寺号を改めた。

以来、北条氏の菩提所として栄え、源氏有縁の武将たちとの結縁も深まり、後二条・後花園・後醍醐天皇の崇敬も厚かった。山内の勧学院も当初はこの院地に設けられていたもので、代々著名な学僧を輩出し、その盛時には院領一〇万石、学僧三〇〇〇人を数えたという。

現在、約二万平方メートルの境内地には国宝の多宝塔をはじめ、国指定重要文化財の経蔵・客殿などが建ち並んでいる。

国宝の多宝塔は、貞応二年（一二二三）、北条政子の発願により建立された塔で、壇上の不動堂とともに国宝建造物。日本では石山寺の多宝塔と並ぶ最古のものである。三間（五・四メートル）四面、二層の構造をもち、屋根は桧皮葺き。金剛界の五仏で、寺伝では運慶作の主尊の大日の胎内に源頼朝の遺髪が納められているといわれる。

B　奥の院関係

奥の院参道

奥の院参道

一ノ橋から中ノ橋・御廟橋を経て、大師御廟にいたる石畳の参道。両側に大小無数の墓石が切れ目なくつづき、一帯には老杉古杉が生い茂って昼なお暗い。林立する墓石の数は、山内の僧でさえ正確にわからないというが、一〇万とも二〇万ともいう。方柱あり自然石あり、五輪・板碑など、形もさまざまで、霊場高野山の象徴的存在である。また芭蕉句碑をはじめとする、古今の句碑や歌碑も多い。

いつごろからこのような墓石が建てられたかは判明しがたいが、墓石の年号から平安後期ごろからということであり、とくに江戸時代の諸大名のものがおびただしい。このことからは、戦乱が治まり泰平の世となって、空海永眠の地に久遠の安住地を求めようとする信仰が広まったことと、さらに徳川幕府が家康の霊廟を高野山に建て、祖先崇拝の風習を強く推し進めた方針がよみとれる。このように諸大名がさかんに墓石を建てた裏には、幕府が外様大名に対してとった蓄財消費のための政策が秘められているともいう。たしかに親藩・譜代大名の墓が概して小さく、外様大名の墓が大規模で立派な構えを見せている。

奥の院の墓域には、身分のない者の墓石建立は許されなかったが、明治にいたると、宗旨の別なく許され、近年は個人の墓石のほか、事業に関する記念碑・成功記念碑なども多くなっている。なお、奥の院一帯は国の指定史跡である。

御廟橋《ごびょうばし》

灯籠堂の前、玉川に架かる橋で、無明橋・迷悟橋などともよばれる。この橋を渡ると奥の院御廟の聖域に入る。橋板は三十六枚で、橋全体と合わせて金剛界三十七尊をかたどっている。

灯籠堂

御廟橋を渡り、石段を上りつめた所に建つ大師御廟の拝殿。〝貧女の一灯、長者の万灯〟の伝説で有名な御堂である。二世真然の創建と伝え、初めは小さな御堂であったが、治安三年（一〇二三）、藤原道長が参籠した際、大規模に改修されたという。

現在の鉄筋コンクリート造りの建物は、高野山開創一一五〇年記念大法会（昭和五十七年）の事業として建てられたもの。

堂内には中央に舎利塔を安置し、その左右・天井などに、信者が寄進した万に及ぶ灯籠がともっている。これは空海生前からの万灯会の伝統を継ぐものであるが、正暦五年（九九四）の大火以後、衰微していた高野山に祈親上人定誉が登山。定誉は長和五年（一〇一六）三月二一日の大師忌日に、復興の誓願をたて、大師御廟前で燧火《きりび》を打ったところ、たちまち青苔に燃え移ったので、いよいよ復興の意志を固めたという。現在、堂内にある「持経灯」は、祈親がこの時の火を点じたもので、以来九七〇年間、昼夜消えず法灯として護持されているものと伝え、「祈親灯」ともよばれている。またこの灯は、お照の「貧女の一灯」としても名高いものである。

また、「白河灯」とよばれる大きな常夜灯は、寛治二年（一〇八六）、白河上皇が参籠の折り、手づからともしたもので、これも不滅の法灯として守られている。

現在、灯籠堂では毎年四月二一日万灯会が開かれ、堂内の灯籠に点火されて、盛大な法会が営まれている。

奥の院経蔵

大師院廟の東側にある。慶長四年（一五九九）、石田三成が応其の勧めにより、母の菩提を弔うために建立したもの。建物は方三間（五・四メートル）、単層、宝形造で屋根は桧皮葺き。内部は桃山建築の華麗な趣きである。八角形の経庫に高麗版一切経、全六二八五帖が納められていたが、現在は、霊宝館裏手の大宝蔵に収蔵されている。

この経蔵は本尊に文殊菩薩を安置していることから、文殊堂ともよんでおり、一切経典とともに、国の重要文化財に指定されている。

弘法大師御廟

奥の院参道のつきるあたり、一段高く建つ灯籠堂の背後に、瑞垣《みずがき》をめぐらしている。弘法大師空海の定身（遺体）の置かれたところで、高野山中でも、最も清浄な聖域である。

空海入寂の場所は、僧房説と中院説の二説あるが、遺体は入定五十日後の夕刻、高弟たちによって御輿にかつがれ奥の院に運ばれた。この時、霊窟に安置して四方に石壇をたたみ、その上に五輪塔を建て、梵字の陀羅尼を納め、仏舎利を添え、さらに宝形の堂を建てて空海の御廟としたと伝える。

醍醐天皇から、空海に大師号が下賜されたのは、入寂後八十六年を経た延喜二一年（九二一）のことである。この際、同時に桧皮色の衣を贈られることとなり、これを携えて高野に登った観賢座主は、御衣を空海の定身に着せ替えた。以来、今日にいたるまで、御廟の開扉はなされていない。現在はこの故事に従い、毎年旧三月二一日、お衣替えの儀式（奥の院正御影供）が営まれている。

C　高野山以外の寺社

丹生都比売神社《にうつひめじんじゃ》

次は、昭和八年鉄道省発行『神まうで』に記載されている「丹生都比売神社」紹介。

※漢字の旧字体は新字体に改めた。文字や体裁などは
できるだけ忠実に再現した。

官幣大社　**丹生都比売《にふつひめ》神社**（天野神社）

和歌山県伊都郡天野村上天野

交　通　（一）和歌山線妙寺駅から六粁、妙寺町から紀ノ川を渡り、三谷経由。
（二）和歌山線高野口駅から約九粁、大阪市内汐見橋から高野山麓へ至る南海鉄道の九度山駅からも約九粁、町西半粁の弘法大師母公終焉の地から坂路二粁二で雨引山の中腹に達し、更に約二粁半で六本杉に至り、町石道から一岐路に入り約一粁。
（三）和歌山線笠田駅から九粁、紀ノ川を渡り渋田経由。

祭　神　第一殿　丹生都比売大神
第二殿　高野御子大神
第三殿　食都比売大神
第四殿　市杵島比売大神

例　祭　十月十六日

国　宝　建　楼門
工　太刀一口銀銅蛭巻太刀二口兵庫鎖　狛犬四対木造　琵琶一面金銅製　太刀三口鍍金長覆輪　神輿二基木造鍍金装
筆　法華経八帖紙本墨書　後村上天皇宸翰寄進状一巻紙本墨書

社は通称天野神社と呼び、別に丹生神社、丹生高野明神、天野四社明神の名がある。

丹生都比売大神は伊邪那岐大神の御子神、天照大神の御妹神に当らせられる。神代この国土に御降臨あり、紀北地方開拓のため、各地を巡歴して洽く恩沢を垂れ給うたのでこの国内に大神斉祀する社四十有余の多きに達し、天野はその本宮と定められたのである。

皇室の御崇敬特に厚く、応神天皇は広大な土地を寄進せられ、又仁徳、天智、天武、元明の御代には神戸を寄せ給うた高野山との関係も深く、弘法大師は真言密教修法の霊

丹生都比売神社

地を求めて終に高野山を開き、弘道の根本道場となし得たのは偏に当社大神の御稜威によるものとし、連年祭儀を怠らず報賽祈願をなし、現在高野山全部は社の氏子となってゐる。昔は祭礼には高野山から僧侶が参列したものであった。

延喜式内の名神大社で、明治六年県社に昇り、大正十三年官幣大社に昇格せられた。

社境は本殿四社舞殿、楼門（国宝）、末社二社、神饌所、輪橋等があり、殊に社殿の前にある朱塗の楼門は室町時代の建築である。

社境は高野山上から約十二粁隔たり、後に山を負ひ、古杉老桧蓊欝たる中にあり、丹楹朱欄目を奪ふばかりである。境内二百三十七アール（七千百十坪）、春は桜の咲き匂ふ樹間に山鶯の声を、夏は新緑の木ずゑに杜鵑の声を聞き、秋は紅葉、冬は雪景に、四季とりどりの勝れた趣があり、殊に社地が俗塵を遠く離れてゐるので自らなる別区を成してゐる。

十月十六日の例祭の他、大祭は二月二十日の祈念祭、十一月二十三日の新嘗祭で、その他中祭小祭が行われる。

附近には西行法師妻子の墓、俊寛僧都の小姓であった有王丸の墓、曽我兄弟の墓と伝へる鬼王、団三郎の墓、滝口入道を思はせる麗人横笛の墓と伝へるもの等がある。

高野山へは和歌山線橋本駅から南海鉄道高野線で高野下駅に下り、ここから高野山電鉄で、極楽橋駅に到り、更にケーブルカーで高野山駅下車、別途和歌山線高野口駅から極楽橋まで十四粁、自動車がある。

［筆者注］楼門は現在では重要文化財となっている。

慈尊院《じそんいん》

空海の高野開山以来、山麓の慈尊院（九度山町）に物資運搬や高野山建設の拠点が設置されていたとみられるが、寛弘元年（一〇〇四）に正式に高野政所として認定され、永承四年（一〇四九）の官省符荘の成立によって、荘園支配の拠点にもなっていた。さらに荘園の拡大によって、高野政所は、全国各地からの年貢の集積地であるとともに、高野山参詣の正式な登山口となり、経済上や宗教上の重要な拠点となっていったのである。

なお、慈尊院というのは、元来、高野政所の南西の一角にあった小堂で、ここに今に伝えられている寛平四年（八九二）の年号のある弥勒菩薩像（国宝）が安置されていた。この慈尊院を中心とした区域が、高野政所の宗教的空間であった。白河上皇や鳥羽上皇などが高野参詣の際に宿泊したのもこの区域であり、慈尊院北方の「北屋」などと呼ばれる建物であった。高野政所の近隣の建物は、高野山参詣時に貴族などの宿所に利用されている。伝承として、高野口町名倉に嵯峨天皇みくるま石、大野に嵯峨天皇牛車の牛を埋葬したという牛塚、小田の「清涼寺絵図」に描かれている「後嵯峨帝車寄跡」などがある。なお、嵯峨天皇の高野参詣はなく、後嵯峨上皇の正嘉元年（一二五七）の参詣が歴史的事実である。時代は下るが、室町期の応永三年（一三九六）頃の土地台帳に慈尊院などの田地が、大野、名倉、小田などに五町（約五ヘクタール）余存在するのは、前述の貴族の宿所などとも関連したのかもしれない。ちなみに応永

慈尊院の土壁

丹生官省符神社（町石道登山口の文字が見える）

の史料から慈尊院に一一人の僧侶が確認される。

高野政所があったのは、現在の紀ノ川の河川敷と考えられる。というのは、当時の紀ノ川は現在と異なり、北へ迂回して流れていたからである。現在の高野口町向島の小字「下降子《しもふるこ》」は、旧街道の「下古河」のことと考えられるように、かつての旧街道の痕跡が認められる。ところで、高野政所の規模については六町（約六〇〇メートル）四方からほぼ二町四方まで諸説あるが、ほぼ二町四方とするものが、地形の現状から最も妥当と思われる。政所の南西部の慈尊院や荘園総氏神の神通寺七社明神（丹生神社、現在では丹生官省符神社と称する）などがあり、ほかに倉庫や政庁などがあった。これらの建物群は、承安元年（一一七一）高野山の本山であった。京都の東寺との争いの中で焼き払われたが、その後復興されたと思われる。ところで、鎌倉末期頃から高野政所という表記はあまり見られなくなり、慈尊院が政所全体を表す表現となってくる。この慈尊院も、天文九年（一五四〇）と天文一三年（一五四四）の洪水で流され、現在地に移されたものが今の慈尊院とされる。なお、弥勒堂は洪水以前の文明年間（一四六九～八七）の移転との伝承がある（『高野春秋』）。

『紀ノ川・吉野川』中野榮治監修（株式会社郷土出版）より

【丹生《にう》官省符《かんしょうぶ》神社《じんじゃ》】

弘法大師によって創建鎮座、爾来、県内外を問わず尊崇を受け、官省符荘（太政官と民部省から認可された荘園という意味で、国の干渉を受けない不入の特権と、国へ税金を納めることがいらない不輸租の特権をもつ正式の荘園）の総社として栄えました。紀伊名所図会（天保年間）では数多くの社殿が立並び、荘厳を極めていましたが明治維新後、神仏判然令（神仏分離令）等により多くの建物は取り除かれ、天文十年（一五四一＝室町時代）に再建された本殿の内、三棟（国指定重要文化財）が往年の姿をとどめ、今日に至っています。

（丹生官省符神社作成の由緒書きより抜粋）

蟻さんの人物紹介

（　）内、本書の関連する章

「根来寺と秀吉」（第十一章） 神坂次郎『熊野まんだら街道』（新潮文庫）の「二五風吹峠」より

大阪府泉南市の樽井から、和歌山県那賀郡岩出町に通じる根来街道に、風吹峠というところがある。標高二百十六メートル。

かつては曲がりくねった細い道であったが、昭和四十一年、峠の下にトンネルができてから、にわかに交通量がふえた。騒音を捲きあげ、小型のマイカーなど踏みつぶすように疾走する巨大な砂利トラ、ダンプカーの群列。トラック専用道路の感のするこの県道の出現に訪れる人もないまま旧峠の道は廃道となり、草むぐらにおおわれ、埋もれてしまった。峠は、人間とともに生きてきた。人びとの汗と涙がしみついたこの峠も、人が通らなくなり、生活道路としての実用性を失ったとき、ふたたびもとの自然のなかに帰っていく。風吹峠——。

いつも北風が吹きぬけていくというこの蕭条とした峠が、日本史のなかに落とした影は濃い。戦国争乱のころ、おびただしい数の男たちが、額に汗をにじませこの峠を踏み越え、戦火のなかに赴いていった。そして、誰も還ってこなかった。

最新火器〝鉄砲〟を肩に、露じめりした峠路をひしめきあうように泉州の野に押し進んでいった根来僧兵軍団、二万数千。風吹峠は、そんな根来衆の泉州進攻への補給路でもあった。弾薬を積み食糧を積んだ小荷駄の列が、車輪をきしませてえんえんと峠をこえていった。

が、天正十三年（一五八五）三月、にわかに反撃に転じた秀吉軍六万の先兵は、黒つなみとなって峠を駆けのぼってくる。根来衆の泉州への攻め口は、この瞬間から豊臣軍団の紀州への攻め口に変じた。なだれをうって殺到する豊臣軍団の前に、泉州表の激戦で主力部隊を失っていた根来寺は、一瞬にして炎上する。

こうして戦乱の世がおわり秀吉の天下がつづき、やがて関ヶ原……そしてまた、次なる争乱の季節をむかえる慶長十九年（一六一四）十月。風吹峠は、ふたたび歴史のなかにその横顔をみせる。

「応其《おうご》」（第三・五章） 北尾清一『歴史を歩く』―伊都・橋本の郷土かるた―（まんげつ会発行）より

現在橋本市では、林間田園都市構想によりニュータウンの建設が進められているが、四〇〇年前にもここに新しい町づくりを始めた一人の僧がいた。高野山中興の祖とあがめられ、伊都地方開発の恩人とたたえられる興山上人木食応其である。

応其は天文六（一五三七）年、近江国観音寺の城主佐々木（六角）義賢《よしかた》の家臣佐々木義秀の子として生まれた。

元亀元（一五七〇）年義賢が織田信長に屈伏後、一時大和国高取城主の越智氏に仕えたが、三年足らずで武士を捨て、三十七才で高野に登り出家した。身に草衣をまとい、穀類を断ち、木の実や山草を食しながら苦修練行するいわゆる木食の修行をつんだので、木食上人と呼ばれ、客僧として高野山に住んでいた。

その時、豊臣秀吉による高野攻めが企画された。天正十三（一五八五）年三月紀州征伐を断行した秀吉は、根来寺を焼き、粉河寺を屈伏させた余勢をかって、同年七月高野山に対し、最後通牒をつきつけて無条件降伏を迫った。その内容は寺領の没収と武装解除を含むもので通称十七万三千余石の領地と数万の僧兵団を擁する、仏教王国高野山にとっては耐え難いものであった。が、結局はその要求を受け入れ、猛りたつ秀吉の心を和らげる以外山の存続を図るすべはなかった。

応其寺と応其上人坐像

この時、うろたえ騒ぐ山の高僧らに代って、和平の使者を買って出たのが応其であった。二人の山僧を伴って秀吉を雑賀の陣中に訪うた応其は、その命に随うことを誓うと共に、弁舌を尽して高野の存続を要請し、今後の保護を懇願した。

秀吉は応其の気魄に打たれた。そして、いわばよそ者の、一介の修業僧にすぎない応其が、身を挺して高野の危急を救おうとする心根に感動し、その人柄にほれこんだ。高野攻めは中止され、山は焼打ちをまぬがれた。

その後、秀吉の高野山に対する種々の保護政策、たとえば寺領二万一〇〇〇石の復活、伽藍の再興や奥の院御廟の修復、母の供養のための青巌寺の建立などは、すべて応其を通じて行われた。とくに寺領のうち一〇〇〇石（橋本市の清水向副など河南の旧高野領）は、天正十八年に応其が建立した興山寺（興山上人の名はこの寺に由来）の寺領として、応其自身に与えられたものであった。

秀吉は高野降伏の翌年、金剛峯寺の使者に対して、「高野を焼打ちにしなかったのは、木食一人のためである。今後は高野の木食と思わず、木食の高野と思え。」と言っているが、応其によせる信頼度は絶大で、二人の結びつきは近世初期の高野山史に華やかな彩りをそえた。

応其はまさに山の救世主であり、中興の祖であったが、他面土木工事や経済政策で、伊都地方の開発に尽くした功績も忘れることはできない。彼が行った土木事業でとくに注目されるのは、山麓の水田地帯に多くの溜池を造り潅漑の便を図ったことである。今日応其が築造したり改修したと伝える用水池は、橋本市・高野口町・かつらぎ町の各地域に広く分布し、潅漑面積は一四〇〇ヘクタールに及ぶという。（略）

現在の橋本橋

応其が地域開発に残したもう一つの功績は、橋本の町の開基である。彼が古佐田村から二七石余りの土地を分割して、新しい村づくりを始めたのは天正十三年であったという。当時ここは村の中でも雑草生い茂る不毛の地とされていたが、応其はそこに新しく町人の町を建設しようと意欲を燃やした。彼はまた天正十五年紀の川に長さ一三〇間の橋を架けて、高野へ参る人々の便宜を図ったが、橋の北詰に生まれた町はやがて「橋本町」と呼ばれるようになった。

町づくりにあたって応其は、和歌山から船で運ばれてくる塩を、橋本の商人が一手に販売できる「塩市売買免許」を秀吉から取りつけ、さらに「永代諸役免許」という免税権まで認められた。これらの特権はその後紀州藩からも保証され、江戸時代を通じて、塩市を中心とする町方商業は繁栄した。毎月一と六の日に開かれたので「一六塩市」と呼ばれた塩市は、橋本経済の原動力として、利権をめぐる近隣との紛争をのりこえ幕末まで続いた。

（略）

こうした応其の活躍は、そのほとんどすべてが、秀吉との堅い結びつきの中で行われてきたものだけに、慶長三（一五九八）年の秀吉の死により彼の身辺には微妙な波風が立ち始めた。さらに、慶長五年の関が原の戦以後、徳川氏と結んだ学侶方の巻き返しは、応其の立場をより苦しいものとした。潮時を察した彼は翌六年山を去り、故郷近江の飯道山に引退し、慶長十三年ここで七十三年の生涯を終えた。

橋本の町中にある応其寺（高野山真言宗）は、古佐田村の草堂惣福寺を応其が修復して、里坊としたのがその起りとされている。後に応其の徳を慕った町人が、上人の木像を刻んで寺にまつったというが、それが今も本尊救世観音の脇仏として安置されている。「応其上人坐像」である。現在の応其寺は、建てこんだ町家のまん中にあって当時の面影を偲ぶべくもないが、所蔵の「応其上人画像」（市文化財）は、寛永年間（一六二四〜四四年）に高野山の僧応円が描いたもので、現存唯一の肖像画である。また「応其寺文書」（市文化財）の中にも上人の書状が三通含まれている。

（略）

近江の名門佐々木の一族に生まれ、三十七才という年で出家し、一介の修行僧から十数年で「木食の高野」とまでいわれるようになった背景には、日本史の謎とさえいわれる秀吉の絶大な庇護があったにせよ、応其自身の非凡な才能を見逃すことはできない。高野の中興に示した政治力、行人技術集団を率いて、方広寺大仏殿の造営をはじめ数多くの寺社の造営、修復を手がけた手腕、用水池の修築に見る土木技術、橋本町開基に示された経済面への的確な見通し、著書『無言抄』に現れた連歌への深い造詣等々、その多彩な活躍は近世初頭の高野山史を華やかに彩っている。

「芭蕉と高野山周辺」 荻原井泉水『観音巡礼』（春陽堂昭和四年刊）より

岩出あたりでは麦を刈取つて干してゐた。百姓が其家の前の地面をしきりに打ち敲いてゐる、麦を打つ土台として堅めるのだといふ。畑の中に鯉幟を立ててゐる家がある、そのへんぽんとした彩りは都会の中で見ると、華やかものだが、斯うした田舎の風に流して、殊に漂泊の旅の気持をもつて見ると、妙にさびしいものである。

此道は、芭蕉も通つたのではないかと思ふ。『笈の小文』に、「行く春に和歌の浦にて追付たり」の句がある。高野山を下つて紀三井寺に詣で

奥の院参道の芭蕉句碑

た時は宛も三月の終りだつた。それから芭蕉は奈良へ出る道を歩んでゐる。それが、私の今、歩んでゐる此道だらうと推せられる。文を見ると、道の順には触れずして、ただ斯う書いてある。

跪はやぶれて西行にひとしく、天竜の渡を思ひ、馬をかる時はいきまきし聖の事心にうかぶ。山海海浜の美景に造化の巧みを見、或は無依の道者の跡をしたひ、風流の人の実をうかがふ。なほ栖を去りて器物のねがひなし。空手なれば途中の愁もなし。寛歩駕に代へ、晩食肉よりも甘し。とまるべき道にかぎりなく、立つべき朝に時なし。唯一日のねがひ二つのみ、今宵好き宿とらん、草鞋のわが足によろしきを求めんとばかりは、いささかのおもひなり。

まことに、夕は足の自らとどまる所に泊り、朝は心の向くままに出で立つといふ事が、行脚の一番うれしい気持である。これが、行く先々に会合の約束などのある旅であれば、万一に後れては会衆に迷惑をかける事であると気を使ひ、又、汽車の時間にぎりぎりの時まで引止められてゐてあはただしい思ひをしたり、どうして斯んな予定表にしばられながら追ひつ追はれつする事かと淋しく感ずるのが常であるが……其上、私の巡礼の旅ののどかさは、全く一介の乞食坊主として過ぎる事の出来る気楽さである。誰の、かれのと云はれれば、しぜんそこに窮屈さを生ずる。他に記憶される程の名を持たぬ私であるが、それでも時たま人に覚えられてゐる為に苦笑させられる場合もある。名の無い事、名をぬぎすてる事は、ほんとうに気軽な訳である。それは雲水のいでたちが、からがろとして快いのと同じ気持である。

一つぬいでうしろに負ひぬ衣更

芭蕉は、『笈の小文』のそこの條に此句を挿んでゐる。今日も歩けばじとじとと汗ばんで、白衣の袷はもう暑すぎる。其には法衣の新しい藍の色がしみついてゐるのである。芭蕉の句は、家に居らば布子を更へて袷を着るのであるが、旅の事とて、寒い間は重ね着をしてゐた。其一つを脱いで、背中に負うたといふ心であらう。其の句意とは離れての事であるが、私は自分の旧い殻を脱ぎ棄てたい。一枚一枚と自分の着物を脱ぎ棄てるやうに、それは態とでなく、しぜんと脱がないでは我慢が出来ないといふ気持から脱ぎ棄てて行きたい——とさう思ひながら、汗をふきふき歩いてゐる私なのである。

［筆者注］

・原文の漢字について、旧字は新字に改めた。

・先の引用文は西国三十三所の「粉河まで」と題された

文章であるが、『観音巡礼』の末には「西国三十三所道しるべ」として各寺院の交通案内等がまとめられている。その「風猛山粉河寺（第三番）」の記載は次の通り。

「粉河駅より四丁、町並つづきの道である。根来寺に参るには、途中岩出駅で下車するとよい。高野山に詣るには、粉河から麻生津を経て高野の大門まで徒歩五里半、粉河駅より更に高野口駅まで汽車、それから登る道は自動車が立つ、又、橋本まで行けば、近頃出来た高野電車が神谷まで通ずる。」

・高野山奥の院参道には芭蕉の「父母のしきりにこひし雉子《きじ》の声」の句碑が建っている。次に芭蕉の俳文「高野詣」を掲げておく。

高野のおくにのぼれば、霊場さかんにして、法のともしび消ゆる時なく、坊舎地をしめて、仏閣いらかを並べ、一印頓成の春の花は、寂莫の霞の空に匂ひて、鐘の声鈴のひびきも肝にしみておぼえ、猿の声鳥の啼くにも腸を破るばかりにて、御廟を心静かに拝み、骨堂のあたりにたたずみて、つらつらおもふやうあり。此処は多くの人のかたみの集まれる所にして、我が先祖の鬢髪をはじめ、したしくなつかしきかぎりの白骨も、このうちにこそおもひこめつれど、袂もせきあへず、そぞろにこぼるるなみだをとどめかねて

父母のしきりにこひし雉の声

〔慈愛を受けた私の亡き父母がしきりに恋しく思われることよ。昔から子を思う鳥とされている雉、（行基菩薩が「父かとぞ思ふ母かとぞ思ふ」と詠んだ雉の声）その声を聞けば。〕

※芭蕉の父は芭蕉十三歳のとき、母は四十歳のときに亡くなっている。

「覚鑁《かくばん》」（第十一章） ❶ 次は、『覚鑁を語る』金岡秀友（NHKこころをよむ）よりの抜粋

まず一口に真言宗といっても、ご多分にもれずこの真言宗もいろいろな派に分かれているわけです。その派は大きく分けて、興教大師覚鑁以後を弘法大師自身の派と比べて新しい派、新しい意義をもっているというところから「新義」といいます。それと弘法大師の流れを直接にくむ「古義」ということになりますが、平成の現在でだいたいの数を申しますと、新義の真言宗、古義の真言宗を合わせて約

一万か寺といわれています。

新義と古義とを合わせて約一万、その割り振りはいったいどのようになっているのかをお話するのがよろしかろうと思います。一般の人は何といっても弘法大師の直接の流れをくむほうが多いであろうと思うかもしれませんが、じつは逆でして、弘法大師の流れを直接くむ古義の寺々は、真言宗約一万か寺のうちの三分の一、三千から四千の間というのが実情です。それに対してこれからお話していく覚鑁上人の流れをくむ派、新義のほうがそのおよそ倍、全体の三分の二あるのが現状です。約六千か寺、ないしはそれを上回る数がこの新義です。（略）

今の話に出た古義、これは高野山を筆頭にして、京都に醍醐寺であるとか仁和寺であるとか、いろいろ古い弘法大師直接の宗派の総本山があります。この古義の人々が自分たちの宗派の開祖として、弘法大師を非常に尊ぶのは当然ですけれども、その後いろいろ偉い僧は現れても、弘法大師と並び称される人はいないところから、どういう法要をするについても、宗祖弘法大師ということを唱えて法事をお始めになります。

新義もいろいろありますから詳しくは申し上げませんが、大きいところでは智山《ちさん》派（本山は京都の智積院）や豊山《ぶさん》派（本山は奈良の長谷寺）があり、先ほどの和歌山県根来の流れをくむ新義真言宗の人々は、智山、豊山とは別に新義真言宗という派になっています。この人々の間にあっては、だいたい開祖が弘法大師、派祖が興教大師覚鑁上人、この二人を並列して両祖大師というのが長い間の習慣になっております。（略）

正しく年号で申しますと、生まれたのが嘉保二年（一〇九五）、ちょうど十一世紀が終わろうというときです。それから亡くなったのが康治二年（一一四三）。この間は計算すればすぐ分かる通り、わずか四十九年、つまり覚鑁上人は御年わずか四十九歳で亡くなられたのです。

形に残ったことばかりで、精神生活、思想史上の偉人のことをお話するのは、形式に堕するとお叱りを受けるかもしれませんが、日本の仏教史上、明治に至るまで大師号を受けられた高僧は二十一名、その中で真言宗と天台宗は大師号を受けた高僧が一番多く、それぞれ七名ずつおられます。真言宗で大師号を受けた一人にこの興教《こうぎょう》大師覚鑁が入るわけですが、覚鑁上人は大師号を受けた高僧方の中で、一番年若くして亡くなられました。まだ四十代、四十九歳で大師号を受けられたのは覚鑁上人一人だけでしょう。こういう大師号とか栄誉の称号で、いつでも陰に隠れていた、慎み深い覚鑁上人の紹介をするのは、適当でないかもしれませんが、やはり見る人は見ていたという感じで、史上最年少の大師となるわけです。

　大師の話が出たのでついでに申しますと、日本では大師号というのは、少なくとも生前に大師号を受けるということはないわけです。つまり全部諡号《しごう》です。大師号は必ず死語何年かたってから、朝廷から贈られるわけです。早い人もあれば遅い人もあります。弘法大師などもずいぶん遅く受けられたのですけれども、この興教大師はさらに遅く、平安時代に亡くなったにもかかわらず、大師号の話が出たのは亡くなってから四百年たった天文九年（一五四〇）でした。（略）

　それが興教大師という称号を贈って落ち着いたのは、興教大師時代がさらに百五十年ばかりたって江戸の世になった元禄三年（一六九〇）です。これは天皇でいうと東山天皇、徳川将軍の時代ですが、五代将軍綱吉が直接の責任者となって興教大師の名前が贈られました。

❷『太平記』には次のような記載がある。

『太平記』巻十八「伝法院の事」

（日本古典文学全集『太平記』小学館刊の口語訳）

吉野近辺の軍勢はもちろん、諸寺・諸社の僧徒・神官にいたるまで、皆帝の威徳に従って、ある者は軍用金を支え、またある者は帝のご運の御祈祷をしたのだが、根来寺の僧徒は一人も吉野へ参上しなかった。これは必ずしも足利氏をひいきにして朝廷に背いているからではなかった。後醍醐天皇が高野山をご信仰なさっていて、所領を寄進なさりさまざまの祈願をおかけになっていると聞いて、高野山をうらやみ、そねむ心を持ったからであった。

　そもそも仏門に入った者は仏の教えを心として、温順で怒らず耐え忍ぶ心を持つべきであるのに、根来寺と金剛峰寺とはどうしてこれほどまでに不和なのかと、その起源を尋ねると、あまり遠くない昔、高野山の伝法院に覚鑁という一人の上人がいらっしゃった。覚鑁はいったん真言密教の道場に入ったときから、天台宗の教義を長く怠ることなく学び、心に真理を観じて座禅を組み、修

根来寺　正面は大傳法堂

行を積むこと永年にわたったが、即身成仏を願う、と唱えながら、やはり煩悩から逃れられないことを嘆いて、求聞持の法を七度まで行われた。しかしながら三品の仏果のうちどの一つをも成就したと自覚できなかったので、醍醐寺覚洞院の清憲僧正に入門し、真理を示す一つの印相と一つの呪句を師から受けて、また百日間の行をなさったので、その修法はたちまちに成就して、自然に仏の説く悟りを得られて、真言の表面的な解釈も深い理解も、ともに、習わなかったにもかかわらず蘊奥を極め、聴聞しないのに法の本質を悟った。このときに、我慢・邪慢の大天狗たちは、何とかして覚鑁の心中に乗り移って、得た悟りを保ち続ける修行の邪魔をしようとしたけれども、上人の、俗念に動かされない力は強く、隙を見出すことはできなかった。けれども、あるとき上人は浴室に入って、できものを温湿布なさったのであるが、心身ともに心地よく、このわずかの楽しみに執着していた。このときに天狗どもは力を得て、上人に造作魔の心を植えつけたのである。そののち覚鑁は高野山に伝法院を建立して自分の門弟を置きたいと思う気持が強くなったので、鳥羽禅定法皇に奏上して、建物を建て、付属する宿舎を造られた。そういう次第で、一院の建立が速やかに成就したので、覚鑁上人はすぐ禅定に入られて、釈迦入滅後五十六億七千万年の、弥勒菩薩の出現する明け方を待ちなされたのである。高野山の僧徒たちはこれを聞いて、「どうして、思いあがった心に捉われたその御房が、弘法大師がなさった御入定と同じになろうとして、できるわけがあろうか。もし、そのつもりならば、大伝法院をことごとく壊してしまえ」と伝法院へ押し寄せ、建物を焼き払い、上人の入定場所を掘り破って、中を見てみると、上人は不動明王の姿で、伽楼羅《かるら》の放つ炎を後背にして、座禅を組んでいらっしゃった。ある若い僧徒が一人、上人に走り寄って、引き立てようとしたところ、上人の体は大岩のようで、大力の那羅延の力でも動かすことはできず、何物を砕く金剛杵でも砕くことができないように見えた。悪僧たちはそれでも恐れず、「ああ大げさな。たとえどんな古狸・古狐であっても、こんな下手な化け方をするだろうか。よしよし、本当の不動尊か、そ

根来寺大門

れとも覚鑁が化けたものか、打ってみよ」と言って、大きな石を拾って、四方八方からその不動明王を打ちつけたところ、僧たちが投げた飛礫《つぶて》の音は大日如来を讃える陀羅尼に聞こえて、少しもその身に当たらず、粉々に砕けて飛んだ。覚鑁はこのときに、「それ見たことか、お前たちが投げる飛礫が一つでも我が身に当たるはずはないのだ」と少しおごりたかぶった心を起こしなさったので、一つの飛礫が上人の御額に当たり、血がにじんで見えた。「それ見たことか」と、僧徒たちはいっせいにどっと笑い、それぞれが各僧房へ帰って行った。このあと覚鑁上人の五百坊の門徒たちは、このことを情けなく思って、伝法院の上人入定場所を根来に移して、真言密教の寺を建立した。そうした次第で、そのときの恨みが残っていて、高野・根来の両寺は何かにつけて、不和に及ぶ心を抱くのである。

［筆者注］

求聞持の法—虚空蔵求聞持法の略。虚空蔵菩薩を本尊として修する行法で、煩悩を明快にし、記憶力を増大するものとされる。

三品の仏果—即身成仏を教旨とする真言宗の修法。上品・中品・下品の三品（三段階）の妙果を成就すること。

禅定法皇—入道した上皇の尊称。

禅定—心を集中して瞑想すること。

伽楼羅—不動明王の光背の名。火炎を伽楼羅鳥（インド神話に出る架空の大鳥）が羽を開いた形に作るもの。

那羅延—金剛力士。元来はヒンズー教の偉大な神ヴィシュヌ。

金剛杵—密教で、煩悩を砕く菩提心の象徴として用いる仏具。独鈷・三鈷・五鈷がある。元来は古代インドの武器。あらゆるものを打ち砕くので、金剛の名がある。

陀羅尼—長文の梵語を原語のまま唱えるものをいう。ここでは短い呪句。

「西行と高野山・天野の里」（第七章）

『西行』白州正子（新潮文庫）より

六本杉という峠で、道は二つに分れ、左へ行けば「二つ鳥居」を経て高野山へ、右にとれば天野の集落へ出る。ゆっくり歩いたので、山下の丹生官省符神社から二時間以上かかったが、年来の望みを果したのでうれしかった。ほんとなら高野山まで歩けばいいのだが、ここから先は険しい上にわかりにくいと聞いたので、またの愉しみにとっておおくことにした。

　何だか自分の紀行文を書いているみたいになったが、それというのも、天野がおおよそどんな地形のところにあるか、読者に知って頂きたかったからである。それは紀ノ川の南にそびえる標高五、六百米《メートル》の山にかこまれた小盆地で、土地の人々の話によると、戦争は元より、未だかつて地震にも台風にも見舞われたことのない平和な村であるという。だから桃源郷のような雰囲気があるのだが、大方の山家集の解説では、金剛寺の建つ河内の天野別所がそこだということになっている。これは明らかに間違いである。が、間違うのも無理はないと思うのは、丹生都比売神社のある天野とは、紀ノ川をはさんで南北に相対しているだけでなく、金剛寺は高野山の末寺で、山号を天野山というからだ。ただし、この寺は永万元年（一一六五）の草創で、弘法大師はいうまでもなく、宇多上皇や白河法皇の時代にはまだ建立されていなかった。その後、南北朝の天皇方の行在所となったので、一般には名が通っているため、そこに誤解が生じたのであろう。これは歩いてみればすぐ解ることで、吉田東伍氏の『大日本地名辞書』には、はっきり紀州の天野と断ってあり、大事なことだから訂正しておきたい。

　いうまでもなく高野山は女人禁制であったが、ここ天野の里までは女人も来られたので、土地には多くの哀れな物語が遺っている。その殆んどは高野聖が伝えたのであろうが、西行に関するものは伝説ではない。西行が高野山にこもっていた時、天野に住んでいた待賢門院の女房たちと、一日交遊をたのしんだことが、山家集にのっているからだ。

（略）

　西行物語には、妻と娘が天野に来て住んだという逸話がある。

「さて西行が北の方、男にもまさりて心づよき人にて、廿三の年さまかへて、高野の天野にかき籠り、したしき人ふみなどつかはせども、返事もせずして、つねは無言にてぞおこなひける。娘の尼を善知識として、終りの時日をかさねてさとり、念仏千返となへて、異香室に薫じ、心のままに往生をとげけり。娘の尼も心づよき人にて、往生の有様めでたく、心も言葉もおよばず、正治二

天野の里の西行堂（中央の小堂）

年（一二〇〇）二月十五日、高野の天野にてをはりぬ」
「娘の尼」については、別にこのような物語がある。――西行が出家した時、北の方も剃髪して、娘とともに一、二年がほどは都に住んでいたが、九条民部卿の姫君で、冷泉殿といった人が、哀れんで養女にしたので、母は高野の天野に移り住み、十七年の間そこに籠もっていた。都に取残された娘が、父恋しさに明暮神仏に祈っていることを、西行は風の便りに聞き、ある日、冷泉殿をおとずれる。ひと目で父と見破った娘は、互いに手をとり合って涙にむせんだが、西行の勧めによって尼になる。西行も長年この娘のことが気にかかり、修行の妨げになっていたが、今は親子「三人同じ蓮《はちす》の身となり侍るべし」と頼もしく思い、袂を分ったと伝えている。

なお、この娘のことは、西行物語絵巻に、西行が突然出家を思い立った時、幼い子を縁側から蹴落して出て行く場面が、非常に印象的に描かれているが、そういう事件があったために、西行はことさらいとおしく思っていたに違いない。（略）

西行は、久安五年（一一四九）三十二、三歳の頃から、約三十年間にわたって、高野山に住んでいた。といっても、都へはしじゅう往復し、吉野・熊野はいうに及ばず、遠く中国・四国まで足をのばしているのをみると、のべつ高野山で修行していたわけではない。川田順氏が『西行の伝と歌』でいわれたように、その期間を「高野往来時代」と呼ぶのが適切であろう。よってこの章はそれに倣って、「高野往来」と名づけることにした。

そもそも西行がなぜ高野山へ入ったか、それについても明確な答えはない。答えがないから研究家はさまざまの説を立てる。待賢門院の後世を弔うためとか、都の周辺での「数寄」の生活に飽きて、仏道修行したとか、高野山が焼亡したので、その再建に尽力するためだとか、五来重氏に至っては、西行を有能な高野聖と見、熱のこもった論文を書いていられる。

「平維盛と高野・熊野」（第十五章）

『平家物語』によると、平維盛《たいらのこれもり》は、寿永三年（一一八四）三月二十八日、那智の浜の宮の沖で入水したとある。従者の重景と石童丸も維盛のあとを追い、残された舎人の武里《たけさと》は同行していた高野山の滝口入道に諭され、屋島の平家に維盛の遺言を伝えることとなった。

このようにして維盛は歴史の表舞台から消えていったのである。しかし、実は維盛は死んではおらず、生き延びて高野・熊野の山中で一生を終えたとの「**維盛伝説**」が存在している。しばらく屋島を脱出後の維盛を高野街道・熊野古道を中心に追ってみることとする。

『平家物語』の巻十の「横笛」では、小松三位中将維盛は「心は都へかよはれけり。ふるさとにとどめおきし北方おさなき人々の面影のみ、身に立ちそひて、わするるひまもなかりければ」ということで、都に残してきた妻子のことが気がかりで、三月十五日の明け方、与三兵衛重景・石童丸と、舟の心得のある舎人《とわり》武里を連れてひそかに屋島を抜け出したのであった。以下、『平家物語』の記述に従って、維盛入水までをたどってみることにする。なお、維盛を小松と称するのは、父重盛が「小松殿」とよばれていたからであり、重盛の住まいが小松谷によるものである。

一行は、阿波の結城の浦（現徳島県由岐町）より小舟を漕ぎだし、鳴門浦を漕ぎ通り、和歌山の和歌浦・吹上浦に上陸した。都への経路とすれば、大和街道から奈良に出て都に至るのが考えられる。しかし、維盛は、今は出家して高僧として評判の滝口入道を訪ね高野山に登ったのであった。急ぐ旅であったので、おそらく安楽川道を利用し、友渕・花坂経由で高野山に達したと思われる。滝口入道は、もともと維盛の父重盛に仕えていた侍の斎藤滝口時頼（滝口とは宮中警護役の武士をいう）である。

出家後の滝口入道の仏道への深い帰依に心を打たれた維盛は、結局、都にもどらずそのまま高野山で出家をするのだが、和歌山上陸後も、維盛の心は揺れ動いていたのであった。叔父の重衡《しげひら》が生け捕りにされて大通りを引き回され京都・鎌倉で恥をさらしたこともあり、捕らえられて亡き父の名を辱めることも悲しいことでもある。妻子に会いに都に行きたいという気持と、行ってはならぬという気持が争ったあげくどうしようもなく高野山に登ったのであった。おそらくこの時出家の意志の芽生えはあったものと思われる。

さて、与三兵衛重景・石童丸も維盛とともに出家し、維盛の宿願であった熊野参詣を果たすべく、武里も引き連れ熊野に向かうことになった。さらに滝口入道は「善知識」すなわち自分を仏道に導く友として伴ったが、一行は源氏の目から逃れるため山伏修行者に身をやつしたのであった。

なぜ熊野なのかというと、それは祖父の清盛、父の重盛も熊野参詣を行ったことがあったからである。特に清盛は、伊勢の海から熊野に参ったのであるが、その時鱸《すずき》が船の中に踊り入り、人々はこれは熊野権現のご利益で急いで熊野にお参りしようと清盛に告げると、清盛は吉事であると喜んだと『平家物語』巻一「鱸」に記されている。「平家かやうに繁昌せられけるも、熊野権現の後利生とぞきこえし」ともあるので、このように平家にとっては熊野は大事な場所であったのだ。

まず一行は高野山から山東《さんどう》に出て「藤白王子」に着いているので、これまた安楽川道を通ったと思われる。また山東は、伊太祈曽《いたきそ》神社の手前である。ということは、伊太祈曽神社を過ぎて左折し、熊野古道（紀州路）に合流し「藤白王子」に向かったと考えられる。続いて一行は、「藤白王子」をはじめとして各王子を伏し拝み、「岩代王子」の前で、当地の住人湯浅宗光ら七、八人に行き会う。湯浅ら主従は維盛と知るが、その出家した姿にさめざめと泣いて見送ったという。

さらに一行は、中辺路を経由して熊野に向かい、無事「熊野本宮大社」に着いた。維盛は、自分の極楽浄土への往生と妻子の安穏を祈った。妻子のことをこの期に及んでも気にかけている維盛に対して『平家物語』は、「うき世をいとひ、まことの道に入給へども、妄執は猶つきずとおぼえて哀れなりし事ども也」と記している。

「本宮大社」からは舟で川を下り新宮の「速玉大社」や「神倉神社」に参詣している。続いて「阿須賀神社」を拝み佐野の松原（「佐野王子」もある）を過ぎ、那智山に達している。那智山で籠もって修行している僧の中には、維盛が殿上人として華やかな頃を見知っている者がいて、それを他の者に知らせると、皆衣の袖を涙で濡らしたという。

維盛は、宿願の熊野三山参りを果たし終え、「浜の宮王子」の前の海岸より一行五人の乗る舟を沖に向けて漕ぎ出した（なぜ、「浜の宮」なのかは、南の海原には観世音菩薩の補《ふ》陀洛《だらく》浄土があり、そこに至れば成仏できるという「補陀洛信仰」によるものである）。維盛は、「南無」と唱える声とともに海に入水し、さらに重景・石童丸が続いて維盛に殉じた。武里も同じく海に入ろうとしたが、滝口入道に、屋島に維

五百瀬の維盛の墓

盛の遺書を届ける使命が残っていると諭された。武里が屋島に帰り着き、維盛を裏切り者としていた平家一門の人々の誤解も解け、悲しみを新たにするのであった。滝口入道は維盛ら三人の入水を見とどけ、高野山へと帰っていった。

以上が、『平家物語』に描かれた維盛の入水のことである。では、生きながらえた維盛伝説とはどのようなものか。次にあげてみる。『熊野の伝承に生きた維盛』（鈴木宗朔著）・『紀州の維盛物語』（堀江茂一著）・『紀州路の歴史ロマンを歩く』（寒川萬七著）を参考にした。

〔A〕色川伝説

①維盛は那智沖で入水したと見せかけ太地に向かった。途中舟の揺れによって腰の太刀が海に滑り落ちた。今も森浦湾沖合にある太刀落島の名にはこのような由来がある。

②太地湾奥に上陸した維盛は、太田川近くの市屋で上勘大夫宅で一夜の宿を借りた。地名の市屋は一夜の宿からきたものと伝えられている。維盛は礼として鏃《やじり》五本を残していったという。

③市屋の次の集落、那智勝浦町下和田の大泰寺《だいたいじ》において、維盛は薬師如来に行く末の安穏を祈願し、椎を祈念に手植えしたという。現在この樹齢五百年といわれる椎の木は県の天然記念物となっている。

④下和田から太田川を約三キロ遡った所に中ノ川という集落がある。中ノ川の有力者庄左衛門によって十日間ほどもてなしを受けたが、庄左衛門の口ききもあって、太田川のさらに奥地色川村大野に土豪の色川氏を頼ることとなった。その後庄左衛門は、代々小松左衛門を名乗った。維盛から形見の太刀を拝領したが、元文二年（一七三六）に小松家から大泰寺に奉納され、寺宝として今に伝えられている。

⑤中ノ川の色川左衛門は、人目を避けるため大野より約二キロ北の藤綱の要害と呼ばれる四面絶壁の所で、維盛をかくまった。やがて合戦のほとぼりもさめた三年後、維盛は大野の有力者水口氏から妻を迎え二人の子供をもうけ、長男は色川の清水氏を名乗り、また次男は大野の水口氏を継いだという。清水家は昭和の第二十九代盛次氏まで続いたが、今は絶えてしまっている。なお、大野の楞厳《りょうごん》院には維盛の遺品という平家の旗と幕が伝わり、維盛の墓もあったとされている。

〔B〕龍神小森谷伝説

有田郡清水町の小松家の系図によれば、色川から現龍神町の小森谷（杉谷山）、さらに現清水町の上湯川に移り住んだとしている。色川から上湯川への経路について想像してみると、次のようなコースが考えられる。

維盛のたどった道

―蟻さんの自由気ままな勝手な想像―

①色川→（大雲取・小雲取越え）→本宮

色川から大雲取越えの色川辻に出る。そこから大雲取越えの道を行き、小口に出、続いて小雲取越えで請川から本宮に至る。

②本宮→果無峠→蕨尾→西中→三浦峠→五百瀬

本宮からは小辺路を行く。五百瀬には今も維盛の墓として祠がある。さらに代々続く格式ある旧家小松家（屋号が政所）が存在していた。

③五百瀬→伯母子峠→大股→平

さらに小辺路を伯母子岳を越えて、大股へ行く。大股から北東約二キロの平に行く。平には現在「平維盛歴史の里」が公園として造られているが、そこに立つ説明板の「平維盛塚由来記」では、次のように記してある。

「一の谷の合戦に敗れた平家は、屋島へと逃げのび、寿永三年（一一八四）宗盛公の下命により、平維盛公（二十六才）は熊野水軍の援軍を求めるため、熊野別当田辺湛増（現在の和歌山県田辺市）のもとへ使者として派遣されたが、天下の情勢はすでに源氏側にあったため、湛増は平家の恩恵は知りつつも、熊野一国の安泰を考慮し、援軍を断った。湛増は維盛公に姫を娶らせて、自分のもとに匿い、源氏の追討から守った。しかし、源頼朝は文治五年（一一八九）維盛逮捕令を発令し、一大平家狩りをおこなった。湛増は配下豪族に命令し、維盛を守護させながら、奥熊野の山岳地に逃がした。建久九年（一一九九）源頼朝の死により、平家狩りも休止した。維盛は京の妻子に再会するため、紀伊山岳部を北上、健保四年（一二一六）維盛（五十八才）主従は、野迫川村平へ到着。山岳流浪潜伏すること三十余年におよび、源氏追討と山岳突破の疲労により、この地にとどまり永久元年（一二一九）六十一才で終焉。里人により手厚く葬られ「平維盛塚」として伝わる。「嗚呼小松三位左中将平朝臣維盛公、終焉の地」

【足跡図として維盛のたどった道も描かれているが、それによると、本宮から龍神に入り、上湯川に出て、十津川に行き、最後に平に着いたとなっている】

④平→大股→箕峠→（龍神道）→護摩壇山

高雄神護寺の文覚上人が有田郡河瀬川荘の地頭として紀州方面に来ることがあって、維盛は我が身の行く末について助言を求めたが、平家再興の占いを護摩壇山ですることになった。しかし、焚いた護摩の煙は高く上がらず地をはって下っていった。それは再興はならないとする凶の占い結果となった。落胆した維盛は、西側の小森谷へと下っていった。和歌山県最高峰の「護摩壇山」の名は、この護摩の占いよると伝えられている。

⑤護摩壇山→小森谷

小森谷には、「越戒《えっかい》ノ滝」「右衛門《えもん》ノ滝」「嘉門ノ滝」と名付けられた滝がある。護摩の占いで平家再興はならないことが判明したが、それを知って滝に次々と身投げした維盛の家来の名に由来すると伝えられている。さらに、滝から約二キロ下ったあたりには維盛が隠れ住んだという屋敷跡がある。さらにまた二キロほど下ると、維盛に仕えたお万が身投げしたと伝えられる「お万が淵」がある。

⑥小森谷→（龍神道）→笹の茶屋峠→日光神社→上湯川

上湯川では野武士・山賊が横行して村人を苦しめているので、その退治に上湯川に来て欲しいとの招請があり、維盛は住まいを移すことになった。「日光神社」は今は全く面影はないが、その当時修験者たちの宿泊休憩所として大いに利用され賑わっていたので、おそらくここに参った後、西の方上湯川を目指して下っていったことだろう。維盛は上湯川で村人の協力を得て野武士・山賊を退治し、そのままここに住み、長男の六代（妙覚）が京都で討たれたのを知る。元久元年（一二〇四）六月亡くなったという。時に四十七歳であった。子孫は代々小松弥助を名乗ったという。そして今も小松家は続いていて、小松家系図が残されている。

「平維盛歴史の里」の丘の上の維盛塚

【別ルート】

①で本宮に着いたのち、果無山脈を縦走し、和田森（一〇四九メートル）から小森（丹生ノ川）に下り、龍神の和田に出る。龍神道を北上し、大熊から殿垣内に進む。ここで右に道をとれば、新子から高野山への道となるが、城ヶ森山（一二六九メートル）方面への左の道をとる。しばらく行って右に小森谷方面へと遡る。これで前述の⑤につながる。

あとがき

二〇〇四年七月に「紀伊山地の霊場と参詣道」が世界遺産として正式に登録された。熊野古道歩きを本格的に始めた二〇〇〇年頃には、私自身世界遺産のことなど全く視野に入っていなかったが、「蟻さんの熊野紀行」の第Ⅱ編第三章にあるように、大辺路を世界遺産にと願っておられる上野さんらに出会い、私も大いに関心を向けるようになった。建造物だけでなくそれらを結ぶ参詣の道も登録される可能性があることを知り、歩いて記録し、かつそれを江湖に問うだけでなく、私の行く道には新たな希望が生まれてきた。この幸運なめぐり合わせには、ただただ感謝をするだけである。

第Ⅲ編の本編執筆にあたって、高野街道や高野山関係のことを調べる上で図書館通いも頻繁になった。各図書館の蔵書検索がインターネットで居ながらにしてできるようになっていることは大いに役立った。

また、私が歩き回ったりした市町村において、そこの各図書館を訪れては貴重な資料を目にすることができた。大阪府内はもちろんのこと、橋本市立図書館をはじめ紀ノ川沿いの各公立図書館、さらには和歌山県立図書館にも足をのばした。それにしてもどの図書館においても、図書館を利用している人が多いのには正直驚かされた。土・日ともなると、椅子という椅子は読書する人で占められており、静かな中にも活気あふれるものであった。若者も多いが、やはり何といっても目につくのは中高年である。私もこの歳になってやっと自発的に勉強かという状態であるが、ほんとうに中高年の知的好奇心の旺盛さには圧倒される（古道歩きや寺社参拝のおりにも写真撮影にいそしむ中高年の姿をよく見かけることがあった）。

また、ここ数年古書籍にも関心を寄せるようになり、世に知られてはいないが、地道に研究されている先人の努力の結晶のような本にもたくさん出会え、感心するだけでなく、大いに励まされたともいえる。

最後に、今回もお世話になった新ハイキング関西代表の村田智俊氏、並びに「ナカニシヤ出版」の中西建夫氏には、この場をかりて心より感謝申し上げたい。

二〇〇五年三月

山村　茂樹

※『木の国紀聞』宇江敏勝（新宿書房）
『高野への道』村上保壽・山陰加春夫（高野山出版社）
『関西山越の古道・中』中庄谷直（ナカニシヤ出版）
※『熊野古道・小辺路　今昔　高野山から熊野へ』文北尾清一・写真橋詰弘（私家版）　問い合わせは橋本市武田書店 0736（32）1133へ

【その他】
『歴史を歩く』―伊都・橋本の郷土史かるた― 北尾清一（大和出版社）
『熊野路をゆく』神坂次郎（ミトラ）
『熊野まんだら街道』神坂次郎（新潮文庫）
『定本紀ノ川・吉野川』中野榮治監修（郷土出版）
『熊野の伝承に生きた維盛』鈴木宗朔（私家版）
『紀州の維盛物語』堀江茂一（私家版）
『明治日本旅行案内下巻　ルート編Ⅱ』アーネスト・サトウ編著庄田元男訳（平凡社）
『街道の日本史35和歌山・高野山と紀ノ川』藤本清二郎・山陰加春夫編（吉川弘文館）

B　各問い合わせ先

①役所・宿泊関係

河内長野市役所（河内長野市原町）☎ 0721（53）1111
橋本市役所（橋本市東家）☎ 0736（33）1111
高野町役場（高野町高野山）☎ 0736（56）2931
十津川村役場（十津川村小原）☎ 07466（2）0001
本宮町役場（本宮町本宮）☎ 0735（42）0070
高野山内宿坊組合・観光協会（高野町高野山）☎ 0736（56）2616
ホテルハイ・タトラ（旧「ホテルのせ川」野迫川村北今西）☎ 07473（8）0011
ホテル昴（十津川村平谷）☎ 07466（4）1111

②資料館・図書館関係

河内長野市立図書館（河内長野市昭栄町）☎ 0721（52）6933
橋本市立図書館（橋本市東家）☎ 0736（33）0899
和歌山県立図書館（和歌山市西高松）☎ 073（436）9500
高野山霊宝館 ☎ 0736（56）2029

③交通機関関係

南海りんかんバス（高野山）☎ 0736（56）2250
南海橋本駅 ☎ 0736（32）2310　ＪＲ橋本駅 ☎ 0736（32）0038
南海高野山駅 ☎ 0736（56）2305
奈良交通バス（十津川）☎ 07466（4）0408
龍神バス（田辺）☎ 0739（22）2100

高野街道・高野山・熊野古道（小辺路）関連案内

Ａ　参考資料・文献（敬称略）について以下に示した。なお、※の印のあるものは、街道・古道歩きの際に役立つガイドブックとして利用できるものである。

【高野街道関係】
※『高野街道　歴史の道調査報告書第２集』（大阪府教育委員会）
※『高野街道を歩く』武藤善一郎（産経新聞生活情報センター）
※『大阪の街道と道標』武藤善一郎（産経新聞生活情報センター）
（上記の三書ともに大阪府内の公立図書館で閲覧可能）
※『大阪の街道』神野清秀（松籟社）
※『関西山越の古道・中』中庄谷直（ナカニシヤ出版）
『文学と史蹟の旅路』足立巻一・宮崎修二朗（学燈社）
『河内長野を歩く』河内長野市教育委員会
※『旧高野参詣道（黒河口）』長坂文男（新ハイキング関西62号所収）
『県別マップル道路地図和歌山県・奈良県』（昭文社）
『西行』白洲正子（新潮文庫）
『高野山町石道』（南海電気軌道株式会社事業部営業促進課）
『高野山町石の道』宮川良彦（武田書店）
『紀州路の歴史ロマンを歩く』寒川萬七（創樹社美術出版）

【高野山関係】
※『高野への道』村上保壽・山陰加春夫（高野山出版社）
『高野山』（著作・発行高野山出版社）
『美術行脚高野山』佐和隆研（便利堂）
『比叡山と高野山』景山春樹（教育社歴史新書）
※『高野・熊野ウォークガイド』和歌山県世界遺産登録推進協議会
※『高野山を歩く』（山と渓谷社）
『ぶらり散歩６南海高野線』玉置幸孝（ナンバー出版）
『南海高野線歴史散歩』中井一水（鷹書房）
『巡礼高野山』永坂嘉光・日野西眞定・川又一英（新潮社）
『密教のすべて』花山勝友（ＰＨＰ研究所）
『和歌山県の歴史散歩』和歌山県高等学校社会科研究協会（山川出版社）
『高野山超人・空海の謎』百瀬明治（祥伝社黄金文庫）
『和歌山県の歴史』安藤精一（山川出版）
『郷土資料事典30和歌山県』（人文社）
『聖と俗と一高野山』朝日新聞和歌山支局編きのくに叢書１
『山の歴史景観――紀伊山地』中野榮治（古今書院）

【小辺路関係】
※『熊野古道を歩く』（山と渓谷社）
※『吉野・大峰の古道を歩く』（山と渓谷社）
※『熊野古道小辺路調査報告書』熊野記念館資料収集調査委員会
（和歌山県の公立図書館で閲覧可能）

著者紹介

山村　茂樹（やまむら　しげき）

1950年　大阪府に生まれる

● 「日本野鳥の会」会員　「しれとこ100平方メートル運動・トラスト」参加

「新ハイキング関西」会員

● 著書に『蟻さんの熊野紀行Ⅰ　紀伊路・中辺路を行く（堺～本宮編）』

『蟻さんの熊野紀行Ⅱ　新大辺路を行く（田辺～串本～新宮・雲取越え編）』

現住所　〒589 - 0004　大阪狭山市東池尻 3 - 2541 - 2

蟻さんの熊野紀行Ⅲ　高野・小辺路を行く（堺・高野街道～高野山・本宮編）

2005 年 5 月 1 日　初版第 1 刷発行　定価はカバーに表示してあります

著　者　山　村　茂　樹©

編集者　村　田　智　俊

発行者　中　西　健　夫

発行所　株式会社ナカニシヤ出版

〒606 - 8161

京都市左京区一乗寺木ノ本町15番地

電　話　075 - 723 - 0111

ＦＡＸ　075 - 723 - 0095

URL　http://www.nakanishiya.co.jp

E-mail　iihon-ippai@nakanishiya.co.jp

振替口座　01030 - 0 - 13128番

落丁・乱丁本はお取り替えします　Printed in Japan

印刷・製本／太洋社　ISBN4 - 88848 - 961 - 0　C0026